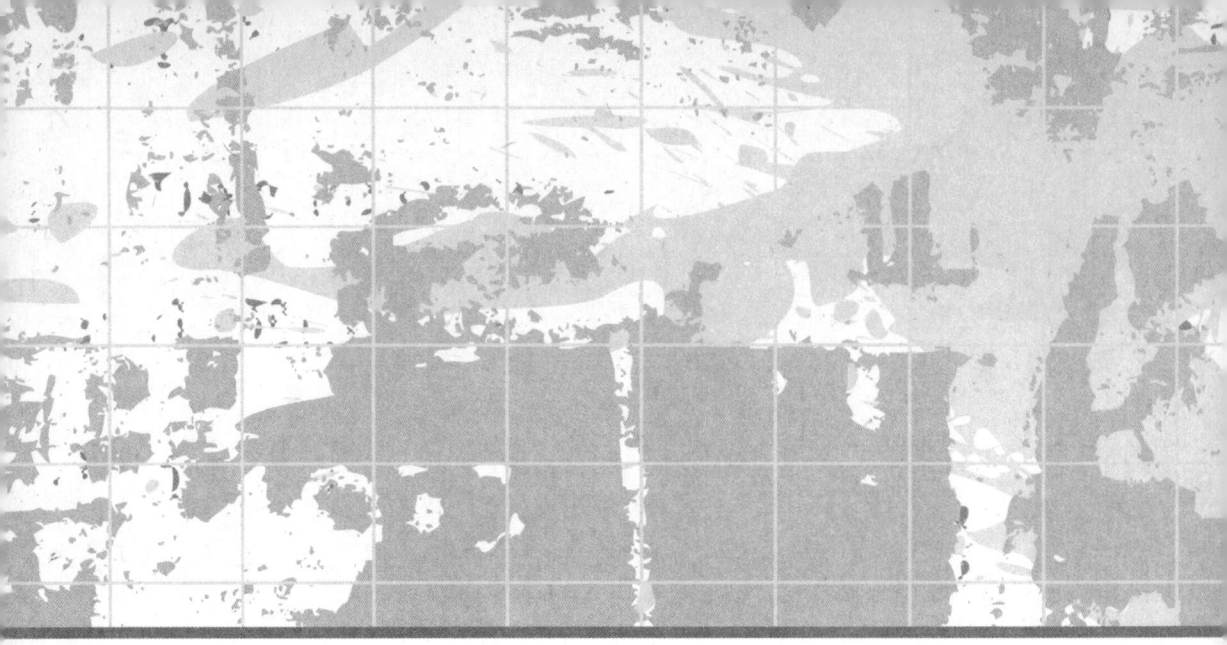

XINGSHISIFA
WENTIRUOGANSIKAO

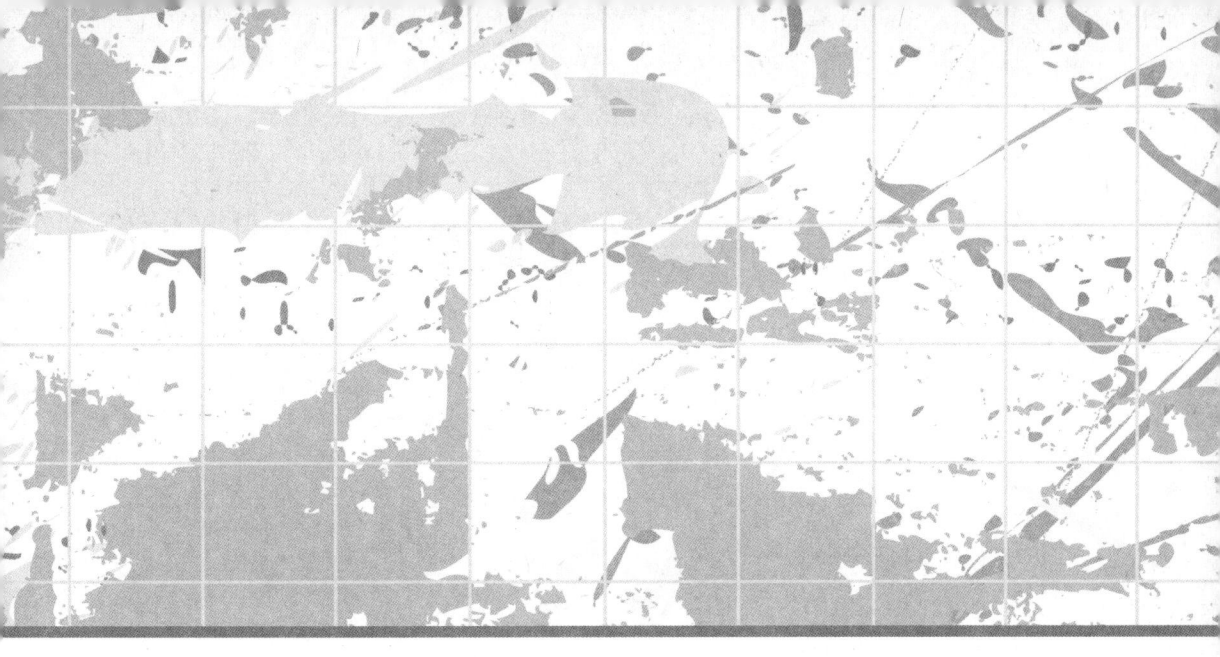

刑事司法
问题若干思考

贺恒扬◇著

河南大学出版社
HENAN UNIVERSITY PRESS
·郑州·

序

任何一个国家的法治建设都是一个循序渐进的过程,即使那些选择法律移植的国家亦是如此。在这个过程中,立法的作用固然重要,但司法官亦居于重要地位。

恒扬同志毕业于西南政法大学,受过系统法学教育,具备扎实的法学理论功底;担任过省辖市检察院的检察长,任河南省人民检察院副检察长已经十一年,期间先后分管多项检察业务,工作中积累了丰富的实践经验。恒扬同志与我相识多年,虽无师生之缘,但在长期交往中结下了深厚的工作友谊和个人感情,出于惜才爱才,我一直非常关注他的工作和进步,始终把恒扬同志这一批人看成是推动中国法治务实进步的中坚力量。恒扬同志一直以来勤于思考、善于创新,尤其是围绕破解刑事司法中遇到的焦点难点问题,提出一系列很有见地的观点和看法,每每使人受益颇多,不少研究成果已直接用于指导检察实践。本书这些成果真实地展现了他近年来在理论与实践结合上提出的一些思想观点以及在河南刑事检察工作进程中留下的铿锵足迹。

美国大法官克拉伦斯·托马斯说:"当我审理案件时,我的重心会更多地放在普通公民身上,而不是那些评论我们的人。我关注的重点不是那些写法律论文或教宪法的人,而是在葛底斯堡找我的人、在家得宝碰上的人、那些前线回来的人,以及孩子们的老师。"事实如此。适用法律、掌控司法不是纯粹的学术讨论,更不是官样文章,而是为老百姓明辨是非、定分止争、案结事了的司法活动。当前我国法学研究中,存在着一定程度理论实践脱节现象:由于缺乏对司法实务的深入了解,部分从事理论研究的学者提出的问题不够切合实际,或者虽然发现了问题,但提出的解决办法在实践中行不通;而精通实务的不少司法官又缺乏把鲜活实践上升到理论高度的能力和水平,或者时间和精力无法保证。如何打通横亘于学界与实务界在理论研究和司法实践之间的任督二脉,把研究问题的重心真正放在实实在在地解决问题上,依然是摆在我们面前的重要任务。

恒扬同志这本书,正是立足刑事司法实践研究问题、解决难题,并对其中一些问题升华到理论层面深度探讨、理性思考。这本书的出版,一定会增进学界和实务界有效沟通,为解决我国法治进程中层出不穷的新问题,在一些方面提供一种思路和方法。藉此,也期盼更多的同志秉持法律人应有的责任、忠诚和担当,真正扑下身子研究问题,更有针对性地解决问题,共同为国家法治繁荣进步、推进法治中国建设奉献智慧和力量。

樊崇义

2014 年 10 月

目 录

改革背景下刑事诉讼监督的重新定位 / 1

检察机关不起诉权问题探讨 / 7

渎职犯罪刑法偶然因果关系的认定 / 17

审查逮捕环节证据的审查与运用 / 27

审查逮捕的证明标准 / 45

论过失犯罪需把握的几个关键点 / 60

论职务犯罪不起诉裁量权的合理控制 / 71

故意杀人罪案件中的证据收集与审查 / 86

刑事抗诉制度的立法完善 / 98

论宽严相济刑事司法政策 / 128

对73起重大疑难命案的实证分析
——从刑事证据的收集、固定、审查判断和运用的角度 / 143

提高死刑案件质量要把好"五关" / 159

公诉证明的特点及证明标准 / 167

公诉是我国检察机关的核心标志性职能 / 184

公诉工作服务大局要处理好"五个关系" / 190

五树立五确立　加快领导方式转变 / 195

检察干警要践行核心价值观 / 210

关于改进文风问题 / 232

冤假错案的成因与防范研究 / 249
加快法治中国建设的若干问题 / 265
公诉辩论要做到五个有　牢记四句话 / 276
运用法治思维和群众观点引领政法工作 / 279
解决"四风"问题　当好四种角色 / 290
办案中的事实证据审查与法律原则把握 / 300
关于反渎职侵权办案的四点想法 / 316
践行为官做人的五个"三"要求 / 329
领导干部要勤政廉洁敢于担当 / 336

后记 / 344

改革背景下刑事诉讼监督的重新定位

深化司法体制改革是全面深化改革的重点之一。党的十八届三中全会通过的《中共中央关于全面深化改革若干重大问题的决定》,从司法管理体制、司法权力运行机制、人权司法保障制度等三个方面对深化司法体制改革作出了系统部署,这必将对我国司法制度和刑事诉讼制度产生重大深远的影响。司法体制的核心是权力分配,改革的关键是处理好各类权力之间的关系,形成科学的权力运行机制和监督制约机制。具体到刑事诉讼领域,决定改革成效的关键是处理好侦查权、检察权和审判权之间的关系,而检察机关的诉讼监督在处理三者关系方面具有重要作用。因此,在司法体制改革的视野下,对刑事诉讼监督职能进行科学定位不仅具有理论意义,而且有重大实践意义。

一、司法体制改革背景下诉讼监督职能的再认识

关于我国检察权的法律监督属性,宪法规定得很明确。但理论上却长期存在两种对立的观点:一种观点认为我国的检察权就是法律监督权,包括公诉权在内的各项具体检察权能都是法律监督权的一部分,另一种观点认为检察权不能等同于法律监督权,具体又有多元说、行政权说、双重属性说等多种论点。这种基本观点的对立,也造成实践中的认识混乱和偏差,主要表现为三种倾向。一是将检察

机关的职能单一化。认为检察机关就是纯粹的公诉机关,如果将检察机关置于法律监督的超然地位,将影响控辩审三角关系的平衡,所以,检察机关不应具有法律监督职能。学界和实务界都不乏持此论者。譬如法院刑事判决书对检察机关的表述就是公诉机关,而不是检察机关,即便在二审环节很多辩护人包括法官也习惯性地将出庭检察员称为公诉人。二是将公诉人当事人化。认为公诉人就是控方当事人,与辩方是对等的诉讼主体,出庭公诉是带有公诉人个人属性的诉讼活动。甚至某些公诉人也自我当事人化,当个人意见与经过法定程序研究确定的公诉意见不一致时,用个人观点代替公诉观点,忽视了公诉权的国家属性。这背后隐含的都是公诉人当事人化的错误倾向。三是将诉讼监督职能泛化。认为检察机关既然是法律监督机关,肩负着维护国家法制统一的职责,那么所有诉讼环节的问题,检察机关都有监督纠正的义务。实践中,将侦查、审判的问题也同时归责于检察机关,各种涉法涉诉信访案件越来越向检察机关集中,就反映出监督职能泛化的趋势。对于公权力而言,法无明文规定即不可为,诉讼监督权作为一项公权力,每一项具体职权也必须经过法定授权,并不是法律有了原则性规定就可以无限行使。事实上,检察机关也没有能力承担起这么多的任务。

  以上这些观点的冲突以及由此产生的实践问题,涉及侦诉审三者关系的界定和检察机关诉讼监督职能的科学定位,如果解决不好,将直接影响司法体制改革的目标与方向。笔者认为,从宪法层面看,检察机关所行使的各项职权均统一于法律监督的宪法定位。从这个意义上讲,我国的检察权就是法律监督权。但从刑事诉讼的层面看,诉讼监督职能与诉讼职能又有所区别,各自职能发挥也都有相应的法定领域。诉讼监督职能是基于授权,具有单向性、事后性和程序性;而诉讼职能是基于分权,具有双向性、同步性和实体处分性。也正是基于这两种职能的划分,使检察与侦查、审判在刑事诉讼中形成了单向监督与双向制约两种不同性质的法律关系。所以,检察机关既要坚持法律监督的职能定位,把该管的事情管好、管到位,也要防止将诉讼监督职能泛化延伸到不该管、也管不好的领域。

二、司法体制改革背景下诉讼监督面临的新问题

理论上讲,我国是单一制国家,司法权从根本上说是中央事权。推动省级以下地方法院、检察院人财物统一管理,探索与行政区划适当分离的司法管辖制度,就是要改变现行司法机关人财物管理体制,变横向供给为纵向供给,减少司法机关与地方的利益关联,让司法权逐步回归到中央事权的本来地位。随着改革深入,司法机关依法独立公正行使职权的体制保障将更加有力,检察权、审判权也必将进一步强化。当然,这是从好的方面讲。从负面角度看,有两个相伴而来的问题我们也不能忽视。一是审判权的集权化、行政化趋势将进一步加剧。随着司法管理体制改革的深入,人财物的统一管理,上下级法院之间的审级监督关系很可能变为实质上的行政领导关系。审级独立是审判公正的重要保障,而事实上干扰我国审判公正的因素不但来自地方党政机关,也同样来自上级法院。譬如有的省高级法院专门下文规定,省管处级干部职务犯罪等重大敏感案件,在一审判决前要逐级报省高法内审,导致职务犯罪案件超期审理问题突出,个别案件开庭后长达一年甚至两年都没有宣判。有的下级法院为减少二审改判率,事先征求上级法院对口审判庭的意见。这些法院内部的行政化措施,使得某些案件"两审变一审",上诉制度形同虚设。二是刑事侦查能力与更高工作标准不相适应的问题将进一步突显。随着检察权、审判权的强化,起诉、判决标准和案件质量监督把关都将更加严格。就侦查机关而言,一方面是严厉的错案责任追究、越来越严的审查把关和越来越高的人权保障要求,另一方面是刑事犯罪率居高不下、打击犯罪的呼声高涨和保障人民群众安居乐业的责任担当。而现实的侦查能力和侦查水平成为夹在两者之间的一块"低地"。由于侦查取证不及时、不规范、不到位造成的夹生案、问题案、棘手案频频出现。去年,我们开展了久押不决案件专项清理活动,共发现和清理滞留在各个环节羁押3年以上的案件131件285人。这些案件之所以久押不决,侦诉审都有责任,但无一例外在侦查取证这个基础工作上都出了问题,导致案件证据先天不足,无法起诉下判。

对诉讼监督而言,这些问题带来的影响主要有两个方面。一方面,审判监督的难度将越来越大。审判权处于刑事诉讼的终端,具有实体性、裁量性、终局性等特点,摆脱来自地方的制约后,在刑事诉讼中能够受到的有效外部监督,只剩下来自检察机关的诉讼监督,而审判监督恰恰又是检察机关法律监督的一个薄弱环节,是两手中软的一手。在审判权去地方化和司法行政化的双重背景下,如果不施加足够的外部监督,很可能使审判权从"被干预"走向"恣意"的极端。另一方面,侦查监督的效果亟待提升。在排除了地方因素干扰后,检察权对侦查权的监督制约将更加有力。但目前对侦查活动主要还是一种事后监督。随着后续把关更加严格,对达不到起诉、判决标准的案件只能作不起诉处理或者起诉到法院判无罪,这样一来案内案外矛盾将进一步向检察机关集聚,我们面临的涉法涉诉上访问题和来自于舆论媒体的压力将越来越多。同时,还可能出现个别检察机关基于诉讼优势地位,对侦查活动提出过于严苛甚至不切实际的要求,从而影响打击犯罪的问题。

三、司法体制改革背景下诉讼监督职能的科学定位

在司法体制改革过程中,旧的权力平衡被打破,新的平衡尚未形成,如果监督制约力量弱化,很容易使局部权力"脱序",造成刑事诉讼的紊乱状态。因此,如何重新界定诉讼监督的职能定位,发挥好诉讼监督的纠偏防错功能,对于确保诉讼活动的正常运行具有重要意义。笔者认为,要重点把握好以下五个方面。

一是坚持诉讼监督的多元价值追求,防止价值追求单一化。诉讼监督承载着"促进司法公正、保障当事人合法权益和维护国家法制

统一"三个维度的功能。然而司法实践中,受"大控方"思维影响,一些检察机关和检察人员只重视惩罚犯罪,忽视了人权保护和维护法制统一的价值追求。另外,我们也注意到,近年来出现了另一种倾向:单纯强调人权保障而刻意弱化惩罚犯罪。习近平总书记在中央政法工作会议上提出"维护社会大局稳定、促进社会公平正义和保障人民群众安居乐业"是政法工作的三大任务。而依法准确打击犯罪是完成好三大任务的基本途径。因此,开展诉讼监督既要注重防错也要重视纠偏,既要防止冤及无辜也要防止轻纵犯罪,只有不枉不纵才是真正的司法公正。

二是强化检察官的客观公正义务,防止检察官当事人化。强化控辩对抗是庭审方式改革的重要内容,但强化控辩对抗不等于将检察官当事人化。有观点认为,检察官作为审判程序的启动者,是与被告相对应、相对立且地位平等的诉讼原告人,因而属于控方当事人。在庭审改革中,一些地方甚至出现了将公诉席和被告席并列设置的现象。这些观点和做法的逻辑起点是一致的,就是要将检察权去监督化,否定检察官在刑事诉讼中客观公正的监督者角色定位,这与宪法和法律相违背,应旗帜鲜明地予以抵制。

三是摆正侦诉审关系定位,防止诉讼监督越界泛化。检察权的产生源于对法官和警察的制约,是为防止法官专断和侦查恣意而设立的。检察机关行使诉讼监督职能,必须坚持法定的侦诉审职能定位。从审判监督的现状和审判权进一步强化的趋势看,不存在这方面的担忧。但对侦查活动的监督则要把握好度,既要积极介入,变事后监督为事前引导,又要防止介入过度,把引导变成了指导领导。否则检察机关将嬗变为"二线侦查机关",一旦侦诉混同,就会丧失客观立场,监督也无从谈起。同时,在强化案件质量责任追究的背景下,还要防止利用优势地位对侦查活动进行过于严苛甚至推卸责任式的"监督"。与此相关的是如何把握证明标准问题。理论上所有案件的标准都应是一致的,但从司法现实看还是要有所区别,对重死刑案件要坚持最严格的证明标准,对普通刑事案件还是要强调"两个基本",不纠缠细枝末节大胆定案。

四是科学划分职责权限,防止诉讼监督的个人化。中央提出要完善办案责任体系,建立突出检察官主体地位的办案责任制。近几年,我们一直探索和实行的主诉检察官制度就是一种检察官依法独立办案的机制,除了法定必须上报检察长或检委会的少数案件外,大部分案件均由主诉检察官自行决定并承担相应责任,改变了原有"三级审批"办案制,在一定程度上实现了放权或还权于办案检察官。同时也应看到,检察官依法独立行使的诉讼监督职权,其权力来源于检察长的授权,是一种典型职务行为,并不是检察官的个人行为。在检察一体化的体制下,应当明确检察长、上级检察机关对检察员、下级检察机关的领导权,当检察官个人意见与上级意见不同时,必须执行上级机关、检察长或检委会的决定。

五是构建从司法个案到法律政策多层面的监督体系,防止诉讼监督个案化。目前,诉讼监督特别是审判监督关注的重点主要是个案公正,对类案存在的问题和执行法律政策层面的问题关注不够。这种监督的方式,使得个案背后隐藏问题长期得不到解决,往往是"按下葫芦浮起了瓢",同类问题反复发生。如果说个案是"点",那么类案就是"线",法律政策在刑事诉讼中的统一把握则是"面"。相对于"点"的问题,"线"和"面"的问题危害更大,要给予更多地关注。比如在某些问题上,审判机关出于种种原因,存在用内部文件、领导讲话等方式解释法律、界定政策,并以此作为办案依据的情况,有的就突破了法律规定。还有一些审判人员将个人学术观点不适当地带入司法过程,造成一个地方、一类案件整体处理跑偏,在社会上造成负面影响。作为承担法律监督职责的检察机关,应充分发挥司法管理体制改革带来的上下一体优势,不仅监督好个案而且要监督个案不公背后的政策性违法违宪问题,在更高层面上维护法治权威和国家法制统一。

检察机关不起诉权问题探讨

检察机关不起诉权的性质是理论界讨论的热点问题之一,司法实践中对如何适用不起诉权,也存在一些争议。特别是对于不起诉权是程序处分权还是兼有实体性质的处分权,是检察官的自由裁量权还是法律监督权,检察机关拥有不起诉权是否构成对人民法院审判权的侵犯等问题,更是争论的焦点。

在此,笔者拟结合胥敬祥案件的处理,对不起诉权的性质以及相关理论问题进一步深入探讨。

一、胥敬祥案件的诉讼过程

胥敬祥,系河南省鹿邑县农民,因涉嫌抢劫、强奸于1992年4月13日被逮捕。胥敬祥案件于1992年8月16日移送审查起诉,经有关部门多次"协调",至1996年12月13日起诉到法院,其间先后历经6次退补,历时4年多时间。

鹿邑县法院于1997年3月7日作出一审判决:认定胥敬祥构成抢劫罪、盗窃罪,决定合并执行有期徒刑16年。

1999年12月24日,河南省检察院检委会决定:指定周口地区检察分院(后改为周口市检察院)向周口地区中级法院对胥敬祥案件提出无罪抗诉。周口市中级法院审理后,认为原判认定事实不清,证据不足,指令鹿邑县法院再审。鹿邑县法院于2002年4月18日裁定"维持原判"。胥敬祥提出上诉,周口市中级法院于2003年3月25日作出裁定"驳回上诉,维持原判"。

2003年6月3日,省检察院向省高级法院提出无罪抗诉。2005年1月10日,省高级法院裁定认为:"原判认定被告人胥敬祥犯抢劫罪、盗窃罪的事实不清,撤销一、二审法院对胥敬祥的三次有罪判决和裁定,发回鹿邑县法院重新审理。"省检察院决定作无罪抗诉的案件,鹿邑县检察院无法出庭支持公诉、指控犯罪,省检察院指令鹿邑县检察院申请撤回起诉后,鹿邑县法院裁定准许撤回起诉。此案撤回起诉后,检察机关对胥敬祥做出了存疑不起诉处理。

二、胥敬祥案件做不起诉处理的法律依据

胥敬祥案件由河南省高级法院撤销原判、发回鹿邑县法院重审后,按照正常的司法程序,一般应由原一审法院开庭审理做出无罪判决,宣告胥敬祥无罪。但是,基于本案的特殊性,河南省检察院决定对该案申请撤回起诉,并在撤诉后作不起诉决定。笔者认为,这一处理方式不仅有助于及时实现对本案的救济,而且合乎现行法律和司法解释的规定,有其法律上的正当根据,具体理由如下。

(一)从法律规定上讲,本案撤回起诉具有明确的法律依据

对案件在审判监督程序中撤回起诉,有人提出质疑。笔者认为,根据我国刑事诉讼法第206条的规定,人民法院按照审判监督程序重新审判的案件,应当分别依照一审或二审程序进行审判。对于胥敬祥案件,河南省高级法院依照第二审程序进行审判时,发现原判事实不清、证据不足,依照审判监督程序撤销原一、二审有罪判决,依法将案件发回原审法院重新审判。省高级法院发回重审的做法值得商榷,但是既然已经发回一审法院重审,案件又回到了第一审,就应当适用一审程序进行审判。按照最高人民法院《关于执行〈中华人民共和国刑事诉讼法〉若干问题的解释》第117条和最高人民检察院《人民检察院刑事诉讼规则》第351条的规定,一审法院在宣告判决前,

人民检察院要求撤回起诉的,人民法院应当审查其撤回起诉的理由,并作出是否准许的裁定。因此,本案撤回起诉是有明确法律依据的。就检察机关而言,依法有权将案件撤回起诉。

(二)从诉讼原则上讲,此案撤回起诉并做不起诉处理,使被告人早日解除关押,符合"事实存疑有利于被告人"的刑事诉讼理念

第一,胥敬祥案件经省检察院作出无罪抗诉后,省法院审理认为此案"事实不清、证据不足"。应当说,省检察院、省高级法院对此案的事实和证据并无实质分歧。也可以说,本案事实不清、证据不足,是省检察院、省高级法院的一致认识。第二,该案从移送起诉到第一次提起公诉,历时4年多时间、历经6次退补,仍未查清,实际上已不再具有可查性。第三,该案经多次起诉、多次开庭,省检察院、省高级法院一致认为事实不清、证据不足,根据刑事诉讼法第162条第(三)项的规定,法院应依法做出无罪判决。但是,如果再由法院依一审程序开庭审理后做出无罪判决,无非多羁押被告人一段时间。

(三)根据检察一体化原则,上级检察院认为无罪的案件,下级院检察人员无法以公诉人身份出庭支持公诉、指控犯罪,无法履行公诉职责

第一,根据《人民检察院组织法》有关规定,上级检察院领导下级检察院工作。省检察院对胥敬祥案件作出无罪抗诉后,鹿邑县检察院已经失去了控诉犯罪的依据,检察人员也失去了出庭公诉的条件。第二,由于案件没有了控诉方,也就没有了辩护方,法院也失去了居中裁判的条件,也就失去了审判的条件。

(四)从保障人权上讲,将胥敬祥一案撤回起诉并做不起诉处理,体现了保障人权、维护被告人合法权益的文明司法理念

此案被依法纠正时,被告人胥敬祥再有15天就要刑满释放了,他已经度过了13年的冤狱生活。法院如果再对此案开庭审理,重新做出一审判决,被告人再上诉,到二审做出终审判决,至少还需要2个月的时间。"迟来的公正非公正",让一个已经刑满释放的无辜者

再次坐在被告席上接受审判,无论最终的判决结果是否公正,对胥敬祥来讲,已经没有任何实际意义。让无辜的被告人早一天出狱,也仍然能够体现出保障人权的司法理念,体现出司法机关的人道主义,也体现出检察机关法律监督的效果。

三、胥敬样案件引发的理论分析

胥敬祥案件的处理,引发了笔者对检察机关不起诉权的一些新的思考。下面就相关的几个理论问题试述拙见。

(一)不起诉决定的性质:是纯粹的程序性处分还是兼具实体处分性质

有观点认为,检察机关的不起诉是对案件的纯程序处分,非实体上的处分。主要理由是检察机关的职能决定了其无权对案件进行实体处分,包括当事人的人身权利和财产权利,检察机关都没有实体处分权。因为只有人民法院才有最终的司法处分权,即实体上的处分权。

笔者认为,检察机关的不起诉权兼有实体处分的性质。不起诉决定是检察机关作为国家公诉机关,基于其控诉职能,对不符合起诉条件或没有起诉必要的案件不予追诉的处分决定。这个处分决定本身,不仅具有程序上终结的作用,而且也有实体处分的成分,实际上是起着一种准司法的作用,即适用法律对案件进行判定和处置的作用,主要体现在对被告人犯罪和(或)刑事责任的否定。具体地讲,在相对不起诉中,不起诉决定包含对行为违法要素(事实和违法性)的认定,对相关违法财产的处置。相对不起诉决定与人民法院的免予刑事处罚的判决在当事人人身方面产生的法律后果是一样的。

当然,也有学者认为,人民法院的免予刑事处罚的判决,具有终局性,人民检察院的相对不起诉决定,只是中止了诉讼程序,没有对实体进行终局性裁决。笔者认为,检察机关一旦做出了相对不起诉决定,人民法院就失去了对被告人审判的前提和基础,不仅从程序上阻断了诉讼,而且也从实体上终结了诉讼。在绝对不起诉决定中,一旦检察机关对犯罪嫌疑人做出了绝对不诉决定,就是检察机关在实体上认定其无罪。这种认定不仅仅是检察机关对实体的一种认识,而且也是司法机关的一种终局认定。在存疑不起诉中,检察机关一旦做出存疑不起诉决定,那就意味着检察机关已经从事实上、证据上认为犯罪不成立,不予追究,这种存疑不诉与存疑无罪判决对于当事人来讲,结果也是一样的。

有学者认为,人民法院的存疑无罪判决的法律后果是宣告被告人无罪,存疑不诉的法律后果是将犯罪嫌疑人的身份恢复到被立案前的状态,两者是有区别的。而笔者认为,两个结果表面上有所区别,但实际上是相同的:一个是被告人无罪,一个是犯罪嫌疑人不构成犯罪。另外,存疑不起诉后,如果发现新的事实和证据,可以撤销不起诉决定,重新起诉;而存疑无罪判决也是一样,发现新的事实和证据,仍然可以重新起诉,做出有罪判决。从这个意义上讲,不诉权已经不是一种单纯的程序处置权,而是一种完整意义上的司法处置权。这种不予追究的处分决定,在诉讼程序上体现了诉讼终结和程序终结的同时,同样引起被羁押的被不起诉人解除羁押,获得自由的结果。

(二)不起诉是一种积极处分权,还是一种消极处分权

有观点认为,检察机关的不起诉权是对侦查机关(职务犯罪侦查部门)侦查认定的有罪事实的否定,是一种消极处分。

笔者认为,不起诉是一种积极处分权,对于不起诉权属性的评价应从设定这一权力的价值取向来分析,而不应以是否交付法院审判来界定。首先,从刑事诉讼的基本价值来评判,不起诉符合诉讼经济原则,是一种积极行为。西方经济分析法学派的代表人物波斯纳认为,法律程序在运作中会耗费大量的经济资源,为了提高司法活动的经济效益,应当将最大限度地减少经济资源的耗费作为对法律程序进行评价的一项基本价值标准,并在具体的司法活动中实现这一目

标。不起诉制度正是诉讼经济原则在起诉阶段的体现,使不该进入审判程序的案件适时终止,既缩短了诉讼时间,又节省了司法资源。其次,不起诉制度也符合现代刑法思想。现代刑法,尤其在二战以后,由于观念的更新及其他因素的影响,开始注重刑罚的教育功能,目的刑刑罚观逐渐取代了报应刑刑罚观,即对犯罪行为不一定均需诉诸法院而适用刑罚。现代刑法思想反映在刑事诉讼制度上,就是在起诉程序中赋予检察官一定的自由裁量权。这种裁量权的积极意义就在于可以有效地保护当事人的合法权益,尽力避免他们的合法权益在漫长的诉讼过程中受到侵害。不起诉正是适时地终止了刑事诉讼,从而保障了犯罪嫌疑人的合法权益。而且,对被害人来讲,正确的不起诉并不损害被害人的合法权益。基于此,不起诉显然属于一种积极的处分。最后,在司法实践中,即使是检察机关已经起诉的案件,因证据发生了变化,或法庭职权调查等原因,发现被告人无罪或者不应追究被告人刑事责任的,检察机关也可以根据《人民检察院刑事诉讼规则》第351条的规定,在人民法院宣告判决前,申请撤回起诉,作不起诉处理,这也是检察机关实事求是地主动纠正错误,维护司法公正的体现,是一种积极行为。

(三)不起诉是对法院裁判权的一种补充,还是对审判权的侵犯和分流

有观点认为,只有法院的审判权才能对案件作实体处分,检察机关不能拥有实体处分权,而目前检察机关的不起诉权实际上就是一种司法处分权,不起诉权的存在就是对法院裁判权的侵犯(或分流),主张予以取消。

笔者认为,不起诉权的存在有其理论基础和社会背景,具有其存在的正当性和合理性,不是对法院审判权的侵犯和分流,不能取消。其理由有以下五个。第一,不起诉权是刑事公诉权的重要组成部分,否定这一权力意味着对现代公诉权制度的否定。既然承认公诉权具有存在的正当性和合理性,就必须承认不起诉权存在的正当性和合

理性。第二，不起诉权是公诉权不可取消和分割的一项权能。对事物的斟酌处置是权力这一概念的基本构成要素。如果权力实施者在处置方式上没有选择余地、没有酌定权，那其拥有的只能说是一种形式而非权力。决定起诉与不起诉是刑事公诉权不可分割的两个方面。对构成犯罪，具备起诉条件的案件予以起诉；对不构成犯罪，或证据不足，或其他起条件不具备的案件决定不起诉，是检察机关应当同时具备的两项权能。第三，作为同一事物内部矛盾着的两个方面，相互对立又相互依存，否定其中的一个方面，其另一方面也就不复存在，公诉权也失去了存在的基础。第四，现代公诉制度的确立，目的就是为了使审判和起诉分开、侦查与起诉分离；就是为了对侦查机关侦查认定的事实在移送到人民法院以前进行筛选和过滤，防止将那些不应当提起公诉的案件交付审判，确保公诉公正，进而确保裁判公正。起诉便宜主义作为起诉法定主义的松动，更是赋予了不起诉制度更大的意义，其赋予检察机关更大的起诉酌量权，检察官有权将"微罪不检举"以及"有无起诉必要"纳入起诉裁量的范围。美国、英国、日本、意大利、德国、法国、俄罗斯等，都在一定程度上肯定了基于起诉便宜主义基础之上的"不起诉自由裁量权"的合理因素。这正像英国前检察长莱克罗斯的一句名言所说的那样："有犯罪嫌疑就必须起诉，这从来就不是我们国家的方针，我希望今后也不是。"第五，检察机关享有的不起诉权，并不构成对裁判权的侵犯，也不是裁判权的分流。事实上，侦、诉、审分离后，否定有罪的权力就不是法院所独享。刑事调查和诉讼的过程实际上是一个对事实和证据进行不断筛选、排除或肯定和否定的过程。而这种筛选和排除、肯定和否定可以发生在侦、诉、审的任何一个诉讼阶段，而发生在任何一个阶段的否定和排除都是一种理所当然的实体判定和处分，而这种判定和处分完全可能是终局性的。这种终局性的判定和处分是人民法院裁判权所无法替代的。因此，我们可以说这种判定和处分本身是有关司法职能部门履行职能的体现，不是对裁判权的侵犯，也不是对裁判权的分流。

（四）不起诉权是检察官的一种自由裁量权，还是一种法律监督权

笔者认为，首先，不起诉权是法律赋予检察机关（检察官）的一种自由裁量权。《刑事诉讼法》第142条第2款规定"对于犯罪情节轻微，依照刑法规定不需要判处刑罚或者免除刑罚的"，人民检察院"可以"做出不起诉决定。那么，"可以"做出不起诉决定，就意味着人民检察院对这种情形的不起诉决定不是必须作，而是根据情况，可以做出，也可以不做出。由此可见，检察机关（检察官）拥有毋庸置疑的法定的起诉与不起诉的酌定自由裁量权。其次，不起诉权同时也是一种法律监督权。公诉权虽然是世界各国检察机关普遍拥有的一项基本职能，但是我国的公诉权又有所不同，它是从属于检察机关的法律监督权，我国检察权的根本性质决定了公诉权的法律监督性质。不起诉权作为公诉权的重要组成部分，当然具有法律监督权的性质。检察机关审查起诉的过程，实质是对侦查机关的侦查结果进行法律评价的过程，这种法律评价的结果不外乎两个：一是肯定性评价，二是否定性评价。肯定性评价的结果是提起公诉，否定性评价的结果是退回补充侦查或决定不起诉。但无论哪种评价结果，都不能否认其法律监督权的性质。因为，在我国检察机关这种指控犯罪与诉讼监督是公诉权能配置的两个不可分割的重要方面，是诉权与监督权的有机融合，我们不能因为它们之间的融合而否定其监督意义的存在。

当然，在司法实践中，一些地方、一些案件确实存在着不适当地扩大使用不起诉权的现象，需要我们认真研究解决。但是，制度层面和操作层面毕竟不是一回事，我们不能因为操作层面存在一些问题，而否定制度层面的积极意义。

（五）撤回起诉并做不起诉处理是否适用于一审人民法院做出判决前的任何时候

一、二审做出有罪判决后，上级法院撤销原判发回一审、二审后，

检察机关能否再撤回起诉做不起诉处理？众所周知，公诉案件撤回起诉，是指人民检察院对案件提起公诉后，在人民法院做出判决前，因发现被告人无罪或者不应当追究被告人的刑事责任，检察机关主动将案件从法院撤回的诉讼变更行为。其法律依据是最高人民检察院《人民检察院刑事诉讼规则》和最高人民法院《关于执行〈中华人民共和国刑事诉讼法〉若干问题的解释》中的有关规定。根据这些规定，检察机关可以撤回起诉的时间都是"在人民法院宣告判决前"。

对这一规定的理解，有观点认为，检察机关撤回起诉的时间应限定在提起公诉后法院审理前，在法院审理过程中不得撤回起诉。因为提起公诉后法院审理前，法院尚未进入案件的实质审理阶段，大多是对案件进行程序性审查。此时撤回起诉是公诉权的正常变更，也是起诉自由裁量权的体现。案件一旦进入法庭审理程序，检察机关就应积极地提出证据，承担举证责任，通过证明被告人有罪来达到胜诉的目的。

如果检察机关以事实不清、证据不足为由撤回起诉就意味着一个本来应当由法院按照无罪推定原则判决被告人无罪的案件，无法在法庭上获得权威的法律裁决，从而使被告人的地位、命运一直处于不确定甚至有待判定的状态。笔者认为，这种观点的依据不足。首先，从相关规定的文意看，并未将撤回起诉的时间限定在法庭开始实体审理之前，而只是规定为"宣告判决前"，既包括开庭审理前，也包括开庭审理以后宣告判决之前。其次，公诉权包括审查起诉、提起公诉、不起诉、提起公诉后的变更、追加和撤回起诉等权力，撤回起诉权是检察机关依法行使诉权的一种，亦是对错误提起公诉的救济手段。案件提起公诉以后通过法庭示证、质证活动，检察机关如果发现原审查认定的事实和证据发生了变化，不能认定被告人有罪，说明指控犯罪的条件已经不存在，符合《人民检察院刑事诉讼规则》第351条规定的撤回起诉条件的，检察机关依法撤回起诉，既不侵害法院的裁判权，也不侵害被告人的合法权益。无论是法院裁判还是撤回起诉，结论都是对被告人有罪的法律否定。存疑无罪的判决不是终局性的,如果发现有新的事实和证据仍然可以重新起诉。同样,对于撤回起诉的案件,《人民检察院刑事诉讼规则》第353条第4款"撤回起诉后,没有新的事实或者新的证据不得再行起诉",也有明确的限制性规定。所以,对于因事实不清(包括证据不足)撤回起诉与法院做出存疑无罪的判决结论也无实质的区别。显然上述持反对观点者所持有的顾虑没有必要,其理由不能成立。

一、二审做出有罪判决,上级法院撤销原判发回重审后,检察机关能否再撤回起诉做不起诉处理,有观点认为,再审是对案件的纠错程序,不应准许公诉机关撤回起诉。笔者认为,刑事审判源于公诉机关的起诉,《刑事诉讼法》第206条规定刑事再审案件如果原来是第一审案件,应当依照第一审程序进行审判。由此可见,一旦上级法院撤销原判发回重审,就意味着案件又回到了一审程序,被告人是否有罪又处于一种不确定状态。适用第一审程序再审的案件,法院没有做出判决前,指控犯罪的依据仍然是原来的起诉书,基于不告不理的原则,仍然由公诉机关承担控诉职能,因此公诉权内容之一的不诉权也仍然存在。检察机关在这一阶段若发现原来认定事实有误,不能认定被告人有罪,应当积极主动地纠正原来的错误认定,撤回起诉做不起诉处理。这不仅是检察机关的职责所在,而且还节省了司法资源。相反,如果不能撤回起诉,不仅剥夺了检察机关的诉权,也有悖于诉讼经济原则。因此,再审案件裁定重新按一审程序审理的,准许公诉机关撤回起诉做不起诉处理,不仅有直接的法律依据,而且符合审判实践。

渎职犯罪刑法偶然因果关系的认定

哲学意义上的因果关系,是指自然界或社会现象中的一种联系,表现为一种现象引起或决定另一种现象发生。哲学范畴内的因果关系的必然性和偶然性反映在刑法上也表现为必然因果关系和偶然因果关系。但大多数学者在研究刑法上偶然因果关系时,常常以普遍刑事案件为视角,很少以渎职犯罪为例展开研究。其实,渎职犯罪中的偶然因果关系更为复杂,更为特殊。本文结合两个实际案例(案例一、案例二内容省略),专门以渎职犯罪为视角探讨一下偶然因果关系的相关问题。

一、刑法上的偶然因果关系存在的理论基础

刑法上的因果关系既有必然因果关系也有偶然因果关系,这是刑法意义上的因果关系的两种形式。只不过必然因果关系是基本的形式,刑法偶然因果关系是补充的形式。在实践中,必然因果关系是大量的、主要的;偶然因果关系是少量的、次要的。如果将因果关系之间的偶然联系一概排除在因果关系之外,否认刑法偶然因果关系的存在是不科学的。根据马克思主义哲学关于因果性与必然性、偶然性的学说,原因和结果、必然性与偶然性是密切联系、相互渗透的,仅是原因与结果之间的必然联系,是因果性与必然性的混淆。另外,必然性与偶然性是辩证统一的,没有离开偶然性的纯粹必然性,也没

有离开必然性的纯粹偶然性,一切事物的必然性都不能脱离偶然性而存在。必然性是事物发展的一定趋势,偶然性是事物发展的或然结果,当某种事物发展结果不含必然性时,则偶然因素的作用即是偶然因果关系。在刑法中,必然因果关系与偶然因果关系都是客观存在的,都是不以人的意志为转移的。如果不承认偶然因果关系的存在,就势必将某些具有偶然因果关系的情况,视为必然因果关系或者视为无因果关系,从而导致刑事责任范围的扩大或缩小。对刑法上偶然因果关系的这种认识既符合哲学意义上的必然因果关系理论,也符合偶然因果关系的理论。

二、刑法上的偶然因果关系存在的基本形式

刑法上的必然因果关系是指原因与结果之间存在着客观的、内在的、必然的、合乎规律的联系。表现形式是:一个危害行为即原因必然地引起了一个危害结果的发生,即"原因"引起"结果"。而刑法偶然因果关系则不那么简单。它是指两个必然因果关系交叉而形成的"前因"与"后果"之间的关系,即一个危害行为造成一个危害结果或危险状态,称为"前因前果";它又与另一个危害行为或者事件相遇,又产生了另一个危害结果,称为"后因后果"。这种"前因"和"后果"之间的关系,就是刑法上的偶然因果关系。这种偶然因果关系可分为两种情况:一种是危害行为与某种事件相竞合,产生了一种危害结果。在这里,事件包括自然力的因素,或被害人的行为或第三人的行为,它是产生后一种结果的决定因素。如 A 打伤 B 致轻微伤,B 去医院治疗,C 疏忽大意用错了药,致 B 死亡。在这里 A 和 C 的行为发生竞合,两人的行为与 B 死亡结果之间都存在刑法上的因果关系。只不过 A 与 B 之间的表现形式是偶然因果关系,C 与 B 之间的表现形式是必然因果关系。另一种是危害行为和自然因素或其他偶然事件共同作用产生了一种危害结果。如案例二中被告人的违规出航行为与恶劣天气共同作用导致了沉船事故的发生。正常情况下,

违规出航只会可能但不会必然地导致沉船事故的发生,也就是说,"违规出航"只是为"沉船事故"的发生创造了可能性条件,但在"恶劣天气"的共同作用下使沉船事故的出现就有了实际发生的必然性。因而它们之间也就存着刑法上的偶然因果关系。

刑法上的偶然因果关系的构成和哲学意义上的偶然性有共同之处,也有不同之处。构成刑法意义上的偶然因果关系必须具备以下几个条件。

一是行为的社会危害性。也即行为人的行为只有具备危害性的意义,才可能成为刑法意义上的偶然因果关系的原因。如被告人"出航"行为如果不违反规定,是正常出航,也无超载和违规操作行为,即便发生了沉船事故,也不构成刑法上的偶然因果关系。

二是因果关系的客观性。在因与果的联系中,引起与被引起的现象是客观存在的、不以人的主观想象和主观上是否认识为限的。如被告人也不能以"违规出航不会必然导致沉船事故"为借口否认它们之间客观存在的因果关系。

三是因与果联系的复杂性。无论是在现实生活中,还是司法实践中,因果关系不是那么简单明了,有时会很复杂,特别是多因一果、一因多果或多因多果的情况下,认定起来更为复杂。导致沉船事故的原因也很多:违规出航、突遇强对流天气、超载期限、没有安全员随行、水手在紧急情况下要求关闭所有窗门没有减弱强气流对船舶的冲击力、船下情况复杂、救援措施不力等。但根本原因还是"违规出航"、"违规超载"、"违规操作"。如果在多因一果条件下,分不清主次,则必然导致因果关系认定上的错误。

四是因与果之间引起与被引起之间的现实可能性。有时候因与果之间尽管有时间上的前后顺序性和感觉上的相互联系性,但原因对结果的发生是否存在现实可能性,是认定刑法偶然因果关系的关键。如果我们对案例二中的有关情节做个假设:被告人明知水手 A 不当班,但为了不让游客因游船少而形成滞留,决定让其出航,实遇恶劣天气,结果发生沉船事故。由于让不当班的水手出航与沉船事故之间没有引起与被引起的现实可能性,所以,不能肯定它们之间有偶然因果关系。

五是因与果之间引起与被引起之间的对应性。所谓对应性,是指原因和结果之间的联系是对应的。如案例一中的质量监督和安全管理失职行为与安全事故之间是对应的。如果质量监督和安全管理虽有失职行为,但发生的事故却是工人在施工中突发脑溢血坠落又砸伤了他人,那么被告人失职同工人死亡两者之间就没有因与果联系的对应性。在对案例二的讨论中,有同志提出,被告人违规出航行为与沉船事故之间没有因与果之间的对应性。理由是,当时规定不允许出航的原因是水库正处于"调水调沙"期间,怕水面不稳导致山体滑坡。如果在此情况下出航,结果由于"山体滑坡"造成翻船或其他人员伤亡事故,那样,违规出航行为与伤亡事故之间才存在因与果之间联系的对应性。而从本案看,沉船事故原因是突遇大风强对流天气所致,因此,两者之间不存在偶然因果关系。如果那天气象部门预报有"强对流"天气,被告人仍允许出航,恰恰因此造成沉船事故,在这种情况下,原因和结果之间的联系才有对应性,才存在偶然因果关系。所以,因与果之间的"相应性"如何认识还不是那么简单。我个人的看法,这种对应是相对的,只要前一个因果链中的"原因"引起了一个危害后果或使其处于一种危险状态,就应视为有对应性。由于"违规出航"使船舶处于危险状态,就视为有对应性。

三、与危害结果有刑法偶然因果关系的危害行为的刑事责任

毋庸置疑,刑法因果关系是犯罪构成客观方面的一个内容。但仅仅具有刑法因果关系这一要件,既不能断定行为人一定负刑事责任,也不能断定行为人负什么样的刑事责任,刑法因果关系只有与犯罪构成的其他要件相结合,才能成为刑事责任的基础。因而,刑法偶然因果关系能否成为刑事责任的基础,同样要做具体的分析,不能一

概而论,具体来讲,刑法偶然因果关系可以分为应负刑事责任的和不负刑事责任的两种,那么区分的标准是什么呢？笔者认为,区分的标准是看偶然因果关系是行为人积极促使行为形成的,还是消极连接行为造成的。所谓积极促使行为是指行为正在实行,或处于连续、持续状态,直接促使其结果同外界事物巧遇,并使这些巧遇无法避免,以致造成另一种危害结果的发生。由于这种行为的促使作用而使危害结果无法避免发生的偶然因果关系,应当成为承担刑事责任的客观基础。如前所述,如果案例二中的被告人没有违反规定出航,完全是恶劣天气所致,那就属于意外事故,其沉船后果与被告人之间就没有刑法上的因果关系,也就不存在追究刑事责任的客观条件。

还有一点要指出的是,刑法偶然因果关系可以作为认定刑事责任的客观基础,必须以刑法的规定为前提。并非所有的刑法偶然因果关系都具有刑法的意义,都可以成为认定刑事责任的客观依据。对实际存在的各种刑法偶然因果关系,刑法出于需要只选择了一部分作为认定刑事责任的客观基础,刑法对偶然因果关系的主观选择,是通过刑法条文的规定表现出来的。如果刑法条文没有规定,即使是积极促使行为连接的偶然因果关系,也不能成为承担刑事责任的客观基础。如李××与王××为邻居帮工,二人发生口角后,李××推了王××的肩膀一下,王××坐在了地上。几天后,王××发现血尿,去医院检查系肾脏病变破裂,最后摘除了肾脏。经剖验肾组织证实,病变已占据肾脏的三分之二,即使不受外力作用,发展一定时间后亦会破裂。此例中李××的行为竞合王××的病因,与王××肾脏的摘除之间有偶然因果关系。也是李××积极促使行为连接的偶然因果关系。但病变是主要的原因,刑法未规定此种因果关系应负刑事责任,故李××不应对王××肾脏摘除的后果承担刑事责任。

认识了刑法偶然因果关系的基本概念和特征之后,我们再回头探讨一下文章开头所说的两个案例。

在案例二中,关于卫某等人的渎职行为与游船倾覆以及损害后果间是否存在刑法上的因果关系审查逮捕时有争议,法庭上控辩双方分歧也较大。

控方观点,认为大坝开闸放水,以日平均每秒2580立方米的流量下泄,船舶在此水文状态下航行发生倾覆与水库调沙、调水肯定有关系。"关系"究竟有多大,却是一个非常复杂的技术问题。黄河小浪底风景区管理委员会之所以发出通知,要求封航,正是考虑到库区调水调沙,开闸放水,水文条件不适宜船舶航行。此前的两次调水调沙,都要求封航,就说明调水调沙期间的库区水文不适宜船舶航行。"6·22"沉船事故的发生,更说明调水调沙期间的库区水文不适宜船舶航行。

"明珠岛二号"倾覆,是多因一果:船舶配员不足、载客超员、操作不当;开闸调水调沙,水文条件恶劣;雷雨大风对水文条件和船舶航行带来的不利影响都是重要原因。如果四被告人认真履行职责,严格执行调水调沙期间禁航的规定,全面封航,航运中心不售票,港航管理处、港监站不放行,"明珠岛二号"就不能出航,倾覆事故就不会发生。因此,即使造成"明珠岛二号"倾覆有其他原因存在,也否定不了四被告人的玩忽职守责任。

辩方观点认为,国务院事故调查组及监察部做出的事故原因及性质分析报告、黄河防汛指挥部办公室2004年7月19日出具的"情况说明"和济源市气象局2004年6月25日出具的"6月22日沉船事故气象汇报",均认为船只的倾覆系恶劣天气造成,与水库调水调沙无关,因此,被告人渎职行为与损害结果间并没有刑法上的因果关系。

国务院事故调查组及监察部做出的事故原因及性质分析报告认定事故直接原因是:违规出航、载客超员、船舶配员不足、管理混乱、操作不当等五个原因。

黄河防汛指挥部办公室的情况说明:小浪底水库6月22日20时,库水位235.92米,下泄流量2230立方米每秒,日均2580立方米每秒,含沙量为零,属于清水下泄。根据有关资料表明,沉船事故发生地点为距坝上游7千米左右,由于此处水面宽阔,水深60米左右,综合分析,小浪底水库当日2580立方米每秒下泄流量对距坝7千米附近水域的水体流速基本没有影响,6月22日小浪底库区沉船事故与该日水库运用无任何关系。

市气象局的"6月22日沉船事故气象汇报":"气象情况汇报"列出了济源市气象台对6月22日的气象预报情况、22日20时沉船发生地附近济源气象观测站、孟津气象观测站、新安气象观测站的观测记录和对库区周边大峪镇政府、坡头镇政府、下冶乡镇政府22日20时左右天气的走访情况,说明沉船发生时天气恶劣,有大风、雷雨。

关于四被告人之间的责任划分问题:

控方认为,2004年6月,小浪底库区第三次调水调沙,河南省小浪底风景区管理委员会办公室、济源市防汛抗旱指挥部、黄(沁)河防汛办公室先后发出通知,要求调水调沙期间全面停止水上旅游活动,严禁旅游船只在库区内航行。被告人卫某、韩某、牛某、张某不执行通知要求,不按照规定履行职责,在禁航期间不予禁航,仍允许水上旅游活动。被告人卫某任济源市交通局副局长、济源市港航局党支部书记,负责港航局全面工作,是济源市水上交通安全管理工作的第一责任人;被告人韩某任港航局副局长,分管水上交通安全工作,是济源市水上交通安全管理工作的直接责任人;被告人牛某任港航局副局长兼交通航运中心经理,分管交通航运中心工作,是济源市航运安全管理工作的直接责任人;被告人张某任桐树岭港监站负责人,依法负有小浪底库区水上交通安全的监管职责。四人的行为均构成玩忽职守罪。

辩方观点:第一种意见认为,被告人卫某不是该起事故和该起职务犯罪行为中的直接责任人,卫某应负和应承担的责任是领导责任,而不是直接责任。从领导分工、职责划分以及各被告人应承担的法定义务来看,被告人卫某不具有具体实施和履行水上安全检查的特定义务,不是执行以上工作的具体的、直接的责任人员,其履行的职责和应负的责任是安排和布置,所负的是领导责任,并非直接责任。

第二种意见认为,根据"6·22"特大沉船事故调查组调查认定,违规出航是导致此次事故发生的直接原因之一,被告人卫某身为港航管理局的领导,违规指示下属领导可以出航,造成特大事故,应负主要刑事责任,其余被告不应负刑事责任。我国行政系统实行首长负责制,行政机关首长在所属行政机关中享有最高决定权,并对该职权行使后果代表机关负个人责任,下级对上级的职务命令有绝对服从的义务。根据现行有效的《国家公务员暂行条例》第31条第(三)项规定:"国家公务员必须严格遵守纪律,不得对抗上级决议和命令。"这是命令的必须作为规范,并没有规定"可以向上级提出改正或者撤销该决定或命令的意见"的义务,公诉人指控"上级下达开航命令造成事故,下属执行开航命令不能免除下属责任"于法无据。被告人卫某曾宣布:小浪底的封航开航,谁都没权,我通知才算。在小浪底管委会下达禁航通知后仍指示下属领导说:船该跑的跑,不要去大坝。从另一方面讲,如果没有被告人卫某指示,不可能没人制止出航船只。因此,下属人员执行被告人卫某的命令,符合行政法规定,没有过错,其余被告在本次事故中负次要责任,应受行政处分,不应当追究刑事责任。

笔者认为,本案中行为与结果之间是否存在刑法上的因果关系是认定犯罪的关键。有同志倾向辩护方观点。前三名被告人主要负责水库调水调沙活动造成的航行安全问题,而本案中船只倾覆的主要原因是恶劣天气、驾驶员操作不当和超载,与调水调沙并没有太多关系。无论是按照我国目前的通说——必然因果关系说,还是依据西方之通说——相当因果关系说以及偶然因果关系说,都不能认定前三名被告人的行为与损害结果间存在刑法上的因果关系,控方认定存在刑法上的因果关系,依据的只能是条件说(认为危害结果的发生,如有多数条件或因素时,其中凡是具有逻辑意义上的任何条件,不管其为直接条件或间接条件,均为结果发生的原因,所有一切条件都有同等价值,均是刑法上的原因)。我认为此说不妥,它把与危害结果发生有关的一切条件不加区别地视为引起结果发生的原因,混淆原因和条件的界限,漫无边际地扩大刑事责任,失之过苛,可以说在西方国家也并为被普遍接受。关于刑事责任划分的问题,前三名被告人由于不构成犯罪,亦不存在刑事责任的划分,第四被告张某作为桐树岭港监站负责人,依法对超载等危及航运安全的情形,负有监管职责,但张某在本案中对严重超载的船只没有履行监管职责,使其最终在恶劣天气、驾驶不当等因素的共同作用下,倾覆沉没,因此,应认定其构成玩忽职守罪。

笔者认为,应从三个方面分析。

第一,从因果关系上讲,卫某等人虽然违反规定允许船只出航,但是否必然造成沉船事故,并不是必然的。只是由于在违规行为与沉船结果之间又加入了一个"恶劣天气,突刮大风和强对流天气"这一自然因素和其他人为因素,才必然地导致了沉船事故的发生。在这里,有两个因果关系链相互交叉。一是违规出航→遭遇恶劣天气;二是遭遇恶劣天气→导致沉船事故发生。在这两个因果关系链中,交叉了一个自然因素——恶劣天气,由哲学上的两个"前因后果"导致了一个刑法上的"前因后果",即违规出航(原因)→遭遇恶劣天气(结果)→遭遇恶劣天气(原因)→又导致沉船事故发生。这就是说,正是违规行为才使船只航行处于一种危险状态,这个危险状态又介入一个自然因素,也即在危险状态与危害后果之间夹杂了一个自然促成条件,所以,使事故的发生由现实可能性变成了实际上发生事故的必然性。也正是这一自然因素的出现,它们之间才形成了刑法上的偶然因果关系而不是必然因果关系。

第二,从责任上讲,卫某同意违规出航,本身就是一种监督管理过失。卫某作为交通局副局长,主管这项工作,应该明知两点:一是调水调沙期间不能允许出航,二是遇到恶劣天气不能出航。当天也有"强对流等恶劣天气"的预报,不管卫某等人是否明知,但职责上应当知道。在应当知道"有强对流天气"和"调水调沙期间禁航"规定的情况下,同意违规出航,卫某就是不正确履行职责,属于监督管理过失。对由此造成的危害结果应当负刑事责任。

第三,从危害结果来讲,尽管过失内容和程度不同,但正是由于上述4人一系列的过失,导致了66人死亡的严重后果。对此后果,上述4人均负有刑法的责任。

同样,案例一中的被告人王××、叶××的失职行为(即没有严格进行施工资格审查和现场操作程序监督)虽不一定必然导致烟囱井架倒塌事故发生(也就是说,烟囱井架倒塌对监督不力管理不到位来说是一种偶然的结果,它可能发生也可能不发生),但这种偶然性在一定条件的作用下,必然地出现了倒塌的危害后果,这也正说明了哲学上所说的因果关系的偶然性寓于必然性之中的原理。

审查逮捕环节证据的审查与运用

检察环节的证据审查判断和运用,包括逮捕证据的审查判断和运用,也包括起诉证据和抗诉证据的审查判断和运用。它在整个刑事诉讼过程中起着承上启下的重要作用。因此,在检察环节,审查判断和运用好刑事证据的实体意义重要,程序意义非凡。

一、审查逮捕阶段证据收集运用中存在的问题

整个刑事诉讼过程,就是审查、判断和运用证据的过程。在审查逮捕证据阶段的证据审查、证据运用过程中不同程度地存在一些错误的、片面的认识和倾向,直接影响审查逮捕的准确性,影响到案件的正确认定和处理,从而导致冤、假、错案的发生。具体来讲,存在如下十种倾向。

倾向一:先入为主,用证据印证推断和想象。

整个刑事诉讼活动就是围绕着发现、揭露和证明犯罪嫌疑人是否有罪而进行的。侦查人员在初步接触案件后,会对谁有可能是犯罪嫌疑人形成一个初步的判断或推断,从而根据自己的推断,确立侦查思路,制订侦查方案,研究侦查谋略,确定侦查方法,这是允许的。但是,推断是否正确,想象是否符合客观实际,都需要对收集到的证据进行验证和修正。有时收集到的是肯定证据,支持了侦查人员的最初判断;有时收集到的是否定证据,否定了侦查人员的最初判断。

侦查人员随着收集到的证据的不断全面、深入和变化而不断修正自己的想象,这是用证据在修正想象,是一种正确的侦破案件模式。如果侦查人员先入为主,把犯罪嫌疑人过早地定格为罪犯,搜集证据只是为了巩固自己的内心确信,只是为了证明自己的推断正确,在搜集证据过程中,就会背离搜集证据的客观性和全面性之要求:符合自己想象的就收集,反之,就有意或无意地予以取舍,甚至以刑讯逼供的方式获取自己想要的证据,这种用证据印证想象、验证想象的过程,是一种错误的侦查模式,其根本原因是先入为主,有罪推定的原则在作怪。

倾向二:把模糊和不规范的辨认和指认当做定案证据。

辨认是指在侦查过程中为了查明与案件有关的情况,由侦查人员主持被害人、目击证人或者知情人对犯罪嫌疑人、物品或者尸体、现场等进行同一认定的活动。由于辨认在侦查中起着判明犯罪现场及其遗留物,或者犯罪工具何人所有及何人所用,从而提供侦查方向、缩小侦查范围、寻找犯罪嫌疑人等重要作用,侦查人员常常使用该措施。但近几年间,这项措施有不当使用的情况,有的在辨认之前让辨认人与被辨认人见面,有的诱导辨认,有的参与辨认人数不够法定人数,有的为了凑数,把熟人也编入被辨认人的行列,更可笑的是辨认外籍犯罪嫌疑人时,为了凑数,让中国人参与到被辨认人行列。有的辨认笔录不规范,记录简单失去证据证明力等。有的过分相信被害人、证人的指认和辨认,盲目将模棱两可的辨认、指认结果当作定案的证据,忽视辨认、指认的主观性,夸大其客观性结果案件做出了问题。

倾向三:简单认为鉴定结论等科技证据是"证据之王",无需审查即可直接采信。

由于技术手段的科学性以及结果的可靠性不断提高,与传统证据形式相比较,科技证据往往具有很强的证据价值,在诉讼证明中发挥着极其重要的作用,使许多"疑案"、"悬案"得以侦破。但是这也并不意味着科技证据就成了"科学的判决"、"科学的法官"、"证据之王",直接可以成为定案的根据。检察机关在审查逮捕活动中运用科技证据时仍应对其进行严格的审查,以确立其有无证明力以及证明力的大小。一方面,对所有证据包括科技证据在内,使用时必须首先经查证属实才可成为批捕的根据。按照直接言词证据规则,科技证据的取证人员必要时应当对其相关的原理以及获取收集检验、鉴定过程加以说明,并接受办案人员的质询。为确保审查逮捕工作深入有效地进行,相对人一方有权聘请有关专家协助质证。在这一过程中,如果相对方对该项科技证据的正确性提出了"合理怀疑",检察机关就应允许进行重新取证或鉴定,甚至直接排除该项证据的采信。

另一方面,在采信科技证据时应适用证据补强法则。因为,虽然随着技术的不断进步,许多科技证据的可靠性已相当高,但由于种种原因,仍有些科技证据的准确率不可能达到百分之百。因此,绝不能把科技证据作为定案的唯一根据。为防止冤枉无辜,有必要确立科技证据的补强规则,尤其是那些可靠性仍存在较大争议的科技证据,即使是查证属实,也必须有其他证据予以补强,才能作为认定案件事实的根据。比如认定是否患有精神病,除有鉴定结论以外,还须了解行为人平时的精神状况及实施违法犯罪行为以后表现方面的证据。在对科技证据的认定中,要坚决反对仅凭个别科技证据就认定犯罪嫌疑人有罪并逮捕。孤证不能定案是证据法上的基本原则,要求包括科技证据在内的所有证据都应当互相印证,形成闭合的证据锁链,并排除合理怀疑。以鉴定结论为例,鉴定结论是鉴定人经司法机关指派或聘请,运用自己专业知识对案件中的专门性问题所作的结论性意见。由于鉴定结论是具有专门知识的人依照科学原理所做出的,有人便认为其真实性无可怀疑,无需审查即可直接予以采纳。其实,任何证据都无绝对的证明力,科技证据同样如此。在诉讼证明中运用科技证据时仍要对其进行严格的审查,以确定其有无证明力及证明力的大小。因为鉴定结论受主客观条件的影响也有发生错误的可能,如鉴定设备是否先进、鉴定方法是否科学、送检材料是否充分、鉴定人的业务水平、鉴定过程是否受到外界因素的干扰等等,都会影响到鉴定结论的正确性。此外,据以做出鉴定的科学原理还有一个准确率的问题,即使是目前认为可靠性极高的 DNA 检测也不能保证百分之百的准确,也有存在误差的可能。因此对于鉴定结论也应当先予审查才能采信。

在刑事诉讼中,无论是 DNA 鉴定,还是法医学鉴定、颅像重合鉴定、痕迹鉴定等,很多时候其鉴定结论本身就存在不同程度的不确定性,不能盲目靠鉴定结论定案,所以运用时,一定要注意同其他证据对照审查,综合判断,绝不能仅凭科技证据定案。

倾向四:忽视物证的本质特征,盲目夸大物证的证明力。

物证是指证明案件真实情况的实物和痕迹。它包括两种类型:作为物证的实物是指与案件事实有关的客观实在的物体,如犯罪现场的尸体、作案的工具、赃款赃物等。而作为物证的痕迹,包括两个物体之间相互作用产生的印痕和轨迹,如指纹、脚印、划痕等。物证可以为侦查人员提供线索,确定侦查方向,可以借助物证破获犯罪;可以借助物证鉴别其他证据的真伪;可以借助物证迫使犯罪嫌疑人、被告人交代罪行,揭穿不真实的供述和辩解。物证因受主观因素影响较小,因而其客观性、真实性较强,证明力也较强。但在实践中,我们发现物证的提取和运用存在两个问题。一是提取不规范,导致物证失去证明力。物证随着犯罪行为的发生或实施而产生,与案件事实存在着必然的客观联系,但同时物证又是不会说话的证据,它不能"讲清"自己与案件有何联系,如果物证的获取和固定过程不符合法定程序,就会失去可采性。比如,记载着行贿人行贿笔录的笔记本,如不依法提取,仅仅拿着这个笔记本到法庭上作证据适用,法官是不会采纳的。二是没有树立正确的物证评价标准,盲目扩大物证的证明力。物证作为一种间接证据,只能间接地证明案件事实的片段,证实不了整个过程,也说明不了更多问题,如果盲目扩大其证明力,后果必然会造成错误认定。如某县李某杀人案件,侦查机关在案发现场取得一个血足迹印,经专家鉴定此足迹和犯罪嫌疑人足迹特征包括步态、步法、步幅完全一致,故判定此足迹为李所留,且足迹提取血型鉴定和被害人血型一致。针对这样两份鉴定结论且不论其本身准确性怎样,就其证明内容来讲就有不同认识:有的认为此证据能够证明该足迹是李所留,且足迹上提取血迹,经鉴定为被害人血迹,就可以认定李为该案作案人无疑;有的则认为,此带血足迹如果确能证实为犯罪嫌疑人李所留,也仅能够证明案发当时或者案发后李到过案件现场,但不能证明李就是犯罪嫌疑人。此案由于过分夸大了物证的证明力,结果批捕、起诉后,人民法院判决其无罪。

倾向五:过分夸大口供的证明力。

所谓口供,即犯罪嫌疑人、被告人的供述和辩解,是犯罪嫌疑人、被告人在刑事诉讼过程中就案件事实向公安、司法机关所作的口头或书面陈述。有人认为被告人口供是"证据之王",是最有价值、证明力最强的证据,因而在办案中千方百计地获取口供,而一旦获得了嫌疑人、被告人口供就认为万事大吉了,忽视相应证据的提取。不可否认,经查证属实的被告人口供能够详细、具体、真实、直观地反映犯罪的动机、目的和犯罪的时间、地点、行为、结果等,具有较强的证明力。但是由于犯罪嫌疑人、被告人供述和辩解有极大的主观性和可变性,具有虚实并存、真假难辨的显著特点,因此在审查判断时必须特别仔细和认真,切不可草率从事,否则侦查工作将会陷入误区,被口供牵着鼻子走。在形式诉讼中过分夸大口供的证明力,还容易导致司法办案人员把口供作为搜集证据的重点,而不把力量和工作重心放在收集其他证据上,势必导致刑讯逼供、肉体折磨、疲劳战术等非法取证方法的大量使用,这不仅会有损程序的正当性,而且也会有碍发现案件真实。因为对认罪口供的迷信,就像巨额利润刺激贪欲一样,会刺激侦讯人员获取口供的欲望;这种欲望又会促使他不择手段地收集认罪口供。在存在刑讯或变相刑讯的刑事程序中,"罪犯与无辜者间的任何差别,都被意图查明差别的同一方式消灭了",因为"这种方法能保证使强壮的罪犯获得释放,并使软弱的无辜者被定罪处罚"。如果过分依赖口供,将刑讯以及变相刑讯作为获取这种口供的手段的现象就不可避免。

倾向六:简单认为翻供就是不老实。

翻供在司法实践中并不鲜见,它是由犯罪嫌疑人口供本身所具有的特征所决定的。翻供就其本身的性质而言,仍属犯罪嫌疑人口供的一种表现形式。翻供现象的动机是多方面的,既可能是犯罪嫌疑人因记忆原因而改变原有供述内容;也有可能出于侥幸心理和抵赖动机而推翻原来的供述内容;还有可能是原有口供是在刑讯逼供、诱供、指供条件下产生,而后又加以翻供。但无论如何,其目的是一致的:即通过翻供来否定原有对自己不利或者不是很有利的口供,并提供对自己有利或更为有利的供述。翻供本身并没有为我国刑诉法所禁止,也是被告人、犯罪嫌疑人的权利,也符合司法规律。问题的关键是要看翻供的真实性。只要被告人或犯罪嫌疑人是基于客观上的真实意思表达,则翻供的内容也可以成为有效的定案依据。所以,不能一概认为翻供就是不老实,是不认罪。允许合理翻供,既是保障被告人或犯罪嫌疑人合法争辩权的需要,也是查清案件事实的需要。所以,司法机关应正确对待被告人或犯罪嫌疑人的翻供,既不能简单笼统的一概否定,也不能无视已经查明的案件事实和其他充分、确凿的证据来轻易肯定被告人或犯罪嫌疑人的翻供,认为只要一出现翻供,就什么事实也不能认定了,这种思维模式是错误的。翻不翻是被告人的事,能不能鉴别出真伪是检察机关的事。如王生等人伤害案件:犯罪嫌疑人王生始终不供,同案犯张某在侦查环节供认后,提请逮捕时出现翻供,逮捕后提审时再次供认,起诉后又翻,第三名犯罪嫌疑人始终供认。富有戏剧性的是在审查起诉阶段真凶出现,此三人全属无辜,这就表明,翻供不能一概否定。所以,我们要按照《刑事诉讼法》第46条之规定:以重证据、重调查研究、不轻信口供为原则,并以此作为司法机关确定被告人或犯罪嫌疑人翻供是否真实、有效的重要依据。

倾向七:错用形式逻辑学的"三段论"推理。

我们以形式逻辑的最基本规律——同一律为例:同一律内容,指在同一思维过程中,运用推理和判断必须具有确定性,并且前后必须保持同一,也就是我们常说的三段论逻辑推理的周延性。但实际办案中有时会出现片面运用逻辑推理导致错误判断,进而导致错案的情况。如某厂财务科被盗4万元,依据刘某在财务科留有的指纹,从刘某家搜出4万元现金,刘某曾有盗窃前科,法院据此判处刘某有期徒刑4年。后来,真正的案犯抓获,刘某被宣告无罪。该案失误的原因在于,运用的选项不确定,未穷尽一切,财务科指纹系刘某常到财务科打电话、闲谈时留下的,4万元现金不是特定物,不能作为赃款。这里就存在着办案人员一个错误的三段论推理:凡是在财务科留下指纹的人就是作案人,刘某在财务科留下了指纹,所以,刘某就是作案人。显然,这个三段论的大前提是错误的,留指纹和盗窃之间没有必然的逻辑联系,所以,这个三段论的不周延导致了推理错误。

因此审查判断的证据材料是否确实、充分,必须通过科学的判断和推理方法得出结论。无论哪一种判断形式和推理形式,对于证据的审查判断都是十分重要的。在司法实践中,必须根据案件情况严格选用科学的判断和推理形式,最大限度地满足审查证据的需要,不能曲解和错误运用形式逻辑的三段推理。

倾向八:过分强调主要情节,忽视案件细节。

刑事案件证据和事实的审查是从微观到宏观的动态过程,而对其犯罪性质、程度的判断、认定则又是从宏观走向微观。现在不少司法人员,对刑事案件证据、事实的认识仅仅停留在静止、宏观和有利于自己的层面,这是很可怕的。"小事成就大事,细节成就完美。"细节体现作风,细节决定成败,办案也是如此。审查案件事实必须全面细致。没有证据就没有事实,证据缺乏就无法构成证据锁链,证据形不成锁链就无法定案，因此，要准确认定案件事实，必须对每一个证据的关联性、合法性和客观真实性逐一做出甄别和评判，只有这样，才能对案件的事实做出客观公正的认定。忽视任何一性，忽视任何一个案件细节，都有可能导致整个案件失真。

倾向九：把孤证作多个证据适用，靠孤证定案。

所谓孤证，是指单个孤立存在没有其他证据给予佐证的证据。它包括两层含义。一是绝对的孤证。如案发现场只有一个脚印，其他任何证据都没有，这个孤立存在的脚印被依法提取出来以后，就是一个法律上的绝对孤证。又如强奸案件，只有被害人的陈述，没有其他任何间接证据印证，被告人又不承认，不作有罪供述。在这种情况下，认为被告人犯罪的证据就是一个孤证。二是相对地孤证，即相对于多个来源、多种形式的证据来讲，仍是孤证。如犯罪嫌疑人在不同场合、不同时间所作的多个有罪供述，尽管是多份口供，但来源于同一个人，证据形式也一样，仍视为孤证。再如多个传来证据，来自同一个源头，仍为孤证。如甲被抢劫后，告诉乙，是张某抢的，乙又把此事告诉了丙，丙又告诉了丁。那么，对于甲、乙、丙、丁四人的证言来件，尽管是由多个人所作的，都是同一来源的传来证据，对于证明嫌疑人有罪来讲，仍然是孤证。

孤证不能定案是指每一个证据的证明力之有无或者大小，都不能靠该证据本身得到证明，而必须通过对证据本身的情况、证据与其他证据之间有无矛盾及能否互相印证、证据在全案证据体系中的地位等问题进行全面的衡量，才能做出合理的判断。如果一个刑事案件全案唯有一项证据，如受贿案只有行贿人指证，又如强奸案仅有被害人陈述等，绝对不能定案。

但在审查逮捕实践中，一些办案人员往往把一人或多人的多次口供当作多个证据来适用，反复讯问，反复做笔录，认为这样就可以定案。有的把同一来源的证言取了多份，相互印证，以为这样的证据多了，就达到了确实充分的程度，实际上仍是孤证，最多是增加了可信度。为了避免和防止这种倾向,审查逮捕时,要注意两点:一是只有被告人的口供或只有被害人的陈述,不能定案;二是同一来源的多个传来证据不能定案,也就是说,传来证据再多,只要来源是一个,均属于同一来源的"孤证",只要没有其他证据印证,不能定案,不能批捕。

倾向十:把同案被告人、犯罪嫌疑人的口供互作证言适用。

共同犯罪中被告人的供述不能互为证言并据以定案。因为共同犯罪案件的各被告人在主观上有共同故意,客观上有共同行为,他们对同一共同犯罪事实的陈述通常是"你中有我,我中有你,你我中有他",相互形成一个不可分割的整体。同案被告人均是该共同犯罪案件的当事人,都与其所做陈述的案件的处理结果有直接的利害关系,其陈述可以相互印证,但不能互为证人证言。但审查逮捕实践中,却存在着这样一种情况:对共同犯罪案件,仅有同案被告人的一致供述,无其他相关证据印证,一些侦查机关、侦查部门同案犯的口供对其他同案犯来将就是证言,多个同案人的口供就不认为是单纯靠口供定案,认为既有口供,又有证言印证,就可以定案。所以,把取证的重点都放在逼取同案人的口供上,忽视了对其他物证的收集,结果造成错捕。

二、审查逮捕环节证据审查应坚持的原则

(一)逮捕依据的证据必须确实,不能虚假

证据的确实,也就是指证据是客观真实的,不是虚假的或伪造的。这就要求审查逮捕时,使用的证据必须符合三个基本特征,即证据的客观性、相关性和合法性。否则,证据就不具有可采性,就不能作为逮捕的依据。证据的确实性原则要求在审查逮捕阶段据以定案的证据必须是确实的。这与逮捕条件中"证据已经查证属实的"是相对应的。审查逮捕由于受到办案期限、警力和诉讼规律的影响,对侦查机关收集到的证据不可能全部复核,也没有必要将全部证据认定

为"确实",但绝对不能有假,采信的证据必须是"确实"证据。否则,就会错捕。

(二)逮捕依据的直接证据之间不能矛盾

直接证据是能够单独地直接证明案件主要事实的证据,即可以直观地说明犯罪行为是犯罪嫌疑人所实施的证据,是证据体系中证明力最强的一类证据。在一个具体的案件中,直接证据主要表现为犯罪嫌疑人的有罪供述、被害人陈述和现场目击证人所作的证言。直接证据是否确实,往往影响到对案件事实的认定,而侦查机关收集到的直接证据如果是确实的,那么直接证据之间应该是相统一的,因为直接证据最直接、最具体地解决了"犯罪人"和"犯罪事实"这两个关键问题。在审查逮捕中,如果一个案件的证据有两个以上直接证据,且直接证据相统一,没有矛盾,就应当认定该案件符合"有证据证明有犯罪事实"的逮捕证据要求。以佘祥林案件为例。该案证据有很多矛盾之处:佘祥林的口供作为直接证据应当是一致的,可是他的口供却互相矛盾,四次供述中交代了四种不同的作案经过,显然不符合"直接证据必须一致"的证据要求。

(三)逮捕依据的直接证据与间接证据之间证明的方向不能反向

间接证据虽然不能直接证明犯罪行为是否发生,犯罪是否为犯罪嫌疑人、被告人所为,但在某种程度上可以间接证明一定的时间、地点和情节,并和直接证据一起产生强有力的证明作用。具体地讲,它具有以下几个方面的作用。一是排除作用。这种排除主要体现在对作案时间、作案地点、作案手段等方面的排除作用。二是佐证作用。在有些情况下,间接证据虽单独起不到证明作用,但可以佐证其他直接证据,特别是可以佐证一些言辞证据。三是衔接作用。四是补强作用。如有些书证,其本身并不能直接证明犯罪事实是否真正发生,但可以明白无误地记载着犯罪事实已经发生。

间接证据与案件事实之间的联系是间接的,一个间接证据只能证明案件事实的某个片断,因而与直接证据相比有证明力弱的缺陷。但在一个案件中,收集较多的还是间接证据。在审查逮捕案件中,如果直接证据较少,如仅收集到一个直接证据,按照"孤证不能定案原则"对案件是不能认定的。但如果能够有几个间接证据,且间接证据与直接证据之间就证明的案件事实能够统一或者对直接证据起着补强的作用,那么就可以据此认定案件事实;若相矛盾,则可予以否定。在审查逮捕中,对直接证据和间接证据相互关系的审查一定要把握证明方向上的一致性。它们之间既有相互印证、补强作用,更有相互否定的情况发生。所以,审查时首先要看其相互之间在证明方向上是否同向和一致,如果不一致,就要引起重视,就要作为疑点对待。其次再看其是否相互印证和补强。胥敬祥一案中,最初公安机关之所以把胥列入盗窃的嫌疑人,就是发现其穿的一件绿色毛衣怀疑是被盗物品。但胥辩解说,毛衣是其同本村一位村民一块在旧货市场上买的。显然,作为间接证据的绿毛衣证明方向不是赃物,而提请逮捕时受害人证明是其家被盗的物品,被害人证言和绿毛衣两者证明的方向是异向的,而侦查机关并没有落实这个毛衣的来源。最后,省检察院办案人员找到了胥同村的村民,证实这个毛衣是胥和他一块从旧货市场上买的,这就推翻了批捕时的"有罪证据"——绿毛衣。正是这一件绿毛衣和直接证据(被害人证言)证明方向相反而当初未引起重视,所以,导致了该案的错误处理。

(四)逮捕依据的间接证据要能够排除合理怀疑

如果一个案件中,没有收集到直接证据,仅有间接证据,能否定案,关键要看"间接证据是否基本形成链条"。也就是说,在无直接证据证明的情况下,间接证据必须达到证明犯罪事实是犯罪嫌疑人所为,且有查证属实的证据进行证明,才能据以定罪。如果证据证明的结果不是唯一的,即使有再多的证据也不能做出逮捕决定。如安某涉嫌将租住在其家的李某杀死一案。经侦查所取的证据有以下四方面。(1)现场勘查发现有大量的喷溅状血迹,在血泊附近发现带血的菜刀两把、锤子一把等作案工具;在安某院中发现抛尸用的架子车等用具均有血迹。以上物证经刑事技术鉴定均系死者血迹。(2)提取的带有大量血迹的裤子、上衣、毛衣等物均有血迹,经鉴定均系死者血迹,衣物经家属辨认系安某平时所穿。(3)在其家提取的一只手套中,左手小指外侧对应部位和右手拇指对应部位血样是死者和安某的混合血迹。(4)安某妻子证明案发前,她同安某发生矛盾欲回娘家,被其锁在屋内,后由死者为其打开,安某可能因此对死者怀恨在心。从收集到的证据来看,应当说是很多的,但综合研究认为:刑事技术鉴定和辨认结果只能证明安某案发当时在现场,在死者被施暴时距离较近,且同尸体有过接触,但安某是对死者实施了加害行为还是因其他原因接触过尸体无法确认。现有证据不能证明安某接触过任何一件杀人凶器,安某拒不供述,安某妻子的证言只能是一种可能性猜测。该案现有证据证明的结果不是唯一的,证明安某涉嫌故意杀人犯罪的证据链条不完整,只能证明安某有重大杀人嫌疑,尚不能合理排除他人作案的可能。所以,对犯罪嫌疑人安某只能做出存疑不批准逮捕决定。

(五)逮捕依据的证据必须是依法收集的证据

在审查逮捕工作中,证据的合法性原则必须坚持。用逼供、诱供等非依法定程序收集的证据不能作为逮捕的证据依靠,发现的非法言辞证据必须排除;未依法定程序收集的物证必须重新依法收集;瑕疵证据必须完善;形式、格式不规范的证据应当规范。否则,后果是极其严重的。如李某抢劫案:按照规定,辨认时,依法应当有7人以上参加辨认,先指认后做笔录。而侦查人员组织辨认时,因人数不够,让被害人的3个老师参加。这样的辨认结论岂能作为证据使用。

(六)逮捕依据的证据要引导侦查部门相对予以固定

采取多种手段和科技手段固定重特大刑事案件、职务犯罪案件的证据,引导侦查机关在侦查过程中讯问犯罪嫌疑人时,实行"立体取证方式",对口供实施同步录音录像,是固定、完善证据的有效方式。

在侦查工作实践中,一些地方的侦查机关、部门已经不同程度地推行了这种做法,效果良好。特别是在应对口供虚假变化,证明口供获取过程中的合法性,反驳嫌疑人被逼供、诱供的虚假指控具有很重要的意义。但也有一些地方的侦查机关、部门由于观念滞后,没有意识到同步录音录像这种"立体取证方式"的意义,嫌麻烦,不愿去做;也有一些地方的侦查部门由于经费不足,技术条件有限或者是由于侦查人员缺乏专门的技术素质,还没有开展这项工作。随着侦查技术装备条件的逐步改善,信息化建设步伐的加快,应该尽快把这项工作列入议事日程,创造条件,尽快推行这种取证方式,实现获取口供的多形式、立体型,以达到固定和完善口供的目的。

三、审查逮捕阶段证据的审查方法

根据办案体会,笔者把审查逮捕证据的一般方法归纳为以下八个方面。

(一)资格确认法

首先从确认证据资格入手,先确认证据效力,然后再审查证据与事实之间的关联关系,从而认定据以逮捕的证据是否符合法定的条件和要求。因此,审查逮捕中对证据的审查,必须先审查证据是否具有法律规定的形式并由法定人员依照法定程序收集。具体包括:

1. 审查证据的来源是否合法

证据是如何形成的,是由谁提供的,如何收集的,都要一一进行审查。审查证据的来源,是认定证据证明力的重要方面,通过审查证据的来源,可以判断证据是否真实可信。审查的侧重点包括:有关人员是否出于某种动机,故意提供虚假证据;有关人员是否会因生理上、心理上、认识上、表达上等方面的原因,提供了不真实或不完全真实的证据;是否存在影响证据真实性的客观因素,如距离远、光线暗、声音弱、事件发生突然以及持续时间短暂等,用以鉴定的材料不当、鉴定仪器低劣、案发时间久远等。

2. 搜集证据的主体是否合法

搜集证据的主体是否合法直接影响到证据的证明效力，从而影响其证明力。根据刑诉法规定，承办案件的公安、司法机关及其工作人员是搜集证据的合法主体。一般而言，对他们收集的证据是否合法应进行审查，但法律对搜集证据的人数及特别情况下的具体主体有明确规定，这也应当是审查证据时需要特别注意的方面。

3. 搜集证据的程序是否合法

这主要包括审查搜集证据的手段、过程、制作等是否符合程序法的规定。例如，在搜集证据的过程中有没有刑讯逼供、诱供、骗供、威胁等非法情况，对当事人、证人等的陈述记录是否客观、全面等。

通过上述三个方面的审查，如果认为证据具有证明资格，即可作为据以定案的证据；如果不具有证据资格，应依法予以排除，不能作为证据使用。

（二）对照分析法

这种方法的特性是将证明同一问题的证据全部摆出来，逐一对比，逐一分析，综合认定。对于任何一个证据，如果只就其自身来审查，往往难以辨别其真伪和确认其对案件事实的证明作用。如果将其与其他证据加以对照、印证，并进行综合分析，从相互间的联系上进行对比审查，就可以发现问题，辨别真伪。运用这种方法，应针对不同证据的特征有针对性地进行审查。例如，物证是以其外部特征证明案情的，书证是以其记载的内容证明案件事实的，因此对物证应当着重审查其外形、属性等，对书证则应重点审查其记载的内容。对照分析的方法可以针对同一证明事实的不同类证据进行对比，也可以对同一类证据前后的变化进行对比分析。如犯罪嫌疑人的供述和辩解与勘验、检查笔录的综合分析，犯罪嫌疑人的供述和辩解与证人证言、被害人陈述进行对比分析等。同一类证据前后间的区别分析包括，如对犯罪嫌疑人在几次讯问中的不同供述、被害人在不同情况下不同时间段的陈述进行对比分析等。通过不同类别的证据比照,同一类证据前后变化的对比,达到同一认定、发现矛盾的目的。

(三) 寻根究底法

这种方法主要是针对有罪证据完全一致,甚至一致得让人感到有点不可信的情况而采取的一种针对性的审查方法。在案件侦查中,有的侦查人员往往只注意收集有罪的证据,而不注意收集无罪或罪轻的证据。有些证人、被害人、犯罪嫌疑人缺乏法律知识,或者认识错误,为了表现合作的态度,只讲侦查人员喜欢听的话,从而形成一些有隐患的证据。这些情况初看起来,证据表示得很确实很充分,证据之间能够完全印证,甚至细节都完全一致。但这些证据在主要指向、证明方向上指向同一个事实的同时,往往会隐含有另一个不同的甚至完全相反的结论。这就需要审查逮捕的承办人要学会抓住细节,寻根究底,排除疑点,去伪存真。特别要对案件的事实与证据之间、证据与证据之间或单个证据的前后内容之间,进行认真审查,看是否真正一致,还是表面上的一致。如果发现证言与证言之间、口供与口供之间、证言与口供之间过分一致,不但没有矛盾,连一点差异都没有,时间、地点、手段、后果、细节,甚至口气都完全一致,那就要引起高度重视。因为这种高度一致的言辞证据很有可能带有水分,带有虚假性。遇到这种情况要注意审查侦查人员是不是客观真实地记录了口供、证言,当事人之间是否有串供等情况存在,造成供、证词之间完全一致的原因是否正常,完全一致的程度是否合乎常理等。

(四) 察微析疑法

这种方法是通过讯问犯罪嫌疑人时直观地察言观色,察微析疑,发现问题。审查逮捕时,一些承办人认为没有必要也没有时间去提审犯罪嫌疑人。其实很多案件都有提审犯罪嫌疑人的必要,特别是一些"边缘"案件和有疑点的案件。侦查人员收集的证据是否客观公正,犯罪嫌疑人有何辩解、是否有翻供倾向,都可以通过直接接触和讯问犯罪嫌疑人而予以解决。同时,还可直观地了解犯罪嫌疑人的表情、精神状况、记忆、认知、语言表达、文化程度等方面的能力。了解这些情况,有利于辨明真伪,把好证据关,并且能发现一些从案卷中发现不了的问题。如文某失火案,案卷中嫌疑人文某的讯问笔录完整流畅,并与其他证据也能印证。但提审犯罪嫌疑人时,发现文某是个听力和语言表达都有障碍的人,根本叙述不清作案经过,更不可能清晰完整地叙述案件经过,以此判断讯问笔录不可能是犯罪嫌疑人真实口供的记载,至少说不是口供的原貌。于是,承办人更加重视核查该口供的真伪。后来经核查发现有不少细节是侦查人员为了和自己掌握的其他证据材料一致而擅自增加的。可见,通过讯问犯罪嫌疑人察微析疑至关重要。此外,有时通过询问有关证人,也能察微析疑。某抢劫一案中,在卷宗里有其妻一份询问笔录,被询问人最后的签字非常工整。后来复查此案时,承办人员发现其妻根本不识字,是个文盲,签字是别人代签的,那么,这样的一份证言就要结合案件其他证据佐证分析后,才能予以采信。

(五) 比较取舍法

比较取舍法就是结合案件具体情况,对前后发生变化的同一证据进行对比,去一取一的分析方法。司法实践中,犯罪嫌疑人翻供是常见的现象,常有先供后翻、时供时翻的情况发生,给审查逮捕工作带来一定难度。要想对犯罪嫌疑人的翻供进行真伪辨别,就要对其先后不同的供述进行对比分析,如果犯罪嫌疑人原始供述中有关犯罪的时间、地点、动机、目的等具体情节明确具体,且多次供述的内容一致,原始的供述真实性就大。如果犯罪嫌疑人原始供述抽象笼统,且反复性较大,前后矛盾,就有虚假的可能。在审查时,首先,要审查分析原来的供述是否能得到其他证据印证,如能印证翻供原则上不能采信;否则,翻供能得到印证,则原来证据就要考虑不应采信。其次,分析犯罪嫌疑人翻供的心理因素和外部原因,从中认定哪次供述才是真实的。翻供原因常见的有:一是因刑讯逼供导致先供后翻,二是为了逃避罪责而推翻前供,三是因代人受过而把别人的犯罪事实说成自己的行为,四是因串供或因他人通风报信而翻供。要针对翻供的原因进行分析对比和取舍,从中确认某次口供或某种口供具有可信性。最后,通过供证分析其翻供的真实性。特别是要注意分清是"先证后供"还是"先供后证",一般情况下"先供后证"犯罪嫌疑人的供述真实性较大,而"先证后供"的情况下其供述的真实性就相对差一些。通过这种分析进行一番证据取舍,就可以发现案件的真实情况。

(六)矛盾排除法

这种方法的特点是在对矛盾证据的排除过程中进行同一认定。在提请批捕证据存在矛盾的情况下,通过分析论证排除其中部分矛盾证据、采信确实可信的证据,是证明案件事实的一个有效办法。在审查逮捕环节,侦查机关对案件证据的收集刚刚开始,大量证据需要在捕后补取和完善,报送卷中的证据间存在矛盾是正常的。在这种情况下,要注意审查案卷中证据间的矛盾是足以影响认定罪与非罪或此罪与彼罪的原则性矛盾,还是不足以影响认定罪与非罪或此罪与彼罪的非原则性矛盾,要确定矛盾的性质后再结合全案证据情况进行分析。如果是原则性矛盾要注意去伪存真,既要从其他证据的内容是否与犯罪嫌疑人供述一致、是否与确定的案件事实相一致进行分析,还要注意审查证据的内容是否合理、证据的提供者与当事人的关系以及提供证据的动机、搜集证据的方式是否存在问题等,通过分析判断,确定矛盾证据的双方谁真谁假,谁是谁非。在对证据审查判断时,非原则性的矛盾,证据则可以逮捕后统一,但要提出补查意见;如果是涉及罪与非罪的原则性矛盾,在排除之前不能做出逮捕决定。

(七)疑问质证法

我国刑事诉讼法规定,证据要经过法庭控辩双方质证确定无疑后,才能作为定案的依据。在审查逮捕证据时,眼光要放远一点,要有法庭质证观念。所谓有法庭质证观念,并非是以判决有罪的证明标准来审查逮捕证据,而是在审查逮捕时就要注意审查与案件事实有关的每一个证据的来源、获得的方法以及可靠程度,充分考虑犯罪嫌疑人及其辩护人可能对证据提出的疑问和质证。经不起质疑的证据,要提前采取救济措施。如通过非法方法获得的证据、不客观全面的证据、取证方法不科学的证据、经不起逻辑分析的证据,审查逮捕时就不能作为认定事实的依据。确属真实可靠并有可采性的证据,如果收集程序不合法,内容有瑕疵,形式不规范,要督促侦查机关先行规范和完善,以防止在下一环节的诉讼中被依法排除而失去证明效力。

(八)整合认证法

这种审查方法,是通过对全案证据进行整体审查、全面分析、综合认证,最终认定案件的性质、情节、手段、后果等影响定罪、量刑证据的一种审查方法。审查证据的内容,主要是指审查证据所反映的事实与案件事实是否存在客观联系,是什么样的联系,能证明案件中的什么问题,证据内容本身是否合理,有无矛盾等。在这里特别需要强调的是,对证据内容的审查必须结合案情进行,否则达不到审查证据的目的。整合认证的方法:一是对照审查提请逮捕的事实与案卷中的证据材料是否能够对应;二是对照审查提请逮捕的犯罪事实与认定的犯罪性质、罪名和适用法律条款是否正确一致;三是对照审查犯罪嫌疑人的主观故意、客观行为、刑事责任年龄等与提请逮捕罪名的犯罪构成要件是否符合;四是对照审查犯罪嫌疑人的供述、其他证据材料是否符合逮捕的三个条件,是否应当逮捕。通过对逮捕证据的审查认证,只有同时具备犯罪构成四要件,符合《刑事诉讼法》第60条规定的逮捕条件,才能依法做出逮捕决定。否则,缺少任何一个犯罪构成要件,都只能做出不批准逮捕或不予逮捕决定。

审查逮捕的证明标准

"证明标准"一词在美国刑事证据法中的本来含义是指控诉方运用证据证明被告人有罪必须达到的程度。它既是控诉方依法履行证明责任所必须达到的尺度,即"证明度",也是事实的审判者判断指控的犯罪事实成立的前提条件。美国联邦最高法院大法官指出:证明标准代表了一种努力,以期指示事实的发现者,要达到何种程度的信念才能做出正确的事实结论。在刑事诉讼证明体系中,证明标准解决的就是在证明达到何种程度时,才能认定被告人有罪。在审查逮捕环节,"逮捕,作为刑事诉讼过程中最为苛刻的强制羁押措施,其适用是受到严格限制的。除了嫌疑人的确存在逮捕的必要外,还要求嫌疑人涉嫌犯罪的可能性达到一定的程度。而这种判断则需要以证据为基础,来确定其是否达到了逮捕证明标准,这就是逮捕的证明标准"。逮捕的证明标准和逮捕的条件是两个概念,逮捕条件包括证明标准,但证明标准只是逮捕的条件之一。

一、对国外逮捕证明标准的评析

(一)"合理根据"——美国的逮捕证明标准

美国的逮捕分为有证逮捕和无证逮捕两种。法律上以有证逮捕为原则,无证逮捕为例外,但大多数逮捕都是无证进行的。无证逮捕又分重罪的无证逮捕和轻罪的无证逮捕,并规定了分别适用的情况和条件。有证逮捕的程序要件是必须事先由法官签发逮捕证,其实质要件是必须存在"合理根据"。即有"合理根据"相信发生了犯罪,并且拟逮捕的嫌疑人实施了这一犯罪,这是批准逮捕的关键。如《联邦刑事诉讼规则》第4条规定,在"可能原因"相信发生了犯罪,而且嫌疑人实施了该犯罪时,应向执法官员签发逮捕证;应检察官的请求,也可以签发传票代替逮捕证。嫌疑人没有按照传票要求到场时,可以签发逮捕证。逮捕证应当由治安法官签名,并写明嫌疑人的姓名或其他足以特定嫌疑人的事项、受指控的犯罪,命令将嫌疑人逮捕并带至最近的治安法官处。联邦法上的有证逮捕可以由联邦执行官或其他执法官员执行,执行逮捕时不必出示逮捕证,但如果嫌疑人提出请求应当尽快向其出示。执行逮捕的官员如果没有随身携带逮捕证,则应当告知嫌疑人被控的犯罪和已经签发逮捕证的事实。重罪的无证逮捕要求实施逮捕的警员必须有"可能性原因"相信被捕者已经实施了某种重罪行为。而轻罪的无证逮捕比较复杂,各州的规定也不尽相同。有些州规定,只要有"可能性"原因,警察就可无证逮捕,无论所犯罪行是重罪还是轻罪。有些州规定,对轻罪的无证逮捕不仅要求有"可能性原因",而且要求警察在该犯罪实施时在场。还有些州规定,对某些种类的轻罪只要有"可能性原因",就可无证逮捕,而对其他轻罪还要求警察在犯罪时在场。可以看出,美国逮捕的证明标准就是"可能性原因"。这一规定要求:根据已掌握的信息和资料,一个正常而理智的人相信犯罪嫌疑人有罪的可能性大于无罪的可能性。

也有些学者把美国的逮捕证明标准概括为"合理根据"。"合理根据"(probable cause)的本质是一种有证据基础实现的可能,而不是单纯的怀疑;这种可能虽然不要求达到可以据以定罪的程度,但总的要求是必须有一定的证据(如被害人或知情人的报案等)表明某个特定的人犯了特定的罪。对此联邦最高法院认为,"当执行逮捕的官员掌握有可以合理地相信其为真实的信息,根据这些信息所获悉的事实情况本身足以使有合理谨慎的人相信犯罪已经发生或正在实施时,'合理根据'就存在了,但执行逮捕的官员只是主观上相信逮捕是有根据的,不足以证明逮捕符合'合理根据'的要求,必须有其他证据。对逮捕要求必须具备'合理根据'这一实质要件,主要是为了防止侦查官员滥用限制人身自由的权利"。

(二)"合理根据怀疑"——英国的逮捕证明标准

在英国,逮捕权属于治安法官,对于需要逮捕的案件一般应当先取得法官签发的逮捕令状方可实施逮捕。但随着《1967年刑事法》的实施,英国在立法上取消了传统的重罪、轻罪分类,继而划分为可捕罪和不可捕罪。根据《1967年刑事法》第2条的规定,对于正在实施某项可捕罪或者有合理根据怀疑其正在实施某项可捕犯罪的人,任何人都可以实施逮捕,警察还有权无证逮捕任何即将实施可捕罪的人或者合理根据怀疑其将要实施可捕罪的人。英国1984年《警察与刑事证据法》,将普通法上的严重犯罪也纳入可捕罪的范围,从而间接扩大了警察的无证逮捕权;而且警察无证逮捕权还从可捕罪进一步延伸到了可捕罪以外的一般犯罪,从而将所有的刑事犯罪都纳入了其无证逮捕权内。

当然,警察采取无证逮捕时必须同时符合以下条件:一是需有合理理由相信被逮捕者即将或正在实施犯罪行为;二是被逮捕者所实施的犯罪为某一可捕罪,也就是最高刑罚在5年以上监禁刑的犯罪。此外,对于那些因为以下原因传唤其到案是不现实或不可能的人,警察也可以采取无证逮捕:一是被逮捕者身份不明,二是警察有合理的理由怀疑逮捕者所提供的姓名为假名。不仅如此,任何公民对于正在实施犯罪行为的人,都可以采取无证逮捕,从而将其押送警察机构。

(三)"有充分或相当理由怀疑"——日本的逮捕证明标准

日本将逮捕分为普通逮捕、紧急逮捕和现行犯逮捕三种,其中,普通逮捕是有证逮捕,紧急逮捕和现行犯逮捕是无证逮捕。普通逮捕由检察官、检察事务官或司法警察职员,根据法官签发的逮捕证所实施的逮捕。对逮捕进行司法审查的实质要件是:其一,必须有相当的理由足以怀疑嫌疑人实施了犯罪。这是普通逮捕最重要的条件。不具备这个条件的,侦查官员不得请求签发逮捕证,法官也不得同意签发逮捕证。如《日本刑事诉讼法》第60条规定:"法院有相当的理由足以怀疑被告人有犯罪行为并符合下列各项规定的情形之一时,可以羁押被告人:(1)被告人没有一定的住所时;(2)有相当的理由足以怀疑被告人将隐灭罪证时;(3)被告人有逃亡行为或者有相当的理由足以怀疑被告人有逃亡可能时。"而且这个"相当的理由"必须是客观理由,即有合理的根据。这与美国逮捕法的要求是一致的。其二,必须有逮捕的必要。《日本刑事诉讼法》第199条第2款规定,法官认为有相当的理由足以怀疑嫌疑人实施了犯罪时,应当根据检察官或司法警察官的请求签发逮捕证,"但认为显然没有逮捕必要的,不在此限"。现行犯逮捕,其逮捕对象是现行犯或者准现行犯,对于现行犯,任何人都可以在没有逮捕证的情况下实施逮捕,逮捕后应立即将嫌疑人扭送至司法机关。但无论是紧急逮捕还是现行犯逮捕,在无证逮捕后都必须向法官申请逮捕证之手续,如果法官不认为有充分理由怀疑该逮捕对象已实施了犯罪行为而不签发逮捕证时,应立即释放被捕人。由此可以看出,日本逮捕制度中的证明标准实际上就是普通逮捕所要求的证明标准,即"有充分理由怀疑该逮捕对象已实施了犯罪行为"。

有学者认为,英美法系和大陆法系法律较完善的国家,在制定逮捕的证明标准时体现出的主要特征是,均将"自由心证"思想融入客观证据之中。作为逮捕的证明标准也体现出客观性和主观性相结合、实体性与程序性相结合的特点。而其逻辑基点,也体现出高度概然性的特征,因而有效地实现了证据标准的可操作性、现实性和逻辑合理性。

二、现行逮捕证明标准存在的问题

《刑事诉讼法》第 60 条规定:"对有证据证明有犯罪事实,可能判处徒刑以上刑罚的犯罪嫌疑人、被告人,采取取保候审、监视居住等方法,尚不足以防止发生社会危险性,而有逮捕必要的,应即依法逮捕。"可见,"对有证据证明有犯罪事实"是我国立法对逮捕证明标准的明确规定。从司法实践看,我国现行逮捕证明标准存在以下问题。

(一)法律规定与现实脱节

在司法实践中,经常遇到的问题是犯罪嫌疑人涉嫌的只是一宗犯罪,且存在很大的作案嫌疑,但尚不能达到确认其所为的程度,需要进一步调查取证才能确认,而犯罪嫌疑人一旦不被羁押则存在逃跑或者再犯罪的可能。而我国的逮捕证明标准是有证据能够证明有犯罪事实,如果按照这个证明标准衡量,能够证明嫌疑人实施犯罪的证据尚不充足,因此批准逮捕有点勉强。不批逮捕有可能放纵犯罪。在这种情况下,司法机关如果不逮捕嫌疑人可能会造成嫌疑人逃跑或者对受害人实施报复的后果,而逮捕嫌疑人又要面临着错捕的可能,从而陷入两难境地。实践中之所以出现捕后不诉、撤案或做无罪判决的案件,有相当一部分是这种情况。之所以出现这种情况,"证明标准"与"现实操作"之间存在脱节现象是一个重要原因。

(二)证明标准模糊

证明标准是指用以衡量对案件事实的证明是否达到法律所要求的具体尺度。在诉讼中,对不同证明对象的证明达到何种程度才算是尽了证明责任,完成了证明任务,达到了证明要求,不能由证明要求本身去判断,它需要一个外在的证明标准作为评价依据。证明标准作为一种具体尺度,必然具有可操作性。在司法实践中,能够为办案人员据以衡量对案件事实的证明是否达到法律的要求。现行逮捕证据证明标准的原则规定是"有证据证明有犯罪事实",具体包括下列情形:(1)有证据证明发生了犯罪;(2)有证据证明犯罪事实是犯罪嫌疑人实施的;(3)证明犯罪嫌疑人实施犯罪行为的证据已查证属实。这一解释过于原则,缺乏可操作性。一是对有"证据证明有犯罪事实"如何理解不一致。它是指已经查证属实的事实,还是指一种证据事实?二是"对有证据证明"要不要有数量上的限制?法律对此没有明确规定,造成司法实践中司法机关依照各自的理解执行逮捕。证据的证明力强弱有没有要求?如果证据都是间接证据,在没有达到一定数量的时候能否认为是"有证据证明"?是不是只要有证据,不管它是直接证据还是间接证据,就可以对犯罪嫌疑人实施逮捕?法律对此没有规定。由于这一证明标准在表述上过于笼统,缺乏可操作性,导致侦查机关与检察机关在证据的获取,证据的可采性以及逮捕的证明标准等方面往往产生分歧,结果导致大量存疑不捕案件的出现。

(三)证明标准过低

逮捕证明标准的高低,对司法实践影响很大。1979年刑事诉讼法所规定的逮捕条件较高,它要求的证明标准是"主要事实已经查清",而修改后的刑事诉讼法规定的证明标准是:有证据证明有犯罪事实。也就是说,只要有证据,不管是主要证据还是次要证据,也不要求是否查清,只要有证据就可以实施逮捕。用可能判处有期徒刑以上刑罚来限制逮捕,在实践中意义不大,因为我国几乎所有的刑法条文都挂有有期徒刑条款。至于"采取取保候审、监视居住等方法,尚不足以防止社会危害性而有逮捕必要的,应即依法逮捕"之类的内容更是弹性很大,在实践中不具有可操作性,由此导致司法实践中"依法"滥捕滥押的现象有增无减,近几年发生的错捕案件不能不说与逮捕证明标准过低有关。

(四)证明标准缺乏层次性

刑事诉讼程序一般都要经过立案、侦查(包括采取逮捕等措施)、起诉、审判、执行五个诉讼阶段。诉讼活动必须按先后次序严格进行,只有前一诉讼阶段任务完成之后,才能进行下一个诉讼活动,不能跨越任何一个阶段,也不能将先后次序颠倒。作为每个阶段的证明标准也应有逐步递进和提高的层次性。有学者主张,立案阶段的证明标准应确定为"怀疑";侦查阶段应确定为确实、足够的证据;审查起诉阶段应确定为确实、足够的证据;审判阶段沿用犯罪事实清楚、证据确实充分的标准。

笔者原则上也认为,各诉讼环节证明标准应有所不同,体现出层次性。但对各诉讼环节的证明标准如何确定,有不同看法:立案是刑事诉讼的开始,作为一个独立的诉讼阶段,它有自己特定的任务,即收集和审查判断证据,根据事实和法律,正确认定有无需要追究刑事责任的犯罪事实,以决定应否将案件交付侦查或审判。与之相对应,立案阶段如果怀疑有犯罪事实存在,且需要追究刑事责任就应立案,反之,没有犯罪事实存在,或者犯罪事实显著轻微,不需要追究刑事责任的,就不应立案。立案时既不要求查明谁是犯罪分子,也不要求查清犯罪动机、目的、手段和犯罪过程。立案阶段的证明标准应当相对比较低。根据《刑事诉讼法》第86条"人民法院、人民检察院或者公安机关对于报案、控告、举报和自首的材料,应当按照管辖范围,迅速进行审查,认为有犯罪事实需要追究刑事责任的时候应当立案"的规定,该阶段的证明标准可确定为"有证据怀疑犯罪存在"。没有控告、举报或犯罪分子自首的材料,没有一定的证据材料,不能随意怀疑,随意立案。检察机关根据一定的证据材料并经必要的初查,有证据怀疑有犯罪事实并需要追究刑事责任时即可立案。逮捕作为侦查阶段的一项强制措施,其证明标准应确定为"'三基本'条件下的合理相信"。起诉阶段的证明标准应确定为:事实清楚无误,证据确实足够。审判阶段的证明标准应确定为:事实清楚无误,证据确实充分。

由于法律对证据标准的规定缺乏层次性,使得司法人员在证据适用上对法定的证明标准难以把握,并且缺乏诉讼证明阶段性层次标准的意识,在实际工作中要么将逮捕、起诉和判决的证明标准等同起来,要么片面理解"两个基本",降低标准。在适用逮捕措施的时候,一方面要考虑是否符合这个不切实际的证明标准,另一方面又要考虑是否会因为强调证明标准而造成该捕不捕,打击不力;既要考虑依法快捕,又要考虑捕后能否继续诉讼下去。

三、构建我国审查逮捕证明标准的思路

鉴于我国现行逮捕证明标准存在诸多问题,笔者认为,在逮捕证明标准的设计上应当参照国外的立法经验,并结合我国的司法现实,特别是借鉴国外"主观上的合理根据或合理根据怀疑同客观上的证据要求"相结合的经验和做法,进一步改进和完善我国的审查逮捕证明标准。初步构想是构建"'三基本'条件下合理相信"的逮捕证据标准。具体内容是:"基本犯罪事实清楚,基本犯罪证据确实,基本犯罪指向明确,相信犯罪系犯罪嫌疑人所为。"它包含两方面的含义:首先,在客观方面,犯罪事实、犯罪证据和犯罪指向这三个要素必须同时具备,缺一不可;其次,在主观方面,检察官对证据进行审查后,从主观上有合理的理由相信犯罪行为就是犯罪嫌疑人所为,从而赋予检察官内心的自由裁量权和合理相信权。需要说明的是,这里所强调的"合理相信"并非是指检察官自身任意的合理认定,而是指检察官合乎逻辑思维下的理性裁量。之所以强调确立"'三基本'条件下合理相信"这一逮捕证明标准,理由如下:

(一)强调"'三基本'条件下合理相信",不仅强调了证明标准的客观性,而且又融入了主观因素,符合主客观相结合的认识论

现行法律规定的逮捕证据标准是"有证据证明有犯罪事实"。根据有关法律规定,"有证据证明有犯罪事实"是指同时具备下列情形:(1)有证据证明发生了犯罪事实;(2)有证据证明犯罪事实是犯罪嫌疑人实施;(3)证明犯罪嫌疑人实施犯罪行为的证据已经查证属实。这三点作为逮捕证明标准的进一步解释仍缺乏可操作性。第一,这个证明标准体现的完全是客观方面的范畴,没有兼顾检察官主观判断和合理相信,不符合主客观相一致的认识论原则。因为任何

对客观事物的认识,都是主观见之于客观的过程,没有人这一特殊的思维和认识过程,任何客观存在的事物都不可能被认识和认知。换句话说,认识客观事物的过程,实质上是主观能动性发挥的过程,否认检察官的主观思维,抑制检察官的认识能力,忽视检察官的认识过程,单纯靠所谓的"客观事实"和客观证据决定捕与不捕,不符合马克思主义认识论,是不科学的。第二,从审查逮捕证明标准本身来讲,它作为证明主体用来衡量所应达到的证明程度,是用以约束证明主体的,因而必须具有客观性特征。但是,纯粹客观的证明标准又是不存在的,因为证明标准这杆秤,无形地又存在于证明主体的内心,靠证明主体通过对证明标准的理性认识去把握。所以判断证明结果是否达到证明标准的要求,还需要证明主体的主观推断和合理相信。所以,作为审查逮捕的证明标准既然是作为一种标准来使用,并使证明主体对待证事实的认定具有确定性,那就需要在审查逮捕证明标准的设计上,既具有客观性,又要有主观性的内容融入其中。而现行的审查逮捕证明标准则过分强调客观性,忽视了主观性。强调"三基本"条件下的合理相信,不仅强调了证明标准的客观性,而且又兼顾了主观因素,符合主客观相结合的认识论。

(二)强调"'三基本'条件下合理相信",可以从客观上使批准和决定逮捕机关和逮捕执行机关对证据掌控的标准进行明确界定并兼顾检察官在运用证据时的主观裁量和合理相信,符合人类本身的思维逻辑规律

从客观上对批准、决定逮捕机关和逮捕执行机关证据掌控的标准即事实、证据和指向三个要素进行明确的界定,同时又兼顾了检察官在审查逮捕和运用证据时的主观裁量。在这里,通过审查逮捕证明标准的界定,可以明确和统一以下四个概念。

1."基本事实"

这是涉嫌犯罪的最基本要素,即犯罪的主要过程、手段、方法及后果所形成的犯罪简要轮廓。换句话说,"基本事实就是法律真实,

是由刑法规定的，包括具体犯罪构成要件的事实和罪行轻重的事实"。基本事实可以分为七个方面的构成要素，即何事、何时、何地、何情、何故、何物、何人。"基本事实清楚"是对案件基本事实查明程度的要求，要求对上述的七个要素能够认定清楚。

2."基本证据"

它是指证明犯罪的最低要求。"基本证据确实"是对证明基本事实起决定性作用的证据已经查证属实，能证明案件的基本事实情况；并且对案件起决定性作用的证据形成了完整的体系，对于案件基本事实具有足够的证明力，这里还需要说明的是，对于特定目的犯、特定故意犯除了要证明客观行为外，还要有证据证明主观要件的具备。主要指两种情况。一是"目的犯"中的特定目的的证明。对犯罪目的的证明，可从以下几方面判断：（1）从被追诉人对实施犯罪行为动机、起因、条件的供述内容判断或者推导；（2）从被害人陈述的内容予以判断；（3）从其他证人证言的内容中判断；（4）从被追诉人实施的犯罪行为本身进行推断。具有这些情形之一的，就可推断被追诉人具有非法占有的主观目的。二是"明知"的证明。对特定犯罪对象认识"明知"的证明，关键要审查是否有证据证明被追诉人实施犯罪前对构成犯罪的特定对象的性能状态是否清楚。如果具有下列条件的，就可以断定被追诉人对特定犯罪对象的状态是明知的：（1）现有证据能表明被追诉人曾被告知，或者通过新闻媒体报道、相关机关的宣传，已经知晓特定对象所处的状态；（2）现有证据能证明被追诉人就被追诉的犯罪涉及的特定对象所处的状态曾被专业机构或相关管理部门告知过；（3）有证据证明被追诉人曾受过专业培训，并根据被追诉人的知识结构和工作经验，能够判断其熟知被追诉的犯罪涉及的特定对象所处的状态；（4）有证据表明被追诉人以明显低于市场同类商品的价格获得特定商品，再将该商品出售牟利，据此可以推断出被追诉人对特定对象所处的伪劣、假冒状态是清楚的；（5）现有证据能证明被追诉人以明显高于市场的价格为他人提供金融转账、资金账户以及其他金融协助服务,或者现有证据能证实他人请求提供金融帮助的方式和渠道诡秘;(6)有证据表明被追诉人曾被告知或者以明显优厚的报酬为他人提供劳务服务;(7)现有证据能够表明被追诉人获得特定物品渠道不正当,与市场通行价格相差甚远、用途不正当等。对构成特定犯罪对象所处状态明知的判断,要根据案件具体情况,有的只要根据上述标准的一项,有的则要结合几项才能判断,得出是否明知的结论。

3."基本指向"

所谓"基本指向",实质上是指是谁所为的问题。现有证据能够明确指向某一个(或几个)犯罪嫌疑人。仍以上述案件为例,受害人、证人都证明是张某、赵某砍的,指向很明确,符合"基本指向明确"的要求。

4."合理相信"

所谓"合理相信",是指检察官根据现有事实和证据,内心经过合理推断,相信犯罪系犯罪嫌疑人所为的证据占优势,能够否定无罪证据。

(三)现在普遍提倡的"基本事实清楚、基本证据确实"的所谓"两个基本"的观点和提法,于理论相悖,于实践有害

长期以来,司法实践中用的频率最高的一个词,就是坚持"两个基本"。它作为一种临时的"严打"刑事政策本身无可厚非,但作为逮捕证据标准是不科学的。2001年4月13日,最高人民法院在关于严厉打击犯罪活动的通知中强调,要在证明标准问题上实行"两个基本"原则,即案件审判要保证基本事实清楚,基本证据扎实。按照上述文件和提法,"两个基本"的提法被沿用下来。应当说"两个基本"的提出是有背景的,只适用于特定时期的特定案件,即"严打"时期的某些特殊案件。对"两个基本"应两方面看。一方面,在当时的情况下,它有积极的作用,使我们不必纠缠于案件的细枝末节,在保证司法公正的前提下提高了诉讼效率。这是应当肯定的积极一面。但是

另一方面,它有消极的一面,它的致命缺陷是没有强调或没有重点强调"犯罪指向"。只强调有基本犯罪事实存在,有基本证据存在,没有特别强调犯罪指向,而犯罪指向恰恰又是最重要的,所以,这是一个不完整的概念。1982年"严打"期间大抓大放、乱抓乱放的局面不能不说与忽视"犯罪指向"这一"第三个基本要素"有关。当然也有学者会认为,"犯罪指向"已经包括在前"两个基本"之中了,也会有同志认为,"有证据证明有犯罪事实存在"这一逮捕证明标准已经包括了"基本指向"。笔者认为这一说法较勉强,"明确指向"作为证明标准的"三要素之一"是非常重要的,它关系到"谁实施了犯罪行为"这一至关重要的问题,所以必须首当其冲地提出来并加以证明,不能有丝毫含糊。至少说现行证明标准的提法和"两个基本"的提法都没有明确地、单独地提出来,所以才会在司法实践中产生不同认识。有不少案件只具备前"两个基本",而指向并不明确,批捕与不批捕,很难决断。实践中不少错案就是因为单纯强调"两个基本"而忽视犯罪指向才错误批捕的。如张某涉嫌强奸一案。侦查机关认定:犯罪嫌疑人张某于1999年4月8日晚,悄悄潜入被害人李某家,将正在熟睡的11岁女孩李某用衣服蒙着脸,抱到村前的玉米地里将其奸淫。后李某父母见女儿不在,便出去边喊边找。嫌疑人听到喊声逃走,李某的父母见女儿阴道大出血,便问是谁干的?李某说"像是我五叔"。于是,其父母即闯入张某家将其送到派出所。批捕证据是:(1)被害人李某陈述:"听声音像是我五叔"、"他把我扎流血了,还流了东西"。嫌疑人拒不承认作案,三天后供述:"我悄悄进李某家,见她在东屋一个人正睡,我用上衣蒙她脸上,抱到村前地里,她说你是谁?我没说话,她说你是五叔呀?我说你别叫,不然我弄死你。""我把她裤子脱下来,奸了又射精了,我用她的裤头擦了擦阴茎,听见她爹叫她,我跑回去睡觉了。"后来又翻供,辩解没有作案。精斑鉴定:被害人内裤上未见精斑存留。被害人、嫌疑人均为O型血;在嫌疑人家里床单上有血印存在,检出后鉴定为O型血;被害人父母均证实女儿被奸淫出血,并将她抱回家以及女儿叙述的经过。检察机关认为符合"两个基本",将张某批捕并起诉后被人民法院以强奸罪判处有期徒刑11年。服刑6年后,另一起案件的被告人供述此案系自己所为。人民法院改判张某无罪。此案之所以造成错捕,主要原因后经查明是公安民警刑讯逼供、指供诱供,各环节都存在问题。批捕环节存在的问题就是片面强调"两个基本",忽视了"犯罪指向"。此案中,能够证明张某作案的证据只有嫌疑人有罪供述;被害人说的"听声音像是我五叔"的猜测,并不具有肯定性和唯一性,指向并不明确,当嫌疑人翻供后,几乎不存在有罪证据;精斑鉴定与被害人陈述、嫌疑人有罪供述矛盾;血型鉴定没有证据意义。此案批捕决定的错误有二:一是虽有犯罪事实存在,证明犯罪事实的证据部分已查证属实,如被害人陈述、被害人父母证言、精斑鉴定等,但犯罪指向不明,没有确实证明系张某所为,不符合"三基本"的要求;二是矛盾点没有排除,达不到排除合理怀疑的程度。

(四)考虑到逮捕措施实施的阶段性和实际性,确立"'三基本'条件下的合理相信"的审查逮捕证明标准,既可以为侦查活动提供进一步的保障,确保刑事诉讼的有效进行,并且还可以从制度环节上有效防止因滥捕而侵犯人权

实践中有一些案件,尽管对"三基本"的含义会有不同理解,但检察官有理由相信犯罪系犯罪嫌疑人所为,也可以批捕。这样,既为侦查活动提供进一步的保障,又可以有效防止因滥捕和错捕侵犯人权。如何正确运用这一证明标准以及如何理解这四个概念,笔者想借用学者所举的一个实际案例加以说明。简要案情是:被告人李某与被害人周某发生债务纠纷,李某遂对周某产生怨恨,与同案人刘某、陈某商定杀死周某,并各自准备作案工具。2004年7月25日,刘某携带手枪一支,陈某携带铁水管一根,先在某堤坝上埋伏;李某也携带一支手枪,以还钱为名将周某骗至该地点,陈某持铁水管殴打周某,李某与刘某各持手枪向周某的头、腹、胸部射击。随后,李某等3人

劫取周某的财物逃离现场。周某经医治无效死亡。现有证据主要包括：（1）被害人临终陈述，指出是李某以及两个不认识的男青年用枪打他，有医院病历记录、在场的被害人近亲属和同学证明，公安机关根据被害人陈述抓获被告人李某；（2）三名目击证人能够证明案发的时间、案发的地点、犯罪嫌疑人人数、枪声的次数等，基本吻合；（3）现场勘查笔录和现场照片；（4）现场遗留物及被告人李某对遗留物的辨认；（5）法医关于被害人死亡原因的鉴定结论；（6）被告人供述。

按照"'三基本'条件下合理相信"的证明标准对本案的事实和证据加以分析。首先，就全案证据来看，根据被害人陈述、目击证人证言、法医鉴定可以确定这是一起故意杀人案件；而案发的时间、地点、案发当时的情况有被害人陈述（被害人临终陈述不仅是公安机关破案的线索，而且和其他证据相互印证形成了完整的证据锁链。为了保证临终陈述的可靠性，能够证明被害人陈述时神志清醒，并有两名以上的非利害关系人作证。在本案中，有医院病历记录证明当时被害人具有辨别是非、正确表达的能力，有被害人近亲属及同学证明被害人临终前在神志清醒的情况下指证李某和另两人加害，可以作为证据采纳）、目击证人证言、被告人供述可以证明，符合"基本犯罪事实清楚，基本犯罪证据确实"的要求。其次，尽管目击证人不能指认3名被告人，但被告人供述与被害人陈述吻合、与现场勘查笔录吻合、与3名时间证人的证言吻合（案发后找时间证人），可以互相印证；实施故意杀人行为的原因有被告人供述证明；使用的工具是铁水管和枪，这一事实有目击证人证言、被害人陈述、被告人供述以及现场勘查笔录和法医鉴定证明；被告人的身份是由被害人指认的，符合"基本指向明确"的要求。最后，尽管本案还存在其他的一些细节问题，比如被告人作案工具之一的枪弹来源与去向以及赃物的去向、3个被告人如何到达和离开作案地点没有搞清楚，因此有观点认为本案缺少直接证据，事实不清，不能批捕。但由于本案不缺乏有力的直接证据,有被害人的陈述和被告人的供述,证人证言、现场勘查笔录、法医鉴定等等,与直接证据相互组合,相互印证,相互补充,形成了完整的证明体系,检察官最终达到了合理相信的程度,完全可以认定李某等涉嫌故意杀人、抢劫罪成立,应依法批准逮捕。

事实再一次说明,不坚持"三基本",就会错捕滥捕,侵犯人权;不强调"合理相信",就可能漏捕、错误不捕,造成放纵犯罪。只有完整理解并全面坚持"'三基本'条件下合理相信"的逮捕证明标准,才能正确行使审查逮捕权。

论过失犯罪需把握的几个关键点

一、据以研究的两个案例

案例一:死者闫某,原系某镇矿管站副站长。犯罪嫌疑人赵某,捕前和城关镇居民李某合伙承包金矿。2004年12月,矿主李某宴请镇政府企业办副主任屈某和闫某二人,并让赵某作陪。后赵、闫二人发生口角,继而引起撕拽,后屈某将闫某拉开,李某将赵某拉开。赵挣脱后又上前推闫某,闫某往后退时,绊在街道边的水泥沿上摔倒在地受重伤,后被送往医院抢救无效死亡。鉴定结论是:"闫符合右侧枕、顶部与大平面物体作用(如倒地),致硬脑膜下出血,经因中枢神经系统功能衰竭而死亡。"对此案如何定性,存在三种意见:一种意见认为,赵构成故意(间接)伤害(致死)罪;第二种意见认为,赵构成过失致人死亡罪;第三种意见认为,赵不构成犯罪,闫的死亡属意外事件。

案例二:2004年3月,犯罪嫌疑人杜某请刚从拘留所释放出来的卓某、郭某、韩某、任某等人去饭店喝酒,途中遇到花厂厂长徐某,卓某(其他人均不认识徐)便邀其一同前往。在喝酒过程中,杜和徐因故发生争执,杜追撵着要打徐,徐便向正南一个胡同里跑去。韩某怕出事,跑在杜某之前去追徐,结果徐某掉到胡同前方的水塘里,后徐某溺水死亡。

对杜的行为如何定性，存在三种意见：第一种意见认为杜的行为构成（间接）故意杀人罪；第二种意见认为被告人杜某的行为应定性为过失致人死亡罪，其他人不构成犯罪；第三种意见认为属意外事件，其他人不构成犯罪。

这两个案例的共同特点是都在过失、间接故意和无罪过问题上产生了争议。同时也提出了几个问题：一是过失犯罪的意识因素如何认识，二是过失犯罪的意志因素如何理解，三是过失犯罪的注意义务和关注能力如何把握，四是如何理解主观上的无罪过以及因无过错导致的意外事件与过失、间接故意的区别。下面逐一进行讨论。

二、期待可能性理论的启示

研究过失犯罪，必然要研究期待可能性理论，因为这是研究过失犯罪的一个理论基础。所谓期待可能性，是指根据具体情况，有可能期待行为人不实施违法行为而实施其他适法行为，就不能对行为人的行为进行非难，因而就不存在刑法上的责任。

期待可能性是责任的要素还是责任阻却事由，认识不一。有人认为它是责任要素，有人认为它是责任阻却事由。前者认为它是构成过失的要件之一，后者认为它是要件例外因素，它的作用是阻却责任。如果不存在期待可能性，即不可能期待行为人实施适法行为时，就理当阻却责任。但是，缺乏期待可能性究竟是属于一般的超法规的责任阻却事由，还是只限于法律规定的责任阻却事由，在理论上有不同看法。

德国的通说认为，缺乏期待可能性只是刑法规定的阻却责任事由的理论基础，或者说，缺乏期待可能性只限于法律规定的责任阻却事由，而不是一般的超法规的责任阻却事由。与此相反，日本的通说则认为，缺乏期待可能性是一般的超法规的责任阻却事由。其理由是，既然在实定法的背后存在期待可能性的思想，那么，在缺乏期待可能性时，就应解释为阻却责任。如果只将期待可能性理论作为刑法规定的责任阻却事由的解释原理,就不能充分发挥这一理论的作用,但日本刑法理论最近受德国刑法理论的影响,上述通说正在产生动摇。

缺乏期待可能性理论尽管在法律地位和法律性质等方面存在分歧,但它有以下几个要点值得重视。第一,在意识和意志因素上该理论强调,行为人虽然已经认识到自己的行为会发生特定的危害后果,但从意志因素上看,当时境遇下,行为人(乃至社会上一般人)又不可能做出遵从法律规定的意志抉择来。这实际就是中国刑法上的不可抗力和意外事件。第二,在对责任的判断上,该理论通常是以社会一般人在当时情况下能否遵从法秩序为标准,不是以个人(行为人)为标准。当然,在统筹考量平均标准的过程中,还应适度考虑行为人自身所处社会背景状况,进而综合人之常情及行为人自身处境来衡定行为人能否做出不去"犯罪"的意志抉择来。第三,在可责性的认定上,该理论认为,责任能力、故意与过失是行为人承担责任的原则性要素,缺乏期待可能性是责任的例外性要素,亦即将"期待不可能"视为阻却责任事由。

如果说刑法上的"罪过"是面向社会一般人的,那么期待可能性理论则是面向个案的、因人而异的"对人"规定。因为"期待可能性"所引起的具体可责性,乃是刑法所规定的"面向行为者本人的个别而具体的非难"。这样,这一规定就既可用作法官审理此类案件的判决依据,又为其提供了较大的自由裁量空间。

期待可能性理论最应该被借鉴的有两点:一是存在期待可能性就可能存在过失,缺乏期待可能性就无过失;二是存在期待可能性不一定都有法的可责性,一旦出现可罚的阻却事由,即可免责。

上述两种理论为我们认定过失犯罪以及区别过失犯、故意犯、意外事件奠定了理论基础。

三、日本的过失犯罪理论的启示

第二次世界大战之后,在日本,由于以汽车事故为主的过失犯增多,以研究汽车事故为主的过失犯理论开始诞生,并逐步发展完善。纵观各种观点,笔者较为倾向于以大冢仁为代表的过失犯理论。该理论把过失犯的构成要件确立为三点,也即"三性":符合性、违法性、责任性。该理论主张把过失理解为要件的符合性要素、违法性要素和责任性要素的结合。凡同时具备这"三性"才构成过失犯罪,缺一不可,在具体案件认定时,如果认为行为人的行为不存在构成要件符合性时,就不能认为犯罪成立。如果认为存在构成要件符合性时,还要检讨作为第二个犯罪成立要件的违法性。如果认为存在违法性时,还要检讨作为第三个犯罪成立要件的责任性,只有全部满足了这些要件时,才能认为被告人有罪。

上述理论给我们的启示是:在认定行为人是否有过失时,第一,要考察其是否有注意义务,包括预见义务、结果义务和回避义务;第二,要考察行为人的注意义务内容,包括法律义务、职责义务或其他特定义务等;第三,要考察行为人的行为是否违反了注意义务。这要以社会一般人的认识能力和认识水平为基准;第四,考察行为人违反义务的行为与结果之间是否有刑法上的因果关系;第五,要考察义务违反的程度和结果的轻重程度。

四、过失犯罪的认定

根据我国现行刑法的规定,参照国外过失犯理论,笔者认为,在认定过失犯罪时,应把握好以下几个方面。

(一)要强调行为人注意义务和注意能力的一致,确保义务要件的符合性

看行为人的客观行为反映出的主观心理状态是否存在过失,首先要发现和证明行为人主观上是否负有注意义务。如果行为人主观

上不存在任何注意义务,应视为注意义务缺乏,就不具备要件构成上的符合性。如果只存在注意义务,但缺乏社会一般人应具备的注意能力,或注意义务与注意能力之间的关系缺乏对应性,也应视为要件构成的符合性条件缺乏。如文章开头所举的案例二中,杜某追赶着要打徐某,徐某便向正南一个胡同里跑去。韩某怕出事,跑在杜某之前去拦截徐某。当韩某追撵到距水塘北沿五六米远时,发现徐某已掉到胡同前方的水塘里,随后,杜某和郭某赶到后,韩某告诉二人徐掉进水塘里了,这时,杜和郭朝水塘里看了看,水已到徐的胸部。在这种情况下,杜某等人对徐某掉进水塘里有可能溺水死亡负有救助的注意义务,如不去救助,那就具备注意义务的符合性要件,也就是说,从意识因素上讲,杜某等人有"应当预见"的注意义务。同时,他们也有"徐某有可能溺水死亡"的认识能力,所以,据此可以认为杜某具备构成要件的"符合性"要素。用我国刑法的表达,就是杜某等人"应当预见"徐某可能会溺水死亡,但违反了救助义务,"放任"了这一危害结果的发生。

(二) 强调行为人义务形态与义务违反的共存,确认有违法性

行为人有义务但不违反,则没有违法性。反之,有注意义务而不注意,反而又违反义务,当然就具有违法性。仍以案例二中的杜某为例,正是由于他和韩某等人追打徐,徐某走投无路跳入水塘,杜某等人负有救助徐某的注意义务而不救助,显然是违反了救助的注意义务,其行为就具有刑事违法性。这种违法性是注意义务和注意能力派生出来的,也可以说是根据注意义务和注意能力推定出来的。这里还需要强调的是义务形态和义务违反两方面同时共存、缺一不可时,才认为有违法性。上述案例中的卓某,他在整个过程中没有追打杜某,他对杜某"溺水死亡"没有法律上的义务形态,同时也无违反义务(不仅没有救助义务,而且又主动下水救助),因此,卓某不具有违法性。所以,卓某没有过失。韩某迎头拦截杜某,虽然主观上不是追打,是怕出事,但客观上造成了杜"无路可逃",无奈跳入塘中,对此,

韩客观上存在义务形态（救助义务），但他实施了积极救助行为，没有违反义务，也未回避义务，所以，不存在义务形态与义务违反的共存，也不具有违法性，所以，韩某也不应承担过失责任。

（三）强调行为人对结果的发生与对结果的回避有关联，确认其有责性

行为人对结果的发生负有预见的注意义务，同时对结果的发生还负有不回避义务，这就是我国刑法上所说的对危害结果的发生应当预见且不能"放任"，应当实施作为行为去避免。如果行为人实施了作为义务，且有证据证明其对结果的发生没有放任，没有回避，或者危害结果的发生与回避和放任之间没有因果关系，也不应视为行为人有责任，行为人就不应承担相应的刑事责任。案例二中杜某的追赶行为不仅与他人跳入水塘中的结果有关联，而且他不救助的回避行为与徐"溺水身亡"这个后果也有关联，所以，杜某负有刑法上的责任，具备有责性。

（四）强调危害结果已经实际发生，确认其有应责性

行为人的主观意识和主观意志因素与客观上的义务违反行为和后果回避义务即使存在，但如果没有实际发生危害后果，即使具备构成要件的"符合性"、"违法性"和"可责性"，仍不构成过失犯罪，因为过失犯是一种结果犯，无危害结果则不构成犯罪。

（五）强调行为人的违反义务行为、实际发生的危害结果都具有法定的责难性

无危害结果不可能构成过失犯罪，有危害结果也未必构成过失犯罪。这是因为《刑法》第15条明确规定："过失犯罪法律有规定的才负刑事法责任。"由此可见，对于过失犯而言，"有过失"、"有结果"仅仅是行为人成立过失犯的必要条件而非充分必要条件。因疏忽大意或过于自信而致他人轻伤者，其行为既有过失，又有结果，但刑法上没有"过失轻伤害罪"的规定，行为人即便有过失，也不构成过失轻伤害罪，因为法律没有规定这个罪名，因而不具有刑法上的应责性。

五、过失犯罪的例外情况

从刑法理论来讲,行为及其后果所表现出的人的主观心理状态不外乎故意、过失和既无故意也无过失三种,故意行为原则上都具有可罚性,过失行为具有有条件的可罚性,既无故意也无过失的无过错行为不具有可罚性。同时,由于故意犯(包括直接故意和间接故意)与过失犯罪(包括疏忽大意的过失和过于自信的过失)犯罪后果的强度和对社会的危害程度上有不同,刑罚处罚轻重也有差别。所以,在认定犯罪时,认真区分行为人主观上的心理状态、意识因素,区分故意、过失和无罪过至关重要。那么,哪些属于无罪过?下面予以列举和简述。

(一) 合理信赖造成的后果

一般认为,过于自信的过失,表现为行为人过于相信自己的判断和所为,过于自负。如果没有这种自信和自负,行为人就不可能在对危害后果已经"有所认识"的情况下,还轻信别人在此情况下不一定能避免,但自己有能力、有水平能够避免。鉴于这种自信是建立在缺乏科学性、合理性基础上的,因而,理论上认为其有过失,应负刑事责任。但是,合理信赖理论认为,行为人合理地相信潜在受害人或任何第三人采取相应的适法或者适当行为,自己因而不会导致对他人损害后果的发生,在此情况下,如因受害人或者第三人行为不当或不适法,导致危害后果发生的,行为人不存在过于自信的过失,不负刑事责任。

(二) 被允许的危险造成的后果

现代社会,人们从事任何活动,如宇宙探险、登山探险、海洋科考、北极科考、原子弹和氢弹试验等高科技、高风险活动难免存在失败、伤亡的风险,倘若一旦失败,都归于行为人、决策人、操作人过于自信显然有悖常理和情理。因此,国内外一些学者主张应把此视为"被允许的危险"行为造成的后果,不应承担刑事责任。文章开始介绍的"期待可能性理论"也有这种主张,他们认为不承担责任的理论基础是认为其属于行为人"期待可能性缺乏"的一种特殊情况。

(三)不能预见所造成的后果

《刑法》第 16 条规定:"行为人在客观上虽然造成了损害后果,但不是出于故意或过失,而是由于不能抗拒或者不能预见的原因所引起的,不是犯罪。"由此可见,"不能预见"和"不可抗力"所造成的后果,行为人同样不负刑事责任。在这里,问题的关键是怎样确认"不能预见"。"不能预见",实质上是一个认识能力问题。在衡量能否预见问题上,我们应当借鉴前面介绍的日本过失犯理论中的观点,要以社会一般人在当时情况下能否遵从法秩序为标准,不是以个人(行为人)为标准。当然,在统筹考量平均标准的过程中,还应适度考虑行为人自身所处社会背景状况,进而综合人之常情及行为人自身处境来衡定行为人能否做出不去犯罪的意志抉择来。

(四)不可抗力所造成的危害后果

不可抗力是指行为人在当时的情况和条件下,没有能力和力量预见和抗拒后果的发生。如一个马夫赶车进城走在街上,从旁边的球场上飞来一个足球,正好撞在马的眼睛上,马儿受惊狂奔,马夫竭力勒紧缰绳阻止马儿狂奔,但仍制止不住,导致马儿踩死一行人。这个后果对马夫来说,既不能预见,也是不可抗力,造成的结果属无认识的意外事件。根据我国刑法规定,马夫不应负刑事责任。如果说不能预见的无罪过事件是行为人无认识,客观上也认识不到的无罪过事件,那么,不可抗力则属于有认识的无罪过事件。

六、过失犯罪与间接故意、意外事件的区别

(一)过失犯罪与间接故意的区别

两者的主要区别表现为以下两方面。一是意识因素上的区别。间接故意犯罪的行为人主观意识上对危害结果的发生表现为明知,过失犯罪的行为人对危害结果的发生在主观意识上表现为应当预

见。两者意识因素的性质和程度不同。二是在意志因素上的区别。间接故意犯罪的行为人主观意志表现为放任,但也不希望、不积极。过失犯罪的行为人在主观意志上表现为过于自信和疏忽大意。这种过于自信和疏忽大意具体表现为笨拙失误、轻率不慎、缺乏注意,或者未履行法律条例强制规定的安全或审慎义务。

认识因素是指行为人对危害后果发生的心理预见。间接故意杀人和过失致人死亡的行为人对造成被害人死亡的危害结果的预见都是一种可能性的预见,如果是必然发生而实施行为,则是直接故意杀人。但显然两者在预见可能性发生的程度上是有区别的,过于自信的过失行为人虽然预见到发生的可能性,但其主观上认为不会发生的可能性更大。而间接故意的行为人对发生可能性的程度并没有判断,在主观上他更关注的是另一个特定目的的实现。这一区别可以作为区分过于自信的过失和间接故意的要素之一,但从实践来看,认识因素更多地表现为主观心理活动,较难认定。因此要把握两者的界限,更重要的还是要把握意志因素。

意志因素是指行为人对所预见到的可能发生的危害结果的一种主观愿望。过于自信的过失与间接故意行为人都不希望和追求危害结果发生,但过于自信的过失行为人在主观上是具有避免危害结果发生的愿望的,而间接故意行为人并没有避免危害结果发生的愿望,其对危害结果的发生持一种放任的态度。

在把握间接故意杀人和过失致人死亡的界限上,对放任的理解是十分重要的,这也是在把握两者界限上经常容易产生争议的原因之一。因此,要准确理解两者在意志因素上的区别,还必须对放任作进一步的分析。笔者认为,间接故意的放任态度,实际上有两层含义:一是行为人虽不希望危害结果发生,但不设法防止其发生,而是采取听之任之、漠不关心的态度;二是行为人这种放纵结果发生的态度,是因为希望借助其行为实现其他特定目的的愿望过于强烈,使其达到不计较危害结果发生的程度。例如,行为人为逃避追捕而加速行驶,而放任可能撞死路上行人的后果发生。反观过于自信的过失行为人,并没有被较强的特定目的所驱使,只是基于主观上对危害结果不会发生的心理预期而实施了行为,只是因为其判断错误而发生了事与愿违的结果。

要在个案中形成对行为人属于间接故意杀人还是过失致人死亡的判断,仅仅从理论上掌握两者区分的要素还是不够的,必须将理论与实践相结合,充分运用个案中的证据及被证据证实的案件客观事实,分析判断行为人的主观心理态度,从而准确得出定性结论。

这里需要强调的是,对于行为人主观心理态度的判断,不能过于依赖被告人的供述。被告人的供述只能作为判断的论据之一,作为犯罪构成要件的行为人的主观心理态度,并不是行为人在行为时的心理事实,而是审判人员根据案件的客观事实及行为人心理事实,运用法律规范进行评价所得出的结论。因此,对于行为人的行为致人死亡的,其主观心理态度是属于间接故意还是过于自信的过失,必须运用各方面证据和事实进行综合判断。

结合文章开始时所举的案例一,犯罪嫌疑人赵某酒后出拳打人,对可能造成对闫某的伤害后果,在主观上表现为明知状态,因为打人与受伤之间的对应关系是任何一个正常人都会认识到的,并且在意志上仍然是不顾别人劝阻打击了对方。从法医鉴定看,受害人身上有三处伤,在证据排除现场有第二人致伤闫某的情况下,更进一步证明赵某有连续至少三次出手打击对方的意志存在,这说明其对自己的打击行为会给对方造成何种程度的伤害后果至少是放任的,不存在自己会轻信打不伤对方或因疏忽大意致伤对方的可能。但由于闫某所处的位置是下坡,地面又是较硬的水泥地,受害人被打后身体向后倾斜,重心不稳,再加上地面上的裂缝绊着了受害人的脚后跟而致受害人仰面倒地身亡。实事求是地说,从整个案情看,闫的倒地死亡是赵某预料之外的,但致伤对方的故意是存在的,这也正是其不构成间接故意杀人而构成间接故意伤害(致死)的理由所在。由于在整个打击对方过程中,根本不存在不能预见和不可抗力的情况。同时,行为人赵某并非没有罪过,所以,也不属于意外事件。据悉,赵某已被人民法院以故意伤害罪判处无期徒刑。

(二)过失犯罪与无罪过事件的区别

两者的共同之处是都对结果的发生没有预见,没有认识,区别在于行为人对其特定的危害后果有无预见能力,也即是否应当预见。有能力预见而没有预见即有罪过,没有能力预见导致对结果的实际没有预见,即为无罪过事件。案例二中的杜某、韩某看到徐某掉进水中,并且水深已达胸部,完全能够预见也有能力预见其会溺水死亡,但没有救助,轻信他会自救或出来,导致其溺水身亡,当然属于过失、不属无过错事件。据悉,杜某已被人民法院以过失致人死亡判处有期徒刑。

论职务犯罪不起诉裁量权的合理控制

职务犯罪不起诉裁量权是检察机关自由裁量权的重要组成部分，其行使正确与否直接关系到以公平正义为价值追求的检察工作目标能否实现，关系到当事人权益的有效保护。因此，合理有效地对不起诉裁量权进行控制，不仅是公平正义价值理念的践行要求，也是检察官正确履行客观性义务的必然要求。笔者试图通过有限的分析和论证，对此加以探讨。

一、职务犯罪不起诉裁量权的范围界定

就不起诉裁量权这一命题而言，"职务犯罪案件不起诉"是一个既定的、明确概念。要对职务犯罪案件不起诉裁量权的范围进行准确界定，首先要确定裁量权的概念和含义。司法中的裁量权又称为司法自由裁量权，英国学者戴维·M.沃克将自由裁量权定义为"酌情做出决定的权力"，并且指出"这种决定在当时情况下应是正义、公正、正确、公平和合理的……没有自由裁量权，法律会经常受到诸如严厉、无情、不公正等批评"。笔者认为自由裁量权就是法律赋予特定国家机关及其工作人员根据自己认为适宜与否，判定是否需要采取某种措施、给予某种救济或者做出某项决定的权力。赋予国家机关及其工作人员一定的自由裁量权，目的是为其自主决定、自主行为提供一定的空间。这是充分考虑到诉讼中人的因素并为适应社会和

人的实际复杂性而做出的选择。法律的规定不可能精密到无须任何解释、涵盖一切、穷尽一切的程度,正如美国经济学家密尔顿·弗里德曼所指出的,"法治并不能排除一切人的因素,没有任何法律可以得到如此精确的限定,以至于避免了任何解释问题。同时,没有任何法律能够得到如此精确的限定,以至于明确地包含了一切可能出现的情况。因此,法律必然给实施这部法律的人留有一种有限的自主"。自由裁量权可以使司法机关及其工作人员根据案件事实、证据、诉讼参与人和社会等各方面的实际情况,采取更适于具体案件的处理办法,使法律追求的某一或者某些价值得以实现。

通过以上各种关于自由裁量权的论述可以看出,司法中的裁量权至少包括三个特征。一是权力的法定性。裁量权的有无和大小是法律明确规定的。二是裁量的相对自由性。法律对规范对象的罚则设定是一个可选择的区间而非确定项,因而司法人员具有一定的选择自由。三是裁量的依据是既定的价值标准。正确的裁量必须依据公平、正义、效率、秩序等一定社会历史条件下法的价值来进行。

对照司法裁量权的上述特征,笔者认为只有在相对不起诉中,检察机关才有自由裁量的权力。《刑事诉讼法》第142条第2款规定:"对于犯罪情节轻微,依照刑法规定不需要判处刑罚或者免除刑罚的,人民检察院可以做出不起诉决定"。其中"不需要"和"可以"都是不确定的概念,是否需要就要依靠检察机关的判断,是否起诉则要由检察机关依据犯罪情节和司法价值取向做出酌情处理。在犯罪行为情节轻微、已经触犯刑律、应追究刑事责任的情况下,检察机关既可以认为其应受到刑罚处罚而将其提起公诉,也可以认为其不需要判处刑罚或者可以免除刑罚(而非不应追究刑事责任)做出不起诉处理。很显然,在这种情况下,检察机关在法律规定的范围内,依据犯罪嫌疑人应不应受到刑罚处罚这一总标准,需要选择做出一种决定,这是典型的自由裁量。

《刑事诉讼法》第142条第1款规定的绝对不起诉,由于犯罪嫌疑人的行为符合《刑事诉讼法》第15条规定具备不追究刑事责任的情形,因此只能做出不起诉决定,这是一种法定不起诉,检察机关没有裁量余地。对于存疑不起诉权是否属于自由裁量权存在一定争议。有人认为,《刑诉法》第140条第3款规定"对于补充侦查的案件,人民检察院仍然认为证据不足,不符合起诉条件的,可以做出不起诉的决定"。立法表述中使用的是"可以"而非"应当",在"可以"的情况下,检察机关同样有选择的自由,既可以提起公诉,也可以做出不起诉决定,所以存疑不起诉属于自由裁量权的内容。笔者认为,这种观点是不成立的。根据《刑事诉讼法》第140条第1款规定,在案件证据不足的情况下属于"不符合起诉条件",显然不能依照《刑事诉讼法》第141条的规定提起公诉。在案件证据达不到起诉标准,且又丧失退回补充侦查条件时,检察机关只能做出不起诉决定,而别无选择。因此,存疑不诉权并非是检察官自由裁量权的体现,而是一种法定不起诉。退一步讲,如果允许检察机关通过自由裁量将不符合起诉条件的案件提起公诉,不仅有违无罪推定原则,而且浪费诉讼资源,实质上是公诉权的滥用。鉴于此,笔者建议比照《刑事诉讼法》第162条第3项"证据不足,不能认定被告人有罪的,应当作出证据不足,指控的犯罪不能成立的无罪判决"的规定,将第140条第3款中的"可以"修改为"应当"。基于笔者对不起诉裁量权的理解和界定,在此后的论述中只以"相对不起诉权"作为研究对象和范围。

通过以上分析,笔者认为职务犯罪不起诉裁量权指的就是职务犯罪相对不起诉权,本文即以此展开。

二、合理控制职务犯罪不起诉裁量权的必要性

近年间,相对不起诉一直是理论界和司法实务界关注的热点问题,围绕相对不起诉适用的条件、范围以及相对不起诉制度的改革方向,存在着不同意见。争议的焦点是检察机关相对不起诉适用的条件和范围问题。一种意见认为,基于起诉便宜主义,现有法律规定和检察机关本身对于相对不起诉的适用限制过于严格,应当通过修改《刑事诉讼法》和其他方法扩大检察机关相对不起诉的适用范围。也有意见认为相对不起诉权作为一种司法裁量权,实践中容易被滥用,因此,对于检察机关相对不起诉权应当进行严格限制。而且持这种意见者,主要是检察机关内部人员,尤其是上级检察机关。就相对不起诉的整体状况而言,笔者比较认同第一种观点。首先,对于未成年犯罪以及社会危害不大的初犯、偶犯等,符合相对不起诉条件,以相对不起诉的方式及时终结诉讼程序,更加有利于当事人回归社会,避免短期自由刑的种种弊端。其次,相对不起诉决定,可使犯罪行为人无须承担"罪犯"的沉重包袱,有助于他们弃恶从善,振奋前行。这是相对不起诉特有的人文关怀精神和缓解社会矛盾作用的体现,也是在轻刑化趋势中,与缓刑、单处罚金、免予刑事处分等定罪从宽判决相比的优势所在。最后,对犯罪情节较轻或者危害后果不大的犯罪行为人决定不起诉,有利于节省司法资源,减少诉累,并防止将弃恶从善的美好心愿窒息于久拖不决的刑事诉讼中。赋予检察机关根据社会公共利益及危害性大小做出相对不诉的自由裁量权,也是当今法治国家的共同做法。日本法律中的起诉犹豫制度(类似于我国的相对不起诉)规定,除杀人、强奸、放火、投毒等严重危害社会的凶恶犯罪案件外,检察机关有权视情对犯罪后果采取了弥补或悔改措施的嫌疑人和其他犯罪后果不大、情节较轻的嫌疑人,决定不予起诉。

那么,对于职务犯罪案件的相对不起诉,是否也应该放松限制,扩大适用范围呢?笔者认为恰恰相反,由于职务犯罪案件本身的特殊性,对于这类案件的不起诉裁量权反而应当设定相对严格的实体和程序限制,以保证权力的正确行使。理由主要有以下三个方面。

(一)职务犯罪的严重社会危害性,决定了应当从严控制对此类犯罪相对不起诉的适用

有人认为,国家工作人员在被《刑法》做出否定评价后,就失去了再犯能力,所以应当放宽对此类犯罪适用相对不起诉的限制。笔者

认为这种观点是不适当的。腐败问题是当前人民群众最为关心的社会问题之一,由于国家机关工作人员严重亵渎职权,造成的重大责任事故也频频发生,其利用职权实施的侵害公民人身民主权利的犯罪更是引起人民群众的强烈愤慨。国家公职人员是国家权力的具体实施者,公职人员犯罪侵害的客体多为复杂客体,具有多重的、更大的社会危害性。正是由于国家公职人员的主体特殊性,对于同样的行为,由于主体不同,《刑法》对公职人员犯罪设定了更为严厉的刑罚。公职人员如果行使权力不当,还会降低国民对公务人员的信赖程度。更为严重的是当腐败和渎职泛滥到官员习以为常的地步时,必然会危及国家政权基础,历代王朝的盛衰兴替已经充分证明了这一点。因此,古今中外都对公职人员犯罪设定了更为严厉的刑罚措施。明朝对贪官有著名的"剥皮实草法"。日本在1980年大幅度提高了贪贿犯罪的法定刑,单纯受贿、事前受贿等罪的法定刑从3年提高到5年;受托受贿罪的法定刑从5年提高到7年。可见,加大对公职人员犯罪的惩罚力度,维护国家权力的公信力,是各种社会制度和历史条件下立法者的一个共识。相对不起诉又叫做微罪不起诉,顾名思义就是一种对轻微刑事犯罪的不起诉处理。微罪的限定显然与职务犯罪本身的严重社会危害性不符。当然,这是就职务犯罪的整体而言,并非所有的职务犯罪都是重罪,都应当从重处理。但是,基于从严处罚职务犯罪的需要和相对不起诉属于轻缓处理的双重考虑,对于职务犯罪案件的相对不起诉不宜放宽,而应合理控制。

(二)原有体制中对职务犯罪相对不起诉缺乏有效的独立第三者监督,不起诉裁量权滥用危险较大

与普通刑事案件不同,职务犯罪案件的侦查权和不起诉权,均由检察机关行使。相对于职务犯罪案件而言,普通刑事案件相对不起诉受到了更多有效的监督和制约,至少包括三个方面。一是被害人的申诉制度。《刑事诉讼法》第145条规定:被害人不服不起诉决定的可以自收到决定书后7日以内向上一级人民检察院申诉,请求提

起公诉。《人民检察院刑事诉讼规则》第300条还补充规定,被害人对不起诉决定不服,收到不起诉决定书超过7日后提出申诉的,由做出决定的人民检察院控告申诉部门受理审查。根据这些规定,被害人的申诉、自诉可以引起对不起诉决定的审查制约。职务犯罪案件常常缺少具体的被害人,因此,这些限制条款就难以构成对职务犯罪相对不诉的有效制约。二是复议、复核制度。《刑事诉讼法》第144条规定:公安机关认为不起诉决定有错误时,可以要求复议,如果意见不被接受,可以提请上一级人民检察院复核。《人民检察院刑事诉讼规则》第298条补充规定,人民检察院应当在收到要求复议意见书后的30日以内做出复议决定,通知公安机关;上一级人民检察院经复核改变下级人民检察院不起诉决定的,应当撤销不起诉决定,交由下级人民检察院执行。三是司法审查制度。根据《刑事诉讼法》第145条、第170条的规定,对人民检察院做出的不起诉决定,被害人不服可以向人民法院提起自诉,人民法院可以受理。在人民法院受理后,不论做出何种结论,都意味着审判权已介入了公诉权领域,实质上是对不起诉裁量权的合法性、正当性的司法审查。同第一种情况一样,由于没有具体的被害人或者被害人的特殊情况制约(如被害人是国家、是不特定的多数人等),以此对职务犯罪案件不起诉进行制约也就缺乏现实可行性。可见,相对于普通刑事案件而言,职务犯罪案件不起诉受到的有效制约要少得多。在缺乏有效制约的情况下,裁量权被滥用的可能性显然更大。一方面,在同一个检察长和检委会领导下由于缺乏有效的外部监督,更容易出现司法腐败问题,使应当起诉的案件不起诉,从而放纵犯罪;另一方面,当无辜者被错误拘留、批捕后,基于规避赔偿的考虑,本应作绝对不起诉的案件,可能会做出相对不起诉的有罪认定,从而冤枉无辜。

(三)基于司法实践中较高的错案率,也应当合理控制职务犯罪案件相对不起诉

从实践中看,职务犯罪案件相对不起诉的错误率都要高于普通

刑事案件,也高于其他种类的职务犯罪不起诉。以 2006 年的情况为例,某省在 9 月份的不起诉案件检查中发现的 8 起错案,有 5 起是职务犯罪案件,其中 4 起属于应当起诉而作相对不起诉,1 起属于应当作绝对不起诉而作相对不起诉,两类共占所有自侦案件不起诉的 10.6%,占所有职务犯罪不起诉错案的 100%,综合 2003 年以后的情况,职务犯罪不起诉错案中有 90% 以上都是错误适用相对不起诉所致。如某院办理的一起贪污、挪用公款案,本应认定两个罪名,却只认定一个挪用公款罪,挪用公款 15 万元,数额巨大,且未退还,应在三年以上十年以下幅度内量刑,但案件却作了相对不起诉。再如王某等涉嫌挪用公款案,案件已过追诉时效,且属民事纠纷,本应作绝对不诉而作了相对不起诉。职务犯罪相对不起诉较高的错案率说明,对职务犯罪相对不起诉予以必要、合理的控制不仅是提高案件质量的现实需要,也是维护司法公正、保障当事人合法权益的迫切要求。

三、现有职务犯罪不起诉裁量权的控制方式及其不足

对于职务犯罪不起诉存在的种种问题,法律并非没有任何规定,检察机关也采取了很多措施。《刑事诉讼法》第 142 条第 2 款规定:"对于犯罪情节轻微,依照刑法规定不需要判处刑罚或者免除刑罚的,人民检察院可以做出不起诉决定。"这是所有相对不起诉适用的条件。在实体标准方面,目前法律并没有对职务犯罪相对不起诉做出专门的规定。2001 年高检院颁发的《人民检察院办理不起诉案件质量标准》(试行),对不起诉适用的实体条件,也只是用了几个排除性条款,并没有对《刑事诉讼法》规定进行有效的、可操作性的细化。由于缺乏具体的实体标准,实践中裁量的"自由"幅度仍然很大。

关于职务犯罪案件不起诉裁量权的控制主要体现在以下方面。

(一) 检察委员会讨论决定不起诉制度

《人民检察院刑事诉讼规则》第 289 条规定:"人民检察院对于犯

罪情节轻微,依照刑法规定不需要判处刑罚或者免除刑罚的,经检察委员会讨论决定,可以做出不起诉决定。"可见,不起诉裁量权只能由检察委员会集体行使,而不能由检察长、办案人员个人决定,其权力行使主体的集体性很大程度上防范了不起诉权的滥用可能。当然,这是就所有的相对不起诉而言(尤其是普通刑事案件的相对不起诉),如前所述,对于检察机关自己办理的职务犯罪案件检委会的集体防范功能就可能被弱化。

(二)被不起诉人的申诉制度

《刑事诉讼法》第146条规定,对于人民检察院做出的相对不起诉决定,被不起诉人如果不服,可以自收到决定书后7日以内向人民检察院申诉。人民检察院应当做出复查决定。《人民检察院刑事诉讼规则》第303条进一步规定,被不起诉人在收到不起诉决定书后7日以内提出申诉的,由做出不起诉决定的人民检察院的控告申诉部门审查是否立案复查。问题是相对不起诉是本院最高权力机构——检察委员会的决定,这种下级对上级的审查能否客观、对于审查出的问题能不能公正解决,难免令人怀疑。

(三)人民监督员制度

人民监督员的一项重要职责就是对拟做不起诉的职务犯罪案件进行评议监督。实行人民监督员制度,增设了一条倾听人民群众意见、接受人民群众监督的渠道,增强了办案工作透明度,顺应了诉讼民主的要求,对于公正、合理行使不起诉权及其他检察权具有重要作用。但人民监督员制度本身还存在诸多不成熟之处。

(四)其他的检察机关内部监督制约机制

这些机制包括:向上级人民检察院的备案制度,上级人民检察院纠错制度,职务犯罪案件不起诉报上级检察机关审批制度等。其中最主要也是争议最大的就是上级检察机关对下级检察机关不起诉案件的比率控制。2005年高检院公诉厅制定的《检察机关办理公诉案件考评办法(试行)》规定所有职务犯罪案件不起诉率不得超过

12%。应当说这一控制方式是相当有效的。结果显示,2005 年以后职务犯罪相对不起诉率确实有了较大幅度下降,2006 年下降的幅度更为明显。但问题是如同任何指标化的管理模式一样,这种预先制定的指标依据是什么,指标设定的合理不合理,司法工作往往呈现时间和地域的不均衡性,用一个统一指标管理我国这样一个幅员辽阔国家不同地区的职务犯罪不起诉,能不能很好地顾及司法环境的地区差异。对于司法工作采用这种行政指标式的管理有违司法工作规律。

综合来看,上述各种控制方式都有其缺陷和不足。对职务犯罪相对不起诉进行指标控制,也只能解决不起诉的数量而非质量问题。事实上,目前并不能用职务犯罪案件不起诉数量的多少来说明问题存在的实际状况和严重程度,现实情况是不起诉滥用与不起诉限制过死均不同程度地存在。一方面,由于缺乏有效的实体和程序约束,导致该诉的没有诉;另一方面,由于严格的指标限制,导致不该诉的诉了。在我国现有体制下和由来已久的官场文化氛围中,检察机关与当地国家机关和国有单位有着千丝万缕的联系,职务犯罪一旦发生,这些关系总会在不同程度上干扰检察机关的司法决定(这一点在基层检察机关体现尤为突出)。而恰恰这个时候,检察机关又掌握着相对不起诉的裁量权。如果没有严格的实体和程序标准,仅靠检察官的职业操守,恐怕很难保证不起诉决定的公正。因此,必须改进完善现有法律规定和工作机制,使职务犯罪不起诉裁量权的控制方式更加合理、有效。

四、职务犯罪不起诉裁量权合理控制的具体设想

对职务犯罪不起诉裁量权进行有效的控制,手段不外乎两个方面:一是实体控制,二是程序控制。实体控制主要是通过制定和细化职务犯罪相对不起诉的适用标准和条件,规范、限制不起诉的适用。但是,实体控制的问题在于社会生活难以穷尽,被规范对象的不确定

性使得通过细化标准从而达到精确控制的努力,往往难以达到预期目的。而如果将权力行使的条件限制过死,那么裁量也就失去了应有的自由空间,法律设定不起诉裁量权的意义亦无从体现。而程序控制恰恰能够很好地避免这些问题。程序的独立价值表明其不仅能够保障实体公正的实现,而且当实体公正由于客观因素难以实现时,通过严格、公正、排除了权力滥用的程序得出的司法结论,同样具有较高地司法公信力。因此,对于职务犯罪不起诉裁量权的控制应当实体与程序兼顾,并以程序控制为主。

(一)职务犯罪不起诉裁量权的实体控制

按照《刑事诉讼法》第142条第2款关于相对不起诉制度的规定,只有对于犯罪情节轻微,并且依照《刑法》规定不需要判处刑罚或免除刑罚的案件才可以行使相对不起诉权。如何认定犯罪情节是否轻微以及是否轻微到不需要判处刑罚或免除刑罚的程度是正确行使相对不起诉权的实体条件。对此,借鉴法院量刑标准,针对不同种类的职务犯罪制定具体的相对不起诉标准是非常必要的。在标准制定的主体和方式上,有人认为应该由最高人民检察院制定统一的标准。笔者认为制定一个全国统一的标准虽然有利于司法统一,但并不能很好地满足各地司法工作的特殊要求,不能照顾到地区间社会经济发展差异。衡量有无需要判处刑罚,最根本的还是要看行为的社会危害性。以贪污犯罪为例,同样是贪污1万元,在经济发达的沿海地区与在经济落后的西部山区,其社会危害性显然是不同的。为了既保证法律适用的统一,同时又照顾到地区差异,最好由高检院预先制定一个基本标准,然后由各省(市)、自治区院根据此标准,制定本省的具体标准,并报高检院审查批准后生效执行。由于篇幅和能力有限,具体的标准设计在此不详细阐述,仅对标准制定的几个基本问题进行探讨。

笔者认为按照罪刑法定原则,根据《刑法》有关规定,必须同时具备下列要件才能认定为"犯罪情节轻微,依照刑法规定不需要判处刑罚或者免除刑罚"。

1. 犯罪嫌疑人行为必须构成犯罪

犯罪嫌疑人行为是否具备犯罪构成要件是能否行使相对不起诉权的界限。只有具备犯罪构成要件的行为才有可能被认定为"犯罪情节轻微",对于不具备犯罪构成要件的行为,即使造成了一定的社会危害,也只能按照《刑法》第13条"……情节显著轻微,不认为是犯罪"的规定不认定为犯罪,也就谈不上能否行使相对不起诉权的问题。

2. 必须是可能判处管制、免予刑事处罚的职务犯罪和部分可能判处缓刑的职务犯罪

我国《刑法》总则根据犯罪性质、犯罪情节等不同情况建立了由轻到重、轻重相济、互相衔接、排列有序的刑罚体系,其中管制是最轻的主刑。判处免予刑事处罚和缓刑是法院根据犯罪情节,进行自由裁量的结果,类似于检察机关的不起诉裁量权。由此可见,可以被判处管制以及免予刑事处罚和缓刑的罪行是刑法认为需要施以刑罚的罪行中情节最轻的几种。当然,并非所有法院判处上述刑罚的职务犯罪案件都适合作相对不起诉。特别是缓刑案件,适用的条件、程序和法律后果都不同于检察机关的相对不起诉。比如,受贿3万元可以判三缓五,但绝对不能作相对不起诉。不过两者范围确实存在一定交叉,有的缓刑案件还是可以作相对不起诉的。

3. 犯罪嫌疑人必须具有减轻或免除处罚情节

对犯罪嫌疑人作相对不起诉处理,一方面犯罪嫌疑人达到了应当判处刑罚的程度,另一方面又具有减轻处罚或免除处罚的情节,这样才可以认为犯罪情节轻微到不需要判处刑罚或者免除刑罚的程度。这也是设定职务犯罪相对不起诉实体标准必须考虑的因素。需要注意的是除了自首、立功等法定情节外,也要注意综合考虑退赃、悔罪、一贯表现、社会影响甚至家庭状况等各种因素,使裁量权的行使更加符合公平正义以及社会和谐的价值标准。

(二）职务犯罪不起诉裁量权的程序控制

针对职务犯罪相对不起诉权行使过程不够透明、缺乏外部监督等问题，应建立和完善相对不起诉权的控制程序。笔者认为，建立和完善控制程序时应当遵循以下原则。一是公开原则。相对不起诉权的司法属性要求职务犯罪相对不起诉权的行使过程和结果必须向社会公开。当然，案件涉及个人隐私、商业秘密和国家秘密的除外。但结果必须公开。二是司法民主原则。应当为当事人充分参与创造条件，并注意建立反映司法民主要求的体外监督机制。帮助当事人充分了解法律规定和检察机关做出决定的理由，化解当事人因为不熟悉法律和感情因素而对处理结果产生的不满，并通过体外监督与原有监督模式相结合，增强检察机关决定的权威性和说服力。三是适当处分原则。对职务犯罪人通过行使相对不起诉权不追究其刑事责任，如不进行任何惩戒，不仅不利于他们吸取教训、改过自新，对社会公众感情也会造成伤害，危害司法公信力。因此，必须在不追究刑事责任的同时由有关部门给予被不起诉人行政处罚等适当处罚。四是诉讼效率原则。司法公正也必须考虑其实现的成本，为保证职务犯罪裁量权正确行使而进行的程序设计必须有一个成本底线，这个底线就是为此而消耗的司法资源不能高于案件提起公诉后法院审理活动的资源耗费，否则，就不如直接提起公诉，通过审理活动对案件事实和证据进行把关。五是外部监督与内部制约相结合原则。这也是最重要、最具现实意义的一个原则。正如最高人民检察院有关部门负责人所说："为保障依法正确行使职务犯罪监督权，多年来检察机关从强化对办案工作监督的角度进行了艰辛的探索，采取了一系列旨在保证办案质量的监督制约措施，但效果还不够理想，原因就在于我们只注重了加强对办案工作的内部监督制约，而没有找到一条有效接受外部监督的新路。"可见，对职务犯罪裁量权进行有效程序控制的关键就在于建立和完善外部监督制约机制。

因此，笔者重点围绕人民监督员制度的完善，对职务犯罪不起诉裁量权的程序控制进行探讨。

1. 人民监督员监督应当与不起诉公开审查制度相结合

职务犯罪不起诉(包括相对不起诉)是人民监督员监督的"三类重点案件之一"。目前,人民监督员监督的具体模式是,由检察院采用抽签或排序的方式确定3名以上的人民监督员召开监督评议会,由检察机关的案件承办人向人民监督员介绍案情、出示主要证据并介绍法律适用情况,人民监督员独立进行评议和表决。问题是仅仅确定3名人民监督员组成监督小组,加上其检察专业知识的缺乏,所形成监督意见的公正性、民主性、准确性必然受到质疑。而单纯的增加人民监督员人数,仍然不能解决当事人参与等问题。再者,民主的价值很大程度上在于其意见形成的随机性和事先不确定性。这一点在西方陪审制中体现尤为明显,陪审团成员总是在审判前从适格主体中随意挑选的,这也正契合了司法民主的要求。而检察机关选任的人民监督员一般比较固定,长期单独由其进行监督,由于对检察机关的熟悉,难免影响其监督的独立和公正性。因此,必须增加监督主体,而且要加大监督主体的随机性,并充分吸收当事人参与——毕竟相对不起诉是一种有罪认定。一个有效方式就是将人民监督员制度与不起诉公开审查(听证)制度有机结合。

2001年高检院出台的《人民检察院办理不起诉案件公开审查规则(试行)》规定,人民检察院对于拟做不起诉决定的案件,以公开的形式听取侦查机关(部门)、犯罪嫌疑人及其法定代理人、辩护人、被害人及其法定代理人、诉讼代理人的意见。不起诉公开审查活动,允许公民旁听;可以邀请人大代表、政协委员、特约检察员等人士参加;新闻记者可以旁听和采访;可以邀请有关专家参加;对于涉及国家财产、集体财产遭受损失的案件,可以通知有关单位派代表参加。不起诉公开审查是检务公开、司法民主化的体现,也是对不起诉权运用的有效监督。但该《规定》内容过于简单(仅有18条),没有按照不起诉的种类分别予以规定,对于参与听证人员的范围、权利义务等规定的也不尽合理。建议高检院对《人民检察院办理不起诉案件公开审查规则(试行)》进行修改,将职务犯罪相对不起诉案件单独予以规定,把人民监督员纳入必须参加听证的人员范围(3人以上)。公开听证应当作为人民监督员监督职务犯罪相对不起诉的主要方式,听证结果应作为人民监督员形成表决意见的主要依据,并将人民监督员意见和其他参与听证人员的意见一并提供检委会参考。

2. 理顺人民监督员制度与检察机关内部监督制约机制的关系

目前,检察机关内部也有不少行之有效的保障不起诉案件质量的措施。如果能将人民监督员制度与现有内部监督制约机制很好地结合起来,则会互为补充,相得益彰,可以大大提高监督效率和效果。在制度设计时应特别注意处理好以下两个关系:一是处理好人民监督员的监督与职务犯罪不起诉案件报上一级检察院审批的关系。根据中央关于司法体制和工作机制改革的部署,检察机关对职务犯罪案件做出不起诉决定的,应报经上一级检察院批准。这项制度的实行,能够把人民监督员的监督和上级检察机关的审查把关有机结合在一起,更好地保证公诉案件的质量,但具体工作程序需要衔接好。如按照规定,参加监督的多数人民监督员对检察委员会的决定有异议的,可以要求提请上一级检察院复核。在这种情况下,上一级检察院可以将复核程序和批准程序合二为一,批准的决定也就是复核的结果,但应以不同决定分别批复和通知下级检察机关和人民监督员。二是处理好人民监督员的监督与上级检察机关对下级检察机关案件质量监督的关系。为发现、纠正不起诉案件中存在的问题,检察机关还建立了职务犯罪不起诉备案审查制度,并普遍实行定期的不起诉案件质量检查制度。为增强这些监督机制的实效,应当允许上级院的人民监督员抽查、调阅备案材料,参与不起诉案件质量检查活动。尤其是对于不起诉案件质量检查这样的重要业务活动,应当在条件允许的范围内积极要求本级院人民监督员参加,这样不但丰富了人民监督员的监督方式,也为错案的发现和纠正程序注入了司法民主的因素,同时还有利于增强上下级院人民监督员监督工作的对应性,促进下级院人民监督员提高监督素质和监督能力。

总之,为了保证职务犯罪不起诉裁量权这一检察机关享有的重要权力不至于滥用,以充分保障人权,维护司法公正,就必须针对职务犯罪不起诉裁量权的特点和存在的现实问题,进行必要的实体和程序控制。而这种控制的定位必须是合理、有效,而非严格或者宽松,也只有通过充分体现司法民主化要求和符合司法规率的制度设计,才能最终实现对职务犯罪不起诉裁量权的合理和有效控制。

故意杀人罪案件中的证据收集与审查

由于故意杀人犯罪是重刑犯罪,所以要求的证据标准特别严格,无论是大陆法系国家还是英美法系国家均是如此。在我国的司法实践中,一些故意杀人案件,之所以会造成存疑不诉或无罪判决,其中一个重要原因就是在证据的收集审查运用等方面存在着一些问题。

一、故意杀人罪案件的证据收集

在故意杀人犯罪案件中,各种言词证据、物证和鉴定结论、勘验结论比较多,证人证言也不少,应迅速及时地做好故意杀人案件中的证据收集与调查工作。

(一)要客观、全面地发现和搜集证据

搜集证据的目的在于查明和证实案件事实,在于将已发生于过去某一特定时间段中的事实予以认识上的真实再现。因此,搜集证据务必要客观、全面和真实,要从客观实际情况出发,从客观存在的事实中发现和搜集证据,而不能以主观的臆猜取代客观事实。同时,搜集证据还应建立在对存在事实的客观分析上,根据客观事实所反映出的证明需求去搜集证据,而不能以主观需求代替客观的证明需求,人为设定证据收集方向,更不能弄虚作假,伪造证据。一个案件发生以后,往往会留下一定的、有时还会相当多的痕迹式物证,对案件的侦办往往是建立在对这些痕迹物证的认识、收集、审查、判断之

基础上。在刑事侦查阶段,对证据的收集就要自觉地考虑到提起公诉、法院开庭以及开庭审理时的有效综合运用。因此,搜集证据应着眼于案件的全部事实而力求全面、周密,要从不同的角度去收集能够证明所有案件事实要素的全部证据,既不能只收集证明案件主要事实的证据而不收集证明案件次要事实的证据,也不能只收集支持某事实主张的证据而不收集否定该事实主张成立的证据。这一点反映在刑事案件上,就是要全面收集证明犯罪发生的时间、地点、动机、目的、手段、方法、过程、危害、后果、犯罪嫌疑人等要素的所有证据材料,不能只注重收集证明犯罪嫌疑人、被告人有罪或罪重的证据,而不注意收集证明无罪或罪轻的证据。在证据收集上的任何粗疏都是要力求避免的。

故意杀人案件的情况相对来讲比较复杂,许多证据不易发现。犯罪嫌疑人、被告人的犯罪活动一般都采取隐蔽的形式和狡猾的手段进行,犯罪嫌疑人、被告人犯罪后,往往又伪造现场,毁灭罪证,制造假象,千方百计地掩盖罪行,力图欺骗、迷惑侦查人员,阻挡他们发现犯罪证据。同时,随着时间的流逝,犯罪现场和其他场所留下的能反映犯罪活动的痕迹、物品也会发生变化,知情人也可能因时间久远而记忆不清。这就要求侦查人员要针对案件具体情况进行及时、深入、细致的工作,做到善于发现证据,全面搜集证据。

1. 要十分重视实物证据的提取

物证是故意杀人案件最重要也最能客观反映案件事实的证据,因此,办案实践中,要十分重视实物证据的提取。要善于发现能够证明案件事实的一切物证,如痕迹、血迹、分泌物、凶器等。对于已提取到的物证,还应及时做出进一步的鉴定,以确定物证的证明价值。切不可在被告人招认的情况下,就放弃了对物证的进一步提取,更不可对已提取的物证放弃进一步的鉴定,否则,极易形成"悬案"、"疑案"。由于杀人犯罪案件本身的特殊性,在收集物证时应注意从以下两个方面来进行。

一方面,注意收集杀人现场的物证。有些故意杀人案件,不仅有第一现场,而且还有第二现场,第一现场往往是作案现场,而第二现场往往是抛尸现场,有时第二现场又有好几处,所以针对不同的杀人现场应有重点地收集不同的物证。一般来讲,有第一杀人现场的应收集下列物证:

(1) 作案工具。杀人案件有不同的杀人工具,如刀、枪、棍棒、石块、砖头等。很多情况下,这些凶器都是留在现场的,所以在勘验现场时要注意收集犯罪嫌疑人、被告人作案的工具,也可与被害人身上的伤痕进行印证。

(2) 收集犯罪嫌疑人、被告人留在现场的各种物品,既包括犯罪嫌疑人作案时有关的辅助物品,也包括犯罪嫌疑人、被告人的衣服、帽子、首饰,凡是与犯罪嫌疑人、被告人有关的一切物品都应收集。

(3) 收集现场所留下的各种痕迹,如擦干过的血迹(压痕、撞痕、碰痕等),现场留下的血迹、脚印、指纹、唾液痕迹,这些痕迹多是比较细微的,需要仔细分辨才能收集。

(4) 收集现场留下的其他物品,如毛发等物品。在第二现场要收集的物证主要就是尸体。第二现场大多比较偏僻,即犯罪嫌疑人、被告人认为不会被别人发现的地方,如河底、水底、沟底、树林里,甚至用土埋藏、用硫酸毁尸等。在发现了第二现场之后,应立刻把尸体保存好,以便作勘验和鉴定。

另一方面,注意收集犯罪嫌疑人、被告人的人身、住所或其他场所内的物证。对这些地方搜集证据的重点,应是犯罪嫌疑人作案的工具,作案后所得到的财物,与案件有关的其他物品如血衣、血裤等。

2. 要客观全面准确地收集证人证言

在很多情况下,故意杀人案件都有证人证言,包括目睹者证言,知情人证言,扭送人证言,被害人亲朋好友证言,被害人单位的知情人的证言,犯罪嫌疑人、被告人亲朋好友、邻居证言,犯罪嫌疑人、被告人单位证言,这些证言都是证明案件有力的证据。目击证人证言的收集应突出以下内容：(1) 故意杀人案件案发的时间、地点；(2) 犯罪者的人数，各自的长相、身高、口音、手拿的凶器，身上明显的生理特征等；(3) 犯罪嫌疑人与被害人搏斗的过程，被害人身上有无创伤、伤势怎样，犯罪嫌疑人身上是否受伤、伤在何处；(4) 犯罪嫌疑人逃跑的方向；(5) 目睹人与犯罪嫌疑人、被害人的关系。

对见证人的证言应重点询问下列内容：(1) 见证人的自身情况，如姓名、年龄、职业、住址、认知能力、精神状态等；(2) 见证人与案件被害人、犯罪嫌疑人的关系；(3) 见证人是在何种情况下被邀请作见证人的；(4) 见证人所见到的搜查、扣押、勘验的全过程；(5) 司法机关在进行上述司法活动时，是否有违反法律规定的行为，等等。

对犯罪嫌疑人亲友证言主要询问以下内容：(1) 在杀人的案件发生之前，犯罪嫌疑人有何异常的举动；(2) 在杀人案件发生时，犯罪嫌疑人在哪儿，在做什么；(3) 在杀人案件发生后，犯罪嫌疑人在身体衣着上有何变化，在精神上、情绪上有何异常的表现；(4) 犯罪嫌疑人一贯的表现怎么样，等等。

3. 被害人陈述的收集要真实、有据

在被害人未死亡的情况下，应尽力收集被害人的陈述，为了确保其陈述的真实性和判断的准确性，询问时主要应收集以下内容：(1) 案发的时间、地点；(2) 犯罪嫌疑人的自然特征，如身高、相貌、口音、明显生理标志；(3) 犯罪嫌疑人使用的凶器；(4) 犯罪嫌疑人实施杀害行为的全过程及自己反抗的过程；(5) 在犯罪嫌疑人为多人的情况下，每个犯罪嫌疑人在实施杀害行为中所起的作用，所处的地位，谁是领导者、组织者；(6) 犯罪嫌疑人受伤的情况，伤在何处，是否明显，伤有多重；(7) 故意杀人行为持续的时间；(8) 犯罪嫌疑人、被告人是如何未达到杀人既遂目的的，是以为被害人已经死亡而罢手，还是听到有人来了而逃走，还是自动中止了杀人行为，等等。

4. 犯罪嫌疑人、被告人供述的收集要客观、合法

主要应讯问以下内容：(1) 杀人的目的动机是什么；(2) 为杀人做了哪些准备活动；(3) 在共同犯罪的情况下，是如何形成意思联络的，在共同实施杀人行为时，各自所用的凶器是什么，各自所起的作用是什么；(4) 讯问杀人的全过程；(5) 讯问被害人有无反抗，反抗的程度如何；(6) 讯问是如何达到把人杀死的目的的，是自行中止的，还是被迫中止的；(7) 讯问犯罪嫌疑人、被告人是如何逃离现场的，是如何订立攻守同盟、毁灭罪证、打击报复证人的；(8) 讯问犯罪嫌疑人、被告人杀人凶器、尸体、涉案其他物证的去向和细目特征；(9) 讯问犯罪嫌疑人、被告人的归案情况，等等。

5. 鉴定结论的运用要有相关证据佐证

主要是对被害人的伤情的鉴定结论和对犯罪嫌疑人、被告人精神状态的鉴定结论。经鉴定是轻伤，还是重伤，是致命伤还是非致命伤等，这对犯罪嫌疑人、被告人的刑事责任的大小有影响；对犯罪嫌疑人、被告人精神状态的鉴定，主要是指看其是不是精神病患者，是完全行为能力人，还是限制行为能力人，或者是无行为能力人，这对犯罪嫌疑人、被告人刑事责任的承担与责任大小有重大关系。

（二）要依法搜集证据

鉴于证据收集的质量与数量直接决定了案件的诉讼走向和最终处理，因此，对证据的收集必须遵守法律设定的程序和方法。之所以特别强调"依法"，就是为了保证证据的可信度与证明力，通过程序性要素的设定，设置一种公开、公正、抗衡的取证机制，保证当事人得到平等的对待，保证其供述的自愿和真实。同时，对司法人员的主观随意性及个人偏私也可以起到严格的控制作用。只有认真遵循法律的相关规定搜集证据，才能保证证据的真实可靠与客观公正，才能保证证据的法律效力。违反法定程序搜集证据，则会侵犯当事人的正当权益，也容易带来司法人员主观性的扩张，给非法利益的掺入造成可乘之机，使证据的真实性大打折扣，进而导致证据法律效力的降低或

失效。

（三）要迅速及时、深入细致地取证

与其他客观存在一样，时间在证据收集工作中具有特别的意义。证据自身存在不断运动变化的现象，也容易受到外界事物的影响而改变自身的形态，经历的时间越长，证据变动的可能性就越大，对案件的证明力就会直接受到影响。同时，在证据收集时间上的拖滞也给犯罪嫌疑人毁灭相关证据、伪造证据、胁迫他人作伪证提供了充裕的时间，由此也增加案件侦破的难度。因此，在搜集证据工作中，一定要迅速及时，要尽快奔赴案件现场，及时控制现场，并进行勘验、检查、扣押、询问受害人、证人，以便在最短的时间内开展证据收集工作。

同时，在搜集证据时还应保持较强的分析能力，不为证据材料的表面现象所迷惑，不为证据的假象所误导，要透过现象看本质，科学分析证据，把握证据间的相互联系，利用证据证明证据，对任何疑点都要保持清醒的头脑，寻根问底，查明缘由，使认定的事实真正建立在确实充分的证据基础之上，而不是推测、推理、主观判断的基础之上。

要迅速及时地搜集证据，有一个非常重要的问题不能忽视，那就是要十分重视取证的时机与顺序。取证的时机和顺序表面看起来不是个大问题，但如果时机得当、顺序合理则会大大提高证据的证明力和可信度。比如，关于指认现场笔录与提取证明的先后顺序问题。在办案中，如果从证据内容看，先有犯罪嫌疑人指认现场，后根据其指认找到尸体，提取相关物证，则指认现场笔录与提取证明就有较强的证明力。如果先有提取证明，后有犯罪嫌疑人指认现场，则证据证明力就大打折扣。实践中，公安机关有时将指认现场笔录与提取证明分开书写，且指认时间与提取时间都较笼统，从两者关系看，无法确定孰先孰后，导致某些本来十分有利于定罪的证据，证明力得不到充分体现。建议公安机关在根据犯罪嫌疑人的指认提取物证的情况下,将指认现场笔录与提取证明合并书写为一份证据,并明确说明是根据犯罪嫌疑人的指认才提取物证的事实,这样,让人感觉既合理又可信。

(四)要及时、有效地固定与保全证据

案发后,要及时、有效固定和保全证据。证据的固定和保全主要包括以下四个方面。

1. 原始物证的保全与固定

物证作为重要涉案证据,甚至是定案依据,其重要性是不言而喻的。但实践中,由于对物证的保全与固定不及时、不完善,物证丧失鉴定条件甚至丢失,从而使重要证据灭失的情况屡有出现。这是非常令人遗憾和痛心的。在极其重要的物证、书证提取到案后,应立即予以妥善保管,如用专用容器密封并专人建档保管等,当然,如果能及时做出鉴定结论如 DNA 图谱等,那样效果会更好。这样不管案件事后多少年告破,均不会造成物证、书证的灭失。

2. 原始侦查材料的保全

故意杀人案件的破案周期长短不一,常常出现案件数年后才告破的情况,这就要求我们对每一起案件的初查材料和相关证据一定要妥善保管,一旦丢失,是很难补到的。

3. 关于鉴定问题

鉴定结论作为客观物证是与言词证据相关联的重要涉案证据,是非常重要的,但鉴定工作也存在不少问题:(1)鉴定结论中的表述错误,常见的错误有对致伤部位描述错误,更有甚者在鉴定日期等关键性地方表述错误,一些证据往往因为上述瑕疵的存在,而成为辩方攻击的焦点,最终导致该证据不被法庭采信;(2)鉴定结论中的表述不全面、漏项情况时有发生;(3)鉴定的程序性问题如鉴定结论中未注明检验、鉴定人的名字,或者只有打印文字而无本人签名盖章,缺乏照相人、制图人等工作人员名章等,不符合鉴定程序的要求。

4. 视听资料的固定

自从视听资料被列入证据种类后,侦查机关为固定言词证据,勘验、辨认等取证经过,已越来越普遍地使用视听录入设备进行取证。但往往因为形式等不合乎规定,很难起到真正的证据作用。视听资料作为证据使用是有严格的程序要求的,如在被告人供述、被害人陈述、证人证言采集时,必须明确告知被录像(音)人,其供述(证言)将被录音录像并以证据形式予以保存,而被告知人应明确表示无异议。再如,对录音录像资料应附加证据来源说明,应保存未被任何剪切的录像(音)带,并保证其客观真实性。

二、故意杀人罪案件的证据审查

无论任何证据材料,在作为定案证据之前都要经过严格的审查与核实,剔除虚假成分,研究其证明力和可信度。只有科学、深入地审查分析,才能保证证据材料有较强证明力和较高可靠性。

(一)要科学地分析证据,排除矛盾证据

通过侦查活动,一个刑事案件往往会获取大量相关证据,既有有罪证据,也有无罪证据。同时,有罪证据之间也不一定完全吻合。这就要求我们要科学审查分析证据,对所有证据进行综合分析和逻辑推断后,及时排除证据间的矛盾和疑点,不能对有罪证据作简单堆砌,埋下证据矛盾的隐患。

1. 从分析证据的来源入手

所谓证据的来源,是指证据产生和发现的一切相关因素,包括证据的形成、证据的发现、证据的提供者、证据的收集方式等。这些因素都对证据的证明力产生一定的作用,必须加以具体分析。

第一,我们要注意分析提供证据者的动机。动机是支配证据内容的主观因素,同一案件事实,提供证据者的动机不同,所提供的证据材料在证明内容上往往大相径庭。一般来说犯罪嫌疑人及其亲属,出于自身的利害关系考虑,为逃避法律的制裁而倾向于提供有利于犯罪嫌疑人的、证明犯罪嫌疑人无罪或罪轻的证据,而力图掩盖那些证明犯罪嫌疑人有罪或罪重的证据,甚至伪造和毁灭有关证据。而作为受害者及其亲属,在心理动机上则恰恰相反,为了使犯罪嫌疑人受到法律制裁,受害方往往倾向于提供能够证明犯罪嫌疑人有罪或罪重的证据。而"中性"证人或者与案件无利害关系人提供的证据的可信度则较高。因此,我们审查分析证据时,应当考虑提供证据者与本案的利害关系,考虑到提供证据者的心理动机,从其动机入手分析其提供的证据的真实程度,分析证据是否全面地反映了案件事实。

第二,要考虑到提供证据人员自身的情况。提供证据人员的个体差异直接决定了证据的证明力,这种个体差异主要表现为人们在一般能力与知识、专业能力与专业知识上的差异。一般能力和知识,主要反映人们的感知能力、记忆能力、表达能力以及生活常识等。不考虑其他因素,在同等情况下,具有较高知识水平、感知能力、记忆能力和表达能力较强的人所作的证言或陈述如层次混乱、内容模糊,则虚假成分或夸张成分较多,尤其是人们在案件发生时精神高度紧张容易产生错觉,进而易于错误地陈述。

第三,还要注重考察已知证据是传来证据还是原始证据,如某书证是原件还是复印件,某证人证言是现场感知还是转述他人,如果查明已知证据是原始证据,就通过具体分析如上所述的证据提供者本人情况及证据的提取过程来判断证据的真实性;如果证据是传来证据,除了要分析传来证据的原始来源外,更要注意分析从其原始来源到形成传来证据的具体过程以及传来证据提供者本身的情况等,以此来确定证据的可信度。

2. 从分析证据的内容入手

所谓证据的内容,是指证据所反映的具体案件事实。通过对证据内容进行分析并对其所反映出的逻辑关系进行整理推敲,就可以对证据的可靠性做出一个基本的判断。

第一,要注意分析证据的一致性。已发生的案件事实在内容上具有固定性,因为它是一种不可改变的客观存在。所有的证据,不论其形式如何,都是对这一客观存在的反映。因此,其内容上必须符合案件发生的逻辑关系,其所反映的案件整体或局部的事实应该具有较高的确定性,在逻辑上应该是合理和一致的。具体体现为:同一证据在内容上的前后一致,不同证据之间的相互一致,互相印证证据与已掌握案情的相一致。如果同一证据对同一案件细节的证明具有不稳定性,前后相悖,或不同证据之间相互矛盾冲突或证据与已掌握的案情大相径庭,则要注意分析其中的疑点,找出其不一致的缘由。如果不一致的地方能够排除,即可认定。如果无法排除,就要对相关证据的真实性提出合理怀疑。

第二,要认真分析证据内容与案件之间的联系。证据之所以对案件能够起到证明作用,其主要原因在于证据内容与案件事实之间存在一定的必然的客观联系,这种联系既有直接联系又有间接联系,既有与案件起因的联系,也有与案件过程的联系,更有与案件结果的联系。因此,在办案过程中尽力找到证据内容所联系的对象,并使这种联系进一步明确。通过对这一联系的内容分析进而去联系我们所掌握的其他信息资料,通过证据的运用来推导、查找作案人、作案时间、地点、行为、内容、受害人及与案件相关的物体等。也就是说,通过分析证据内容与案件之间的联系来寻找犯罪嫌疑人,查明犯罪过程。

第三,要分析证据的客观性、合理性与合法性。证据的证明力、可信度如何,关键取决于它本身的合理性,即证据是否符合一般的理性判断规则,证据所能证明事实的发生是否符合理性规律。证据的合理、合法性越高,其证明力就越强,可信度也就越高,反之亦然,两者之间呈正比例关系。如果一个证据所证明的事实与已掌握的全部案件事实有较大出入,并与案件事实的逻辑结构相悖,就需要对其认真推敲,重新分析其形成过程,发现其中的疑点,切不可盲目采用。如张某故意杀人案:一审以故意杀人罪判处张某死刑,上诉后检察机关在证据审查中发现犯罪嫌疑人张某在供述其杀妻过程中交代了两种不同的作案手段,先是说站在床前将熟睡中的妻子掐死,后又说掐昏后又照其胳膊上划了一刀。经法医鉴定,其妻脖子上确属钝器致伤而死。但张某说先掐死后又用刀划伤胳膊,那么既然有刀为什么不用刀杀,并且经鉴定刀伤是死前伤,不是死后伤。第一种情况经实验无法形成,第二种进程又违背常理。鉴于上述情况,建议人民法院发回重审。此案的处理应是正确的。

3. 从证据的可采性入手

证据的关联性是证据采用的基础,可采性是证据运用的关键。证据仅仅与待证事实具有关联性,但没有达到作为证据采纳的证明力程度,不具备证据资格,不能作为证据适用。为统一证据审查标准,应当把最佳证据规则贯穿在证据关联性审查中,把非法证据的排除规则贯穿在证据可采性判断中,以保障证据采信和运用中的客观性和有效性。所谓证据的可采性,就是指证据具有能够被采纳为定案根据的资格。如果收集的证据,依据某种规则应当予以排除,该证据则不具有证据的可采信,不能作为证据适用。证据的可采性可从证据的合法性上进行判断,即提供、搜集证据的主体必须具有合法性,证据的内容要有合法性,证据具有合法的形式,证据必须依照法定程序收集,违反法律程序收集的证据不具有合法性。证据的合法性关系到证据的证明力,是证据关联性的法律保障,是决定证据是否具有可采性的重要因素。

审查判断刑事证据是否具有可采性,应当遵循非法证据的排除规则,把不具有被采纳资格的非法证据排除在证据适用范围之外。非法证据只有依法得到排除,证据的可采性才有保障。

(二)要高度重视犯罪嫌疑人、被告人的无罪辩解

犯罪嫌疑人、被告人进行无罪辩解,是经常出现的情况。有些辩解是虚假的,但有些辩解也可能是真实的。对此,我们要实事求是,具体问题具体分析,不能一概否定,也不能一概相信。实践中,由于

长期受有罪推定思想的禁锢以及犯罪嫌疑人、被告人被羁押后,对其无罪的辩解缺乏举证能力等种种因素的影响,无罪辩解往往得不到重视,甚至一概被认为是畏罪狡辩。事实证明,这种观念是危险而错误的。最近全国通报的几个错案再次说明,正是由于当初对犯罪嫌疑人无罪辩解的漠视,未认真进行调查落实,从而错过了从源头上把住证据关,最终导致错案的发生。办案人员一定要客观对待犯罪嫌疑人、被告人的无罪辩解,认真细致地复核,既不凭个人推测、推断去采信,也不能不加分析和判断地一概采信。要查清案件事实,确立扎实的证据体系,在此基础上达到内心百分之百的确信。

(三)要全面移送证据

犯罪证据取得后,侦查机关应对证据进行筛选和排列,尤其是在移送起诉前,这是非常必要的。但是一定要将涉案的证据全面移送,尤其是无罪证据。这一点非常重要,只有全面移送涉案证据,才能客观地反映案件的全貌,从而客观全面地评价案件,确保案件质量。否则,很可能会给检察官造成局部代替全局、部分替代整体的后果,从而造成对案件事实的认识失真。

刑事抗诉制度的立法完善

一、我国刑事抗诉制度立法及其运行机制的缺陷

刑事抗诉制度理论研究的不足,导致在刑事抗诉立法及实务中比较普遍的存在认识分歧和混乱,也造成刑事抗诉运行机制上存在一系列缺陷。本研究立足于河南检察机关多年来刑事抗诉的司法实践,以此作为实证分析的基础素材,深入研讨我国刑事抗诉目前存在的弊端和立法缺陷。

(一)现有刑事抗诉提起的标准(条件)存在的问题

对于已经发生法律效力的判决和裁定,人民检察院提起抗诉、人民法院依职权提审或指令下级人民法院再审程序启动的标准均为"如果发现确有错误"。实际上,已生效的裁判是否有错误,是否需要纠正,应该是经过再审程序审理后的结果,而不应是再审程序启动的前提。当前我国法律规定的刑事抗诉提起的标准(条件),主要存在两方面的问题:一是提起刑事抗诉标准("确有错误"的判决、裁定)表述过于笼统,实践中不易准确把握;二是在刑事二审抗诉中,是否对于检察机关认为"确有错误"的所有裁判都应当提出抗诉存在争议。

1.《人民检察院组织法》和《刑事诉讼法》规定检察机关认为刑事判决或裁定"确有错误"时才能提出抗诉,但"确有错误"如何界定和把握没有明确的规定

最高人民检察院的《人民检察院刑事诉讼规则》第 397 条、第

406条对检察机关应当进行抗诉的情形作了具体的规定,但规定得比较抽象和原则,操作性不强。法律制度本身的缺陷给司法实践中检察机关如何理解和掌握判决或裁定"确有错误"造成了一定的困难。以对量刑错误的抗诉为例,我国许多犯罪量刑幅度较大。如入户抢劫,可以处十年以上有期徒刑、无期徒刑或者死刑,量刑幅度本身已经包含了三个不同刑种。在办理这样一些有着很宽量刑幅度的案件时,面临如何确定各个案件量刑的基准点、从重从轻如何体现、减轻处罚能减到何种程度、量刑畸轻畸重如何评判等问题。检察院、法院在认识上往往差距较大,即使在上下级检察院之间也常常存在分歧。这种分歧常常造成检察机关抗诉案件被驳回,二审被维持原判,也是上级检察机关对一些抗诉案件不予支持、撤回抗诉的重要原因。而且,作为法定程序提起的标准,本身应当具有客观性,因为法院的判决、裁定是否存在错误是一个客观事实,而在"确有错误"之前加上"检察机关认为",未免有检察机关主观认定之嫌。

2. 在刑事二审抗诉中,要求检察机关对"确有错误"的裁判一律提出抗诉不符合实际

《人民检察院组织法》第17条和《刑事诉讼法》第181条规定,检察机关对同级法院第一审尚未发生法律效力的裁判认为确有错误时,"应当"提出抗诉。从法律条文的字面意义上看,检察机关对一审尚未发生法律效力的判决、裁定,如果认为确有错误,必须提出抗诉,没有选择余地。笔者认为《人民检察院组织法》第17条和《刑事诉讼法》第181条的规定不尽合理。法律监督作为上层建筑的一部分,其作用犹如双刃剑,行使不当可能产生副作用,启动法律监督程序应当非常慎重。只有综合考虑社会、政治、法律因素,才能正确发挥其应有功效。"确有错误"的裁判是一个涵盖范围非常广泛的概念,既包括有重大实体、程序错误的裁判,也包括存在一些细枝末节错误的裁判,《刑事诉讼法》对此却未予区分,如严格按照法律规定无论错误的程度如何,都应当提出抗诉。从司法实践看,检察机关不可能对所有

存在错误的判决、裁定都提出抗诉,否则不仅繁重的工作难以承受,也不会取得良好社会效果。

(二)现有刑事二审抗诉程序中,保障上级检察机关履行抗诉职责的措施不尽完善

《刑事诉讼法》第185条规定:"地方各级人民检察院对同级人民法院第一审判决、裁定的抗诉,应当……将抗诉书抄送上一级人民检察院……上级人民检察院如果认为抗诉不当,可以向同级人民法院撤回抗诉,并且通知下级人民检察院。"第188条规定:"人民检察院提出抗诉的案件或者第二审人民法院开庭审理的公诉案件,同级人民检察院都应当派员出庭。"由此可见,在刑事抗诉案件中抗诉主体实际上是双重的,对一审判决的抗诉实际上是由上下两级检察院共同实现。下级检察院是提出抗诉的主体,而上级检察院则是完成抗诉的主体,享有撤回抗诉权,承担着出席抗诉法庭的重要职责,在刑事二审抗诉中有着举足轻重的作用。这种立法初衷应当是对抗诉权加以适当限制,避免滥用抗诉权,确保抗诉质量。但是,尽管《刑事诉讼法》设计了这样一个抗诉制度,却并没有提供相应的保障措施。尤其是对于上级检察机关完成抗诉职责,缺乏必要的法律保障,从而影响刑事二审抗诉的质量和效果。

1. 刑事二审抗诉中,证据卷宗材料通过法院移送的规定,不利于上级检察机关正确行使撤回抗诉权

《刑事诉讼法》规定上级检察院认为抗诉不当,可以向同级法院撤回抗诉,同时又明确规定:"地方各级人民检察院对同级人民法院第一审判决、裁定的抗诉,应当通过原审人民法院提出抗诉书……原审人民法院应当将抗诉书连同案卷、证据移送上一级人民法院。"既然抗诉书和卷宗等重要材料都是通过原审法院移送上一级法院,上级检察机关不可能及时看到证据和卷宗材料,在二审法院通知阅卷前,同级检察院手头最多只有抗诉书和下级检察院关于此案的检察内卷。且抗诉案件多有疑难复杂之症,之所以不服一审判决而抗诉,

也多缘于检、法两家认识不一,因此,如果不认真审查一审案卷材料、掌握案情,仅凭抗诉书和检察内卷,几乎不可能对案件是否应该抗诉得出恰当结论,难以准确判断抗诉的正当性,从而正确、及时行使撤回抗诉权。

2. 刑事二审抗诉中,上级检察机关阅卷时间过短,不利于保障抗诉案件质量

按照《刑事诉讼法》规定,下级检察院提起抗诉后,案卷材料是由同级法院移送给上级法院的,人民检察院需经人民法院在开庭十日以前通知方能查阅案卷。这就意味着,上级法院何时通知阅卷以及提前多少天通知,完全由法院自由把握。法定的提出刑事抗诉标准是检察机关认为法院裁判"确有错误",这说明提出抗诉时,检察机关与原审人民法院在案件处理上存在重大意见分歧,从而需要提交上级司法机关处理,因而,刑事二审案件抗诉和判决的证据标准都要高于一审程序。但是对于这样一个有着更高证明要求的诉讼程序,现有法律却仅给予检察机关非常短的阅卷审查期限。在较短时间内既吃透案情,又确定是否需要抗诉、如何支持抗诉等问题,谈何容易。而且,如果上级检察院阅卷后发现下级检察院抗诉不当,不应支持,再向二审法院撤回抗诉,既不经济,亦不严肃。因为这种本不应抗诉的案件,凭空多了一道二审法院阅卷环节,无形中增加了诉讼成本。同时,案件在二审法院已经确定要开庭,原审被告人及其辩护人已做好开庭准备下,却又被撤回抗诉,未免给人轻率之感。

(三)刑事二审程序抗诉中,上级检察院支持抗诉能否超越抗诉书范围提出新的抗诉意见

《刑事诉讼法》第186条规定,第二审人民法院应当就第一审判决认定的事实和适用法律进行全面审查,不受上诉或者抗诉范围的限制。《刑事诉讼法》虽然没有像对法院一样,要求上级检察机关对抗诉案件进行全面审查,但基于法律监督的要求,在实践中上级检察机关对案件的审查不可能仅限于抗诉请求的事项,因而很可能发现

下级检察虽未提出,但确实应当抗诉的事项。这就出现一个上级检察院支持抗诉,能否超越抗诉书范围提出新的抗诉意见的问题。法院一般认为,支持抗诉的检察人员在出席法庭时应当依据抗诉书发表抗诉意见,对超越抗诉书所提的抗诉意见,法院不应采纳。理由是:抗诉书是承载检察院抗诉意见与理由的正式法律文书,被告人在二审审判前充分了解抗诉书内容是其行使辩护权的重要保障。尽管刑事诉讼法规定了二审全面审查的原则,不受上诉和抗诉范围的限制,但在实际中二审审查的重点仍然是上诉和抗诉的内容。如果检察员在出席二审法庭时提出新的抗诉意见,无异于是对原审被告人的突然袭击,将妨碍其辩护权的实现。笔者对此表示赞同,此举的确妨碍了原审被告人辩护权的有效行使。但是,不能不正视的一个问题是,在二审程序有限的法定期限内,上级检察院在审查中发现下级检察院抗诉书范围之外仍有应提出抗诉而没有提出遗漏的事由,甚至是发现下级检察院所提抗诉不当,而判决本身在抗诉事由之外又确有错误,应当如何处理。

(四)关于审判监督程序抗诉的提出,《刑事诉讼法》的规定与《人民检察院组织法》存在冲突

刑事抗诉权既是一种权力,也是一种职责。我国《人民检察院组织法》第18条明确规定:"最高人民检察院对于各级人民法院已经发生法律效力的判决和裁定,上级人民检察院对于下级人民法院已经发生法律效力的判决和裁定,如果发现确有错误,应当按照审判监督程序提出抗诉。"《人民检察院组织法》和《刑事诉讼法》关于二审程序抗诉提出也均表述为"应当"提出抗诉;《刑事诉讼法》第205条第4款也规定,人民检察院抗诉的案件,接受抗诉的人民法院"应当"组成合议庭重新审理,几处"应当"的出现,充分说明刑事抗诉权责权合一的属性。但是,《刑事诉讼法》第205条第3款却规定,对已经发生法律效力的判决和裁定,检察机关"有权"按照审判监督程序提出抗诉,这明显只强调了刑事抗诉的权力性质,淡化了其职责属性。从立法

技术看,两部基本法律,针对同一问题,文字上出现这种差异,显然是不妥当的。另外,《刑事诉讼法》第185条第2款规定:"上级人民检察院如果认为抗诉不当,可以向同级人民法院撤回抗诉,并且通知下级人民检察院。"这也与刑事抗诉的职责性相违背,因为既然认为抗诉不当,就应当撤由,而不是"可以撤回"。

(五)对于法院已经生效的存疑无罪判决和裁定,在发现新的事实和证据后,能否按审判监督程序提出抗诉的问题

对于法院已经生效的存疑无罪判决和裁定,在发现新的事实和证据后,应当启动何种法律程序,存在较大争议,现有法律、立法解释和司法解释也没有明确规定。如我省某县人民检察院提起公诉的张某涉嫌贪污案,该县人民法院于2002年12月9日做出事实不清、证据不足的无罪判决。判决生效后,检察机关发现了新的证据,认为现有证据可以证实张某的犯罪事实,应当依法追究刑事责任。该案经过层层请示,目前主要形成了两种意见。第一种意见认为,只要有新的证据能够证明检察机关指控的犯罪事实,就说明法院的无罪判决是错误的,应当按照审判监督程序向人民法院提出抗诉。而且如果重新起诉有违"一事不再理"的刑事诉讼原则。主要依据是《人民检察院刑事诉讼规则》第406条第1项的规定:"人民检察院认为人民法院已经发生法律效力的判决、裁定确有错误,具有下列情形之一的,应当按照审判监督程序向人民法院提出抗诉。其中包括'有新的证据证明原判决、裁定认定的事实确有错误的'。"第二种意见认为,应当依据新的证据重新立案,重新侦查,符合起诉条件的重新起诉。理由是:尽管依据新调取的证据能够证明犯罪事实,但法院依据审判时的案件证据状况,做出事实不清、证据不足的无罪判决并无错误。依据《刑事诉讼法》和《人民检察院刑事诉讼规则》规定,启动审判监督程序的前提是法院判决确有错误,无过错无监督,因此,对于本案不能提起审判监督程序的抗诉。最高人民法院《关于执行〈中华人民共和国刑事诉讼法〉若干问题的解释》第117条第3项规定:"对于根

据《刑事诉讼法》第 162 条第 3 项（证据不足，不能认定被告人有罪的）规定宣告被告人无罪，人民检察院依据新的事实、证据材料重新起诉的，人民法院应当依法受理。"该条虽然没有直接规定检察机关调取新的证据后应当如何启动诉讼程序，但实际表明了检察机关应重新启动刑事立案程序、重新提起公诉的法条设定前提。如果说重新起诉违背了"一事不再理"原则，审判监督程序同样是对同一犯罪事实的再次追究，为何按照审监程序抗诉就不违背"一事不再理"原则。由于存在较大争议，目前这类案件在适用法律程序上还不太统一，既有重新提起公诉的，也有按照审判监督程序抗诉的，有违司法的严肃性。

（六）抗诉后法院滥用发回重审权问题比较突出

《刑事诉讼法》第 189 条、第 191 条规定的二审人民法院发回重审案件的条件和范围，可以概括为两种情况：一是案件事实不清或者证据不足的；二是违反法律规定的诉讼程序，可能影响公正审判的。但在实践中，大量存在上级法院为了回避责任、减少自身工作量，人为扩大法律规定的发回重审范围或者反复发回等现象。我省某市检察机关在一周内提出的 11 起抗诉案件，在一周内全部被发回重审。滥用发回重审权妨害了刑事抗诉权正常行使，人为延长了诉讼周期和被告人羁押期限，不仅严重侵犯被告人合法权益而且极为浪费司法资源。首先，反复发回重审违背"无罪推定"原则。依据无罪推定原则，如果法院认为涉嫌的犯罪事实不清，证据不足，就应当依法做出无罪判决。发回重审作为人民法院审理后的第三种选择，只有在特殊条件下才能使用，如果不加限制地反复使用有违无罪推定原则。其次，反复发回重审违背"法律真实"的证明要求和证明标准。在事实不清、证据不足情况下，既不判有罪（当然不能这样判）又不判无罪，而是反复发回重审，实际上是客观真实地在法官裁决案件过程中的心理反映：虽然从法律意义上讲是无罪的，但从客观上讲可能有罪，或者说仍认为没有排除有罪的可能性。不相信法律真实，而靠发回重审去继续追求所谓的客观真实。最后,发回重审制度无谓地增加了诉讼成本,浪费了司法资源。在河南这样一个面积中等、经济发展水平中等、交通便利的省份,以当前物价水平计算,除了检察官的人力成本,每个开庭案件最少要耗费检察机关办案经费2500元。法院审判、律师费、诉讼代理人等直接费用虽然略低于检察机关,但每个案件直接耗费的也是不菲的数目,四方总的直接耗费可能要超过万元。2003年至2005年两年间,我省法院系统审结的354件抗诉案件中,发回重审85件,占审结数的近1/4。按照上述计算方法粗略估计,因发回重审而增加诉讼费用就有85万元。这不但造成司法资源的浪费,也给当事人增加了不必要的经济负担。另外,法院审理抗诉案件周期过长,抗而不审、审而不结的现象严重。主要存在于审判监督程序抗诉案件中,仅在2004年河南省开展的"超时限审理专项监督活动"中,就发现和纠正了超期审理案件536件,有的抗诉案件超审理时限在一年以上,严重侵害了被告人的合法权益。

(七)现有刑事抗诉制度缺乏保证监督实效的刚性约束

抗诉改判难是长期困扰抗诉工作的一个突出问题。虽然在目前的主流理论中,刑事抗诉制度属于法律监督范畴,其首要功能在于监督和纠正法院的错误裁判,但从制度设计上,刑事抗诉实际上隶属于刑事诉权,以控辩双方权利对等、法院居间裁判为原则,造成监督效果无法落实。

1. 抗诉主体缺少监督不公判决背后司法腐败的手段

抗诉改判难,除检察机关自身存在的部分抗诉案件质量不高和认识分歧因素外,刑事抗诉对不公判决背后司法腐败问题无能为力,是导致监督效果不理想的重要原因。司法实践中,判决不公包括对犯罪的放纵和对无辜者权益的侵害,其外在表现形式多是合法的,如果不撕去其合法的外衣,仅通过流程中的审查,根本不可能发现和解决导致判决不公的实质问题。而刑事抗诉职责主要由检察机关公诉部门行使,公诉部门只具有对案件本身的审查与判断,并不具有对案件背后司法不公的查办权,也就不具有撕去司法不公合法外衣背后司法腐败的能力,抗诉权的法律监督属性无法得到有效体现,造成了公诉部门虽有诉讼监督职责,却无履行职责所需权力,以致不能有效进行监督的尴尬局面。这也正是多年来,我们反复强调要加大监督力度,而监督实际效果却不理想的根本症结所在。

2. 抗诉审环节检察长列席审委会制度虚置

检察长列席审委会制度是强化监督效果的措施之一,但在现行制度下,检察长能否列席审委会,实际上成了被监督者的自由选择。《人民法院组织法》第11条第3款规定:"各级人民法院审判委员会会议由院长主持,本级人民检察院检察长可以列席。"《人民法院第二个五年改革纲要》明确提出要完善人民法院自觉接受权力机关监督的方式、程序,落实人民检察院检察长或者检察长委托的副检察长列席同级人民法院审判委员会的制度。而目前法院通知检察长列席审委会具有较大随意性,法律规定的可以通知,在实际执行中也可不通知,2003年以后河南省已审结的354件抗诉案件中,检察长列席审委会的不足10%,其中绝大部分是检察机关主动提出后才列席的。

3. 法院一审判决被告人无罪后,当庭释放被告人导致抗诉不能

《刑事诉讼法》第209条规定:"第一审人民法院判决被告人无罪、免除刑事处罚的,如果被告人在押,在宣判后应当立即释放。"而第208条同时又规定"已过法定期限没有上诉、抗诉的判决、裁定",才是"发生法律效力的判决、裁定"。最高人民法院《关于执行〈中华人民共和国刑事诉讼法〉若干问题的解释》第337条强调规定:"判决和裁定在发生法律效力后执行。"然而,由于《刑事诉讼法》第209条与第208条规定不尽一致,最高人民法院解释又回避这一矛盾,在实践中,往往判决还未生效,在宣判时被告人即被"立即释放";即使以判决确有错误提出抗诉,也因被告人到不了案而无法进入二审程序,直接影响刑事抗诉的效力。如何查找原审被告人,找到以后将其强制到案的法律依据和法律文书是什么,检察机关的抗诉书是否有将

被告人缉拿归案的法律效力等均没有明确的规定。实践中这种现象较为普遍，其危害在于：一审判无罪、免除刑事处罚而人民检察院认为确有错误提出抗诉的案件，被告人一般都涉嫌有罪或罪该判处有期徒刑以上的刑罚，如无法到案，势必有可能放纵犯罪；人民法院在一审判决未生效时即交付执行，造成被告人不能到案，二审无法进行，违背了我国两审终审的原则；人民法院未过法定上诉、抗诉期限即将判决交付执行，不仅无视被告人被害人的申诉权利，更无视人民检察院的审判监督职权及其刑事抗诉的效力。

（八）法院司法解释与法律相抵触造成抗诉有理但改判不能

司法实践中，很大一部分抗诉案件是由于最高人民法院司法解释与法律、高检院司法解释不一致所导致的，正是由于这种法律抵触，出现了检察院依据法律和高检院司法解释应当抗诉，法院依据最高法司法解释应当维持原判的矛盾局面。另外，最高人民法院常常以座谈会、会谈纪要的形式对一些重大法律适用问题做出说明和解释，实际上起着司法解释的作用，有的甚至超出了司法解释的范围，有僭越法律之嫌，但下级法院会以此作为裁判依据，从而与检察机关在适用法律上发生冲突。如2000年12月4日最高人民法院审判委员会通过的《关于刑事附带民事诉讼范围问题的规定》，明确将提起刑事附带民事诉讼的范围限定在"因人身权利受到犯罪侵犯而遭受物质损失或者财物被犯罪分子毁坏而遭受物质损失的"，而《刑事诉讼法》第77条规定："被害人由于被告人的犯罪行为而遭受物质损失的，在刑事诉讼过程中，有权提起附带民事诉讼。如果是国家财产、集体财产遭受损失的，人民检察院在提起公诉的时候，可以提起附带民事诉讼。"法院规定的范围显然要比刑事诉讼法规定的范围要窄，实践中就会出现法院对检察机关提起公诉的刑事部分认定，而对附带民事诉讼部分不予受理的情形，检察机关依照刑事诉讼法规定提起抗诉，而法院则根据最高人民法院的《规定》维持原判，从而造成不可能改判的抗诉。

（九）现行刑事抗诉制度中被害人权益保护机制薄弱

近代刑法理论认为犯罪是对代表统治阶级利益或广大人民利益的国家的侵害，对罪犯起诉和惩罚成了国家权力，罪犯是否受到追诉和惩罚，看起来似乎已经与被害人无关，保护社会和国家的利益远远高于被害人索回财产和恢复身心健康的需要，因此，人们普遍重视对犯罪嫌疑人、被告人和犯罪人权益保护，而忽视了被害人权益的实现。随着社会变迁，犯罪人比被害人更受重视和保护的状况开始引起人们反思，并在二次大战之后不断遭到批评。在这种反思中，西方各国先后开始了一系列旨在改变被害人不利地位的立法和司法改革活动。相对于被告人和犯罪人权益保护呼声的高涨，在我国主张被害人权益保护的声音显得非常微弱。反映在立法上，虽然我国现行法律也对刑事被害人权利保护有所涉及，但还相当有限，导致了本应以被害人权利保护为初衷的刑事抗诉制度也存在诸多缺陷。

刑事被害人不服一审判决，请求检察院抗诉是唯一自主的权利救济程序，检察机关是刑事被害人抗诉请求的受理机关，对保障公民权利负有法律责任，因而抗诉的意义不仅是监督审判，而且是被害人的权利救济程序。这样说来，刑事抗诉具有双重功能，一是检察机关对审判活动进行法律监督，二是为刑事被害人提供权利救济。尽管两者相互关联，即权利救济和法律监督都是通过抗诉来实现的，但是两者的着眼点和基本属性是不同的，权利救济体现的是公民权利对公共权力的监督和公共权力保护公民权利的责任，属于权利的保障机制，而法律监督体现的是检察权对审判权的监督和制约，属于权力滥用的防范机制。但是当前无论是法学教材还是最高人民检察院的规范性文件，往往把抗诉定位于检察机关法律监督的重要形式，强调抗诉的职权性，而忽略了抗诉对刑事被害人权利救济的意义，这直接导致刑事抗诉中普遍存在忽视保护被害人权利的做法。

检视《刑事诉讼法》和相关法律规定，现行抗诉请求程序至少存在三个不利于被害人权益保护的因素。一是时间限制过紧，难以就抗诉请求进行充分的准备。法律只给予被害人5天时间请求抗诉，而且规定人民检察院在接到被害人请求抗诉后只有5天审查时间，暂且不说对法律可能一无所知的被害人，就是对于检察院在如此短时间进行审查决定是否抗诉，也是十分轻率的。而且法院将判决送达检察机关和被害人的时间往往不同步，导致被害人的抗诉请求或者检察机关的抗诉权因为过期而自动失效。二是缺少对检察院抗诉自由裁量权的实质规制，即没有规定在什么情况下人民检察院应当接受抗诉请求，而且法律规定的请求抗诉条件不具体、不统一，被害人只要不服人民法院判决即可启动请求抗诉程序，而人民检察院要对此提出抗诉必须是发现人民法院的判决确有错误，两者标准不统一，人民检察院对于是否抗诉具有较大的自由裁量权，受害人并没有对检察机关做出不利后果的救济手段，被害人请求抗诉权形同虚设，不能发挥真正的作用。三是刑事被害人缺少对检察机关不抗诉决定向上级检察院申诉的权利。与刑事被告人上诉不加刑那样具有激励性质的保障程序相比，刑事被害人的这一申诉权利显然没有得到应有的保障，相反在保障程序中隐含着某些限制或压制的因素。

此外，检察机关在刑事抗诉中遵循的刑事政策也影响了刑事抗诉的发展。例如，在河南这样一个一亿人口的大省，在刑事案件每年递增的情况下，2003年至2005年，刑事抗诉案件数量却呈逐年递减趋势（2003年224件，2004年208件，2005年下降到120件，和2004年相比下降了42.3%），而同期全国范围内情况基本相同。如果我们撇开审判水平是否提高不论，或者假定审判水平不变，我们会发现，抗诉案件减少是不正常的，肯定有一些案件应当抗诉而没有提起抗诉。这说明检察机关以抗诉的方式对审判进行法律监督和对被害人进行权利救济的作用还没有充分发挥出来，还有较大的潜力。造成抗诉率降低的原因主要有四个方面：一是法定的抗诉标准过于严格，二是检察机关内部的抗诉启动程序比较复杂（须经检察委员会讨论决定），三是法院是否接受抗诉意见难以预测，改判率低客观上是对抗诉积极性的一种打击或压制,四是抗诉与检察官业绩考评无关联,法律也没有规定检察官要提出量刑建议,一些量刑不当的案件不提起抗诉对承办案件的检察官也不会产生什么影响。

二、我国刑事抗诉制度的立法完善

上述问题的归纳和提出,并不能囊括刑事抗诉实践中所有的情况,我们研究的定位是刑事抗诉制度在立法层面的缺陷与完善,实践操作中的诸多问题也多源于立法缺陷乃至理念上的缺失。因此,解决刑事抗诉实践中各种问题的关键,是在正确理念的指引下,从立法层面予以纠正和完善。针对上述问题,我们认为刑事抗诉制度的立法完善可以围绕以下几个重点问题展开。

(一)关于完善刑事抗诉标准(条件)的立法建议

如前所述,由于刑事抗诉的标准既涉及实体法,又涉及程序法,实践中对刑事抗诉的标准也有不同的理解,实际上它也是刑事抗诉工作的一个难点,所以,正确理解和掌握刑事抗诉的标准具有重要意义。应当说,我国《刑事诉讼法》第181条和第205条第3款,已经原则规定了刑事抗诉标准。根据《刑事诉讼法》的有关规定,不管是第二审程序的抗诉还是审判监督程序的抗诉,其抗诉的标准均是法院判决和裁定确有错误。这是《刑事诉讼法》规定的刑事抗诉的总标准,也是衡量和检验检察机关办理刑事抗诉案件质量的总要求。但是,《刑事诉讼法》对刑事抗诉标准的规定有过于笼统和不易操作的一面,在实践中也遇到了不少问题,我们认为,这一标准有待于进一步完善和细化。

1. 关于完善第二审程序抗诉标准的建议

一是对现行的第二审程序抗诉条件进行适当的修改,将"确有错误,应当提出抗诉"修改为"确有错误,必要时提出抗诉"。按照《刑事诉讼法》第181条、《检察院组织法》第17条的规定,检察机关对同级人民法院第一审尚未发生法律效力的裁判认为确有错误时,应当提出抗诉。该规定既明确赋予了检察机关刑事二审抗诉的职权,同时也要求检察机关对于确有错误的刑事判决、裁定,必须主动依法开展刑事抗诉活动,切实履行法律监督职责。从法律条文的字面上看,检察机关对一审尚未发生法律效力的判决、裁定,如果认为确有错误,必须提出抗诉,即"确有错误"是提出抗诉的唯一的、必备的条件,且发生这一条件时检察机关就必须无条件提出抗诉,没有任何选择余地。然而,众所周知,法律监督的作用犹如双刃剑,行使不当可能产生副作用,启动法律监督程序应当而且必须慎重。所以,是否需要对所有认为确有错误的判决、裁定都提出抗诉,就很有探讨的必要。我们认为,检察机关作为法律监督程序的启动者,应当根据社会的、政治的、法律的需要,有选择地启动程序。也就是说,在刑事抗诉中,检察机关应当有权选择是否提出抗诉,至少应当有有限的抗诉选择权。而现行法律的规定显然严重地限制了检察机关对抗诉与否的选择权,或者说,检察机关对二审抗诉案件根本没有自由裁量权。可见,《刑事诉讼法》第181条和《检察院组织法》第17条的规定不尽合理,需要进一步完善。我们认为,可对现行的抗诉条件进行适当的修改,将"确有错误,应当提出抗诉"修改为"确有错误,必要时提出抗诉",即在原有的"确有错误"(法律条件)的基础上,增加一个必要性条件,由检察机关在符合法律条件的基础上,综合需要考虑的各种因素决定是否提出抗诉。其理由有以下三方面。第一,从司法实践看,检察机关不可能对所有存在错误的判决、裁定都提出抗诉,否则不仅繁重的工作难以承受,也不会取得良好的社会效果。有的刑事判决、裁定尽管在认定事实、适用法律等方面确实存在这样或者那样的错误,但是这些错误的存在可能对案件的实质性结论并没有影响。在实体问题已经正确解决的情况下,如果不加选择地都提出抗诉,将会增加诉累,实际效果也不会好。检察机关完全可以根据具体情况斟酌是否提出抗诉。第二,从诉讼经济角度看,现代刑事诉讼在追求公平、公正价值的时候,应当充分考虑经济价值。不仅在制度和程序的设计上要考虑经济效益,而且在实际运作过程中,也要力求符合经济效益的要求,使刑事诉讼的成本与效益的关系达到最佳结合状态。就现实而言,我国正面临犯罪数量不断上升的态势,而司法资源相对短缺的问题在短时间内难以得到根本解决,更需要通过合理配置司法资源,集中主要力量处理刑事大要案,来最大限度地改善犯罪控制的效果。在刑事诉讼的每一个环节都有必要贯彻诉讼经济的原则,刑事抗诉这个环节也不应成为例外。第三,从抗诉效果看,通过抗诉纠正错误的判决、裁定,可以取得良好的法律效果,但良好的法律效果并不必然代表产生良好的社会效果。没有良好的社会效果,抗诉效果是不全面、不圆满的。追求良好的社会效果是刑事抗诉工作必须考虑的问题。追求法律效果与社会效果的和谐统一,是法律监督的本质要求。刑事抗诉在本质上属于法律监督,理应追求法律效果与社会效果的和谐统一。"刑事抗诉的效果应当是法律效果和社会效果相统一,既要纠正判决、裁定中的错误,又要赢得党委、人大、政府、社会各界和人民群众的广泛支持。"这就要求检察机关在办理第二审刑事抗诉案件过程中,要充分听取社会各界和人民群众的反映,特别是被告人家属、被告人单位、被害人及其家属的意见。对于那些因婚姻家庭、邻里纠纷等民事纠纷激化而引发的犯罪案件,尽管人民法院对被告人量刑畸轻,但是被害人及其亲属没有不同意见,甚至表示了对被告人谅解的,应当考虑到社会不安定因素已经消除,没有"抗诉必要"不再提出抗诉。相反,如果被害人及其家属反映强烈,而案件又符合抗诉标准,就应当坚决提出抗诉。综上,我们认为,应当适当赋予检察机关二审程序抗诉一定的自由裁量权。

在司法实践中,可以认为下列案件属于没有必要提出抗诉的情形。第一,法律规定不明确、存有争议的。对法律理解上发生分歧,在司法实践中属于正常现象。如果没有充分的法律依据,就应当尊重法官对法律的理解,不必提出抗诉。第二,刑事判决或者裁定认定罪名不当,但量刑基本适当的。由于量刑基本适当,对被告人的刑罚基本正确,没有影响国家刑罚权的正确行使,从诉讼经济的角度出发,可以不提出抗诉。第三,具有法定从轻或者减轻处罚情节,量刑偏轻的。第四,未成年人犯罪案件量刑偏轻的。第五,被告人积极赔偿损失,人民法院适当从轻处罚的。第六,人民法院审判活动违反法定诉讼程序,但是未达到严重程度,不足以影响公正裁判,或者判决书、裁定书存在某些技术性差错,没有影响案件实质性结论的。对这类案件,可以以检察建议书等形式,要求人民法院纠正审判活动中的违法情形,或者建议人民法院更正法律文书中的差错。第七,审判人员在审理案件期间有贪污受贿、徇私舞弊、枉法裁判行为,但判决、裁定没有错误的。审判人员在审理案件期间存在贪污受贿、徇私舞弊、枉法裁判等行为,一般来说会影响判决、裁定的公正,但两者之间也并非具有必然的联系。没有错误的判决、裁定,毕竟没有影响国家刑罚权的正确行使,对审判人员的个人违法犯罪行为追究其个人责任即可。

二是细化"人民法院在审理过程中严重违反法律规定的诉讼程序的"抗诉标准。依据《刑事诉讼法》第181条,《刑事诉讼规则》第397条对第二审程序刑事抗诉的具体标准做出了规定。但是,其中关于"人民法院在审理过程中严重违反法律规定的诉讼程序的"抗诉标准,规定的过于笼统,应进一步做出更为具体、更便于操作的抗诉标准。我们认为,人民法院在审理过程中严重违反诉讼程序主要应包括以下六个方面:第一,违反刑诉法关于公开审判的规定,违反回避规定;第二,剥夺或者限制了当事人的诉讼权利;第三,审判组织的组成不合法的;第四,具备应当中止审理的情况而作出有罪判决;第五,法律规定必须有法定代理人或辩护人参加才能审理的案件,在没有法定代理人或辩护人参加的情况下审理了案件;第六,不按法定程序对证据进行调查核实,或者法庭自行取证并不经法庭示证、质证直接作为定案依据的。

2. 关于完善审判监督程序抗诉标准的建议

依据《刑事诉讼法》第205条,《刑事诉讼规则》第406条对审判监督程序抗诉的具体标准也做出了规定。通过对《刑事诉讼规则》第397条和第406条进行比较，可以发现，在抗诉标准的掌握上，审判监督程序的抗诉应当严于第二审程序的抗诉，强调要"有新的证据证明原判决、裁定认定事实确有错误"。这是由于审判监督程序的抗诉针对的是已经发生法律效力的判决、裁定，从维护人民法院裁判的稳定性考虑，没有新的证据和更为充分的理由，不宜提起这种程序的抗诉。

值得注意的是，有学者提出，《刑事诉讼规则》第406条将人民检察院按审判监督程序抗诉的标准与《刑事诉讼法》关于当事人向法院提出再审要求的申诉标准规定为一样，弊端很大，不宜于审判监督程序刑事抗诉工作的开展。我们同意这一观点。这一规定，实际上是将人民检察院在刑事诉讼中的审判监督地位降为当事人的地位，应当做适当的修改。我们认为，根据最高人民检察院《关于刑事抗诉工作的若干意见》和《关于进一步加强刑事抗诉工作强化审判监督的若干意见》的规定，结合当前刑事抗诉工作实践，除《刑事诉讼规则》第406条规定的情形外，对于以下五种情况，均应依法提出抗诉：第一，人民法院采信自行收集的证据未经庭审质证即作为裁判的根据，导致错误裁判的，特别是判决生效以后，人民法院按照审判监督程序立案并自行搜集证据或采信律师自行收集的证据而未经质证擅自改判的；第二，不采纳公诉人庭前收集并当庭出示的有效证据，仅因为被告人翻供而判决无罪或改变事实认定，导致错误裁判的；第三，审判活动严重违反法定诉讼程序，或者审判人员在审理案件过程中有贪污受贿、徇私舞弊等行为，影响公正裁判的；第四，判决、裁定认定或者适用法律错误，量刑虽然未致畸轻畸重，但社会影响恶劣的；第五，因重要事实、法定情节认定错误而导致错误裁判，或者因判决、裁定认定犯罪性质错误，可能对司法实践产生不良效应的。对具有以下三种情形之一的案件，一般不予抗诉：一是法律规定不明确、存有争议，抗诉法律依据不充分的；二是证据不确实、不充分，存有矛盾，又不能合理排除的;三是判决或裁定认定的事实、证据有错误,认定罪名不当,但量刑基本适当的。认为应当判处被告人死刑立即执行而提请抗诉的案件,要严格掌握抗诉标准,具有以下两种情形之一的,一般不宜抗诉:一是有自首、立功等法定从轻、减轻情节而判处死刑,缓期两年执行的;二是死缓犯入监劳动改造考验期将满、认罪伏法、狱中表现较好的。

(二)关于完善刑事抗诉程序的立法建议

1. 关于完善第二审程序抗诉程序的立法建议

一是在二审程序刑事抗诉程序中增设一个上级检察院审查程序。我们认为,《刑事诉讼法》中对二审程序刑事抗诉由上下两级检察院共同审查、共同实现的立法设计应该说是合理也是恰当的。但是,为了真正实现这一立法原意,更有效的行使抗诉权,我们建议由《刑事诉讼规则》明确规定,在二审程序刑事抗诉程序中增设一个上级检察院审查程序,即在下级检察院提出抗诉后,一审法院应当将抗诉书送达上级法院和当事人,二审程序由此启动,同时将案件卷宗材料和审判卷移送和上级法院相对应的检察院。上级检察院在收到案卷后,应当认真审查,不受一审抗诉范围的限制。考虑到上级检察院需要复核相关证据,听取原审被告人的意见,以及有可能需要进一步补充搜集证据,审查期可以定为一个月。在一个月内,上级检察院应当完成审查工作,决定是否支持抗诉。如果认为抗诉理由不能成立,则应当向同级法院撤回抗诉,二审程序就此终止;如认为抗诉正确,则应向同级法院发出支持抗诉通知书,并将案卷移送给同级法院;如认为抗诉理由部分能成立,或是抗诉理由虽不能成立,但发现一审判决另有错误,则应当向同级法院发出变更抗诉书;如认为抗诉理由能成立,但发现在下级检察院所提出的抗诉事由之外还有应提出抗诉的事由,则应当向同级法院发出补充抗诉书。以上各项文书均应同时送达给当事人。

二是明确规定检察机关在二审抗诉中能够收集新的证据。关于检察机关在二审抗诉期间是否有权收集、提供新证据,我们认为,在提出抗诉后人民检察院有权收集新证据应该是没有疑问的。这一点无论是在法理上还是在现行法律规范中都是有根有据的。从法理上说,既然我们刑事诉讼的原则是以事实为依据,以法律为准绳,那就意味着追求实体真实应该是我们不懈的努力。如果发现一审判决确有错误,而又发现有新的证据可以支持抗诉观点,为什么不能去收集呢?难道维护一审判决的"权威"——哪怕它是错误的——要高于对案件事实真相的追求吗?从法律规范上说,《刑事诉讼规则》第362条规定:"(二审期间)检察人员应当客观全面地审查原审案卷材料,不受上诉或者抗诉范围的限制,重点审查原审判决认定案件事实、适用法律是否正确,证据是否确实、充分,量刑是否适当,审判活动是否合法……"既然审查不受抗诉范围的限制,就完全有可能变更原抗诉主张或是超出原抗诉范围,在这种情况下,为了进一步支持新的抗诉主张,收集新证据自在情理之中。此外,最高人民法院关于执行《〈中华人民共和国刑事诉讼法〉若干问题的解释》第251条也规定了对上诉、抗诉案件应当审查的主要内容包括"是否提出了新的事实和证据"。如果不能收集新证据,显然也没有规定此条的必要了。另外,上诉案件中提出新证据也是完全正常的,为何抗诉中不可以呢?所以,我们认为,应在新的立法中明确规定检察机关在二审抗诉期间有权收集、提供新证据。抗诉期间获得的新证据应当包括以下几类:一是在一审侦查卷宗材料中已有,但一审庭审中没有出示和质证,一审法院也没有使用作为定案依据的证据材料;二是提起公诉的人民检察院在审查批捕、审查起诉期间所形成的和案件有关,但在审判环节未提供和使用的材料;三是在提出抗诉后,于二审期间新取得的证据材料。这三类证据材料,在二审法庭上作为支持抗诉意见的证据使用时,都属于抗诉期间获得的新证据。

关于新证据由谁收集的问题,我们认为,在抗诉期间,新获得的证据应当由上级(支持抗诉的)检察院进行收集,下级(原公诉)检察院不应当再参与。其原因在于以下两方面。第一，下级检察院在接到一审判决后认为存在错误，考虑是否需要提出抗诉，所依据的应该是一审判决据以定案的证据，抗诉决心形成也正是基于对这些证据的认识。之所以限定在此范围内，是因为《刑事诉讼法》第42条规定"……证据必须经过查证属实，才能作为定案的根据"，第47条规定"证人证言必须在法庭上经过公诉人、被害人和被告人、辩护人双方讯问、质证，听取各方证人的证言并且经过查实以后，才能作为定案的根据"。在接到抗诉书后，原审被告人行使辩护权也是基于一审出示、质证的基础上。所以，对于和一审法院相对应的检察院而言，如果认为一审判决有误，其认知基础应与法院相同，不能说在判决书所认定和列举的证据之外再新找出些自己在一审开庭都没有使用的证据来指责一审法院不公。第二，对于审查抗诉的上级检察院来说，则没有这样的义务要求，上级检察院在审查抗诉中追求的是案件的实体真实。因为上级检察院在二审中对抗诉案件是全面审查，并且下级检察院需报送检察内卷，所以，如果在侦查卷和检察内卷中发现有能够支持抗诉观点的证据，但没有在一审庭审过程中被公诉人使用，那么，上级检察院应该将其作为新证据提出并使用；如果上级检察院在审查中发现下级检察院所提抗诉主张有误，需变更主张，而对于新的抗诉主张，卷内证据尚未达确实、充分程度的，应当依职权主动收集。在此过程中可以要求下级检察院和原侦查部门予以配合，但取证工作仍应由支持抗诉的检察院独立完成。

三是关于检察机关在二审抗诉中如何运用一审庭审中没有出示的新证据的立法建议。对于检察机关在二审抗诉中能否运用一审庭审中没有出示的新证据，司法实践中有三种不同的做法。第一种，认为发现新证据，说明事实证据发生变化，原审认定的事实有误，需要发回重审。第二种，认为没有经过一审质证的新证据不能作为抗诉的理由，不能说明一审裁判的错误，可以以此为由重新起诉。第三种，认为可以在二审法庭上进行出示、质证。我们赞同第三种做法，认为对于一审庭审中没有出示的新证据,检察机关可以在二审抗诉法庭上出示、质证。因为检察机关的抗诉案件都是开庭审理的,而且二审庭审是参照一审庭审进行的,对于检察机关在抗诉中提出的新证据,控辩双方完全可以在二审庭审中对新证据进行质证,二审法庭也完全可以根据质证后的证据认定事实并对案件进行裁判。同时,一审裁判毕竟因为抗诉而没有发生法律效力,从诉讼经济的角度出发,重新起诉实不足取。发回重审也不是上策,前文已经对发回重审进行了分析。如果二审法庭对新证据经过质证后,认为抗诉理由成立的,完全应当依法改判。如果二审法院认为新证据不能够支撑抗诉理由的成立,可以驳回抗诉。

在有新证据的抗诉案件中,鉴于抗诉案件庭审的核心是一审的判决、裁定,检察人员出示新证据的主要目的是充实、补充自己的抗诉理由,而不是侧重于指控犯罪。为此,建议由刑事诉讼规则明确规定,出席二审法庭的检察人员可以紧紧围绕抗诉理由出示新证据,并积极参与法庭对新证据的质证,促使法庭采纳新证据,确保抗诉的成功。

2. 关于完善审判监督程序抗诉程序的立法建议

一是限制提起审判监督程序抗诉的时间和次数。如前所述,我国现行《刑事诉讼法》基于"有错必纠"的指导思想,对检察机关能够提起审判监督程序抗诉的期限和次数均没有做出规定,导致对被告人的反复追诉和审判。为了充分保障被告人的权益,有必要对检察机关提起审判监督程序抗诉的期限和次数做出明确的规定。一方面,对有利于被告人的抗诉,可以不受时间限制;另一方面,对不利于被告人的抗诉,则应在刑法规定的追诉时效届满前提出。对于提出抗诉的次数,应以二次为限。

二是明确规定检察机关对审判监督程序抗诉案件的审查期限。我们认为,为了维护审判监督程序的严肃性和规范性,对于检察机关按照审判监督程序提出抗诉的案件,建议《刑事诉讼法》应明确具体地规定检察机关的审查期限为6个月。

（三）关于规范人民法院审理抗诉案件的程序和期限的立法建议

1. 废除发回重审、指令再审制度，或者限制法院发回重审权

第一，根据《刑事诉讼法》第189条、第205条第3款的规定，对于人民检察院提出抗诉的，接受抗诉的人民法院对于事实不清或者证据不足的案件，可以发回原审法院重新审判，或者指令下级法院再审。如前所述，这种做法的弊端很多，主要有以下三方面。一是影响了检察机关审判监督的效力。接受抗诉的法院发回重审，使案件继续由下级法院审判，而下级法院只是改变了审判人员，但是院长、庭长和审判委员会成员并没有改变，在这种体制下，使其自己改正自己的错误存在很大难度。二是无谓地增加了诉讼成本。实践中有的案件发回重审后，因下级法院执意维持错误判决，检察机关不得不多次抗诉，最终还是由上级法院直接予以改判。三是发回重审和指令再审的法律根据不符合疑罪从无的原则。根据《刑事诉讼法》第189条、第205条的规定，发回重审或指令再审的条件是原判决事实不清或证据不足。而根据《刑事诉讼法》第162条的规定，证据不足不能证明被告人有罪的，法院应当做出证据不足、指控的犯罪不能成立的无罪判决。《刑事诉讼法》第162条的规定，体现了疑罪从无原则，而发回重审、指令再审制度与之存在明显的法律冲突。该问题早在1995年就有人提出质疑，但是并没有引起人们的重视。1996年修改后的《刑事诉讼法》确立了疑罪从无原则后，这一问题就显得更加突出。我们认为，避免这一冲突最有效的方法，就是废除《刑事诉讼法》第189条、第205条规定发回重审、指令再审制度，在新的立法中明确规定，针对有关情形由接受抗诉的法院直接进行审理和做出裁判。

第二，根据《刑事诉讼法》第189条、第191条的规定，可以将二审人民法院发回重审案件的条件和范围概括为两种情况，并区别对待：一是案件事实不清或者证据不足的；二是违反法律规定的诉讼程

序,可能影响公正审判的。就第一种情况而言,二审法院完全可以以事实不清、证据不足为由判决无罪。如果发现新的证据可以再提起新的诉讼,而没有必要发回重审。故我们建议《刑事诉讼法》应将这一规定废除,明确规定对于事实不清、证据不足的案件应在查清事实后改判或者直接做出无罪判决。关于第二种因严重违反法定程序而发回重审的规定,我们认为可以保留,但应当做出一定的限制。由于严重违反法定程序的审判实际上是使被告人得到了一次非常不公正的审判,是一种无效的审判,如果取消了这种情形下的发回重审权,则实际上是二审变一审,从而剥夺了被告人应有的接受两级审判的权利。因而这种发回重审是合理的。但即使如此也应严格限制发回重审的次数,应将这种情形下的发回重审次数限定为一次。

2. 明确规定人民法院对审判监督程序抗诉案件做出提审、再审决定的(时间)期限

对于检察院按照审判监督程序提出抗诉的案件,法院的审理期限,《刑事诉讼法》第 207 条规定:"应当在作出提审、再审决定之日起 3 个月以内审结,需要延长期限的,不得超过 6 个月。"而对法院收到抗诉案件后何时做出提审、再审决定却未明确规定期限。在 1996 年修改《刑事诉讼法》时,这一问题就引起了人们的注意和讨论。当时有观点认为,再审案件的审理期限应表述为"应当在作出再审、提审裁定或者受理抗诉后……"遗憾的是,明确规定"受理抗诉后……"期限的意见没有被采纳,仅仅对接受抗诉的法院指令下级法院再审后的期限做出了规定,而对不指令下级法院再审的案件,接受抗诉的法院是否要在受理抗诉之日起 3 个月内审结,缺乏明确规定。实践中,法院审理抗诉案件周期过长、抗而不审、审而不结的现象严重,即有的法院往往将抗诉案件长时间搁置,迟迟不做出再审决定,以致再审程序事实上失去审判期限的保证,减弱了检察机关审判监督的实际效果。如在 2004 年河南省检察机关与法院联合开展的"刑事抗诉案件超时限审理专项监督活动"中,发现人民法院对抗诉案件超限审理

最长的一年以上。我们认为,为了维护审判监督程序的严肃性和规范性,保证法律赋予检察机关的监督职能作用的发挥,对于检察机关按照审判监督程序提出抗诉的案件,建议《刑事诉讼法》应明确具体地规定法院在检察机关送达抗诉书后作出提审、再审决定的时间以及全案的最终审结期限。

(四)保障刑事审判监督(刑事抗诉)实效的立法建议

1. 通过修改《人民检察院刑事诉讼规则》设立专门的刑事审判监督部门并赋予其调查司法腐败案件的职权

在我国当前社会条件下,不公正判决的产生原因更多并非业务素质低下,而是司法官职业品格和道德素养的欠缺而导致的司法腐败,彻查司法腐败应成为维护司法公正最直接、最有效的措施。刑事抗诉案件改判难是长期困扰刑事抗诉工作的一个突出问题,除检察机关自身一些抗诉案件质量不高和检法认识分歧因素外,刑事抗诉对不公判决背后司法腐败问题的无能为力,是导致监督效果不理想的重要原因之一。近年来河南省检察机关将查处司法腐败与刑事抗诉相结合,提高刑事抗诉改判率的成功经验,充分证明了这一点。2004年,河南省驻马店市两级检察机关在抗诉关春节贪污案时,深挖判决不公背后的职务犯罪,共立案查处12人,其中司法工作人员7人,涉及罪名9个,该案提起公诉的8人,全部被判决有罪。法院对关春节本人的量刑也由一审的有期徒刑3年,改判为有期徒刑12年。2005年,河南省检察机关公诉部门共初查司法工作人员涉嫌职务犯罪22案24人,相应的该年度河南省刑事抗诉成功率达到了78.3%,比2004年上升15个百分点,上诉成功率的上升很大程度要归功于司法腐败的有效查处。由此可见,深入查处司法腐败工作能够有效地促进抗诉改判。最高人民检察院尽管对这种做法给予了肯定,但是目前并没有从法律的层面对这种做法予以认可和规范。并且实践中关于公诉部门初步调查司法人员职务犯罪线索的范围、方式和线索移送等还存在不少问题。由于缺乏法律依据,也使这项工作在实践中开展的不够深入、全面。综上所述,建议在《人民检察院刑事诉讼规则》中明确规定设立专门的刑事审判监督部门,并赋予该部门调查在履行法律监督职责过程中所发现的司法人员职务犯罪问题的权力,从根本上对司法不公现象予以纠正,保证抗诉效果。

2. 在《刑事诉讼法》中明确规定抗诉审案件检察长应当列席法院审判委员会

人民检察院要提起刑事抗诉的案件,一般属于重大案件或有争议的疑难、复杂案件,人民法院不管是在做出一审判决还是做出终审判决,其程序上都会经过审判委员会予以讨论。如果落实检察长列席审判委员会这一制度,检察长作为检察院的当然代表,就会将检察院对于这些个重大、疑难复杂案件的看法和意见予以充分表述,这样可以引起审判委员会的高度重视,如果检、法两家能就此达成共识,对案件做出正确判决,一则可以减少司法资源的浪费,二则可以保证法律监督的实效。

有学者认为,检察长列席审判委员会制度,是检察权对于审判权的干涉,或者说是分割审判机关的独立审判权,因此应该废除。我们对此不敢苟同。首先,检察长列席审判委员会这一制度规定的只是"列席",而不是参加。也就是说,检察长在审判委员会上只有发表自己意见的权力,没有参与表决的权力;而且其所发表的意见能否被审判委员会接受,完全取决于审判委员会的采纳程度,并不存在对审判权的干涉或分割的问题。其次,并非所有的案件,人民检察院都要列席。最后,从节约司法资源的角度审视,确定这一制度也是非常必要的。《人民法院组织法》对这一制度予以规定,其目的在于促进司法的公平与正义,确保审判结果的正确。特别是当法院审判委员会内部对某一个案件的分歧较大、难以形成统一的具体结论性意见时,听取列席的人民检察院检察长的意见,有利于发挥兼听则明的功效。而且当审判委员会的结论性意见有可能引起检察院启动抗诉程序时,可以未雨绸缪,节约司法资源,防止抗诉权的滥用。因此,我们建议;对于一审程序的案件是否邀请检察长列席,应由法院决定;存在重大争议的案件,法院应当邀请检察长列席审委会(对于何为"重大争议",由法院决定,这样仍给法院保留了很大的自由选择余地);对于刑事抗诉案件(包括二审和再审)检察长应当列席审委会,法院应当及时通知。

3.严格落实法院审级独立原则,废止法院内部案件请示汇报制度

在司法实践中,下级法院经常就案件与上级法院进行"沟通"和"交流",上级法院也经常给予下级法院"指导意见",一般来说,对于请示、指导过的案件,下级法院的判决中已经体现了上级法院的意见。在这种情况下,虽然检察机关对这些案件提出抗诉,审理抗诉案件的法院大都维持原来的判决结论。有观点认为,这种上下级法院对案件的"沟通"、"请示"、"指导意见"已经严重地侵害了检察机关的抗诉权。对检察机关而言,上下级法院对案件的"沟通"、"请示"、"指导意见"已经成为行使抗诉权难以逾越的一道障碍。上下级法院对案件的判决、裁定达成的默契,使得检察机关很难通过抗诉达到纠正错误的目的。这实质上是弱化和限制了刑事抗诉的功能,规避了国家所设置的对法院审判权的行使进行法律监督的机制。我们认为,法院内部请示实际上是以行政程序代替司法程序,违背了我国关于上下级法院之间审判监督关系的法律规定,破坏了两审终审制的基本司法原则和审级独立原则,侵害了当事人及其法定代理人的诉讼权利,检察机关在行使刑事抗诉权的过程中,如果遇到此类情况的干扰,应理直气壮地向法院提出纠正意见,对于拒不接受监督的,可以依法向国家权力机关汇报,请求予以制止。同时,应当坚持抗诉,尽最大努力地纠正错误的裁判。鉴于前述情况,建议废止法院内部案件请示汇报制度,对于法院系统一体化的趋势应通过立法介入的方式予以防止。在《刑事诉讼法》等相关法律规定中,应当明确禁止这种做法,保证各级法院的审级独立原则和两审终审制的落实。对于

法院系统一体化趋势,应在《人民法院组织法》中或者通过立法解释的方法,予以否定,明确规定法院审级独立原则。

同时,从司法操作层面上,建议所有按照审判监督程序提出抗诉的案件都应由上级人民法院审判监督庭审理,以避免先入为主的思想影响公正审判。

(五)关于如何解决人民法院司法解释和有关法律、人民检察院司法解释相抵触问题的立法建议

1. 明确规定对"两高"在适用法律上发生较大分歧的问题,由最高人民检察院提请全国人大常委会审议决定,以保障法律的统一正确实施

我国的《立法法》和《全国人民代表大会关于加强司法解释工作的决定》明文规定,最高人民法院和最高人民检察院的司法解释均应以全国人民代表大会或其常务委员会的立法(或立法解释)为根据,或者在全国人大授权范围内解释,不能任意扩大或缩小立法原意,更不能做出与立法或立法解释原意相违背的解释。最高人民检察院作为最高国家法律监督机关,认为最高人民法院的判决、裁定确有错误,抗诉后因为对法律原意认识分歧又被维持原判,而该判决所涉及的问题对法律适用具有普遍影响的;或者最高人民检察院认为地方法院根据最高人民法院的司法解释、文件等对某一类案件的判决,适用法律普遍存在违背法律原意问题,需要通过立法途径解决的,均应依法律监督职权,提请全国人大常委会对该法律适用问题进行审议,由全国人大常委会做出立法解释,以便检、法两院统一执法。如果出现"两高"分别做出的有关司法解释不相一致的情形,也应该由最高人民检察院提请全国人大常务委员会审议,由其做出统一的立法解释,以避免司法实践操作上的差异性和任意性,保障法律的统一正确实施。这一特殊程序不宜适用于具体案件,只适用于法院判决中所反映出的具有普遍意义的法律理解和适用问

题。

2.最高人民检察院与最高人民法院建立重大法律适用问题意见沟通磋商机制,对于重大法律适用问题以"两高"的名义共同下发司法解释

这样,既有利于刑事抗诉工作的准确性,防止抗诉权的滥用,又有利于巩固刑事裁决的既判力,减少司法资源的不必要支出。

(六)关于在刑事抗诉中注重被害人权益保护功能的立法建议

关于刑事被害人的权益保护,有学者建议应当赋予被害人直接上诉权,或者对检察机关不予抗诉的案件直接上诉的权利。该观点认为:第一,检察机关在诉讼过程中主要是追诉被告人的刑事责任,很难过多地顾及到被害人的权益,也就是说,被害人的合法权益实际上很难得到有效的保障;第二,在公诉案件中,被害人与被告人同是案件当事人,作为应受法律追究和制裁的被告人尚且享有上诉权,而受法律保护的被害人反而没有上诉权,亦显得当事人之间权利的结构性设置上的不平等。所以,确立被害人与被告人同等的上诉权理论上成熟,实践中可行,既是法律正义的需要,也是势在必行的,应尽快提上我国立法议事日程。

我们认为,直接赋予被害人上诉权,虽然其出发点是为了加强被害人权益保护,但鉴于我国目前的现实条件,很难实现其良好初衷。被害人权益保护问题是一个综合而复杂的问题,从合理性与可行性相结合的角度出发,可着重在立法环节从以下两个方面予以综合考量。

1.扩大检察院必须接受被害人申请抗诉的范围,完善被害人对判决的制约机制,保护被害人的合法权益

我国刑事诉讼法没有赋予刑事被害人直接上诉权,对裁判不服时,只能向人民检察院申请抗诉,抗诉请求能否被接受,则由检察机关自行决定。法律赋予被害人对法院一审判决不服所享有的诉讼权利,明显小于被告人,这对于刑事被害人来说显然是不公平的。并且

世界上许多国家,如法国、加拿大、前苏联等都以不同的形式赋予了被害人及其近亲属上诉权。这样看来,赋予被害方上诉权显得比较合理。但是,我们认为,直接赋予被害人(及其近亲属)上诉权,仍然存在很多问题。一是赋予被害方上诉权,与上诉不加刑原则相冲突。上诉不加刑原则是国际上公认的、并在司法实践中取得较好效果的、保护被告人人权的成功经验。在保留上诉不加刑原则的前提下,如果将上诉权赋予被害人,人民检察院对人民法院的第一审未发生法律效力的判决不予抗诉,被害方和被告人均提出上诉时,就会产生被害方诉求与上诉不加刑原则的冲突。二是赋予被害方上诉权,实际上也很难达到预期的实现被害人权益的目的。在一审后,如果被害方独立提出上诉,被害方实际上就成为第二审的控诉主体,而在我国控诉权是被国家所垄断的,被害人的控诉地位与国家垄断刑事诉权的法律不符。因此,我们认为可采取变通措施,即在相关法律和法规中,明确规定人民检察院必须接受刑事被害人抗诉请求的范围和条件,适当放松提起抗诉的标准,以类似于被告人上诉权能够引起二审程序的标准,来设立检察机关必须接受抗诉请求的条件,从而平衡分配被告人和被害人的刑事诉权。

2. 尽快解决现有诉讼机制中制约被害人抗诉请求权实现的三个突出问题,切实保障被害方能够享有(实现)其抗诉请求权

一是增设检察机关告知被害人享有抗诉请求权这一告知义务。鉴于在实践中有些被害人不知道有抗诉请求权这项权利,以及少数法院往往不将判决书送达被害人,使得被害人很难知道更谈不上行使此项权利。建议在《刑事诉讼法》第40条第2款的内容中加以补充,即规定检察机关在告知被害人有权委托诉讼代理人的同时,应当告知被害人不服地方各级人民法院第一审判决的,自收到判决书5日以内有权请求人民检察院提出抗诉。另外,在《人民检察院刑事诉讼规则》中还可规定,检察机关在收到法院的第一审判决时,应当将判决结果口头或书面告知被害人,并征求其是否申请抗诉的意见。

二是具体规定法院给被害人及检察机关送达判决书的时间次序。由于法院给人民检察院和被害人送达判决书的时间有时不一致,就有可能出现当检察机关先于被害人收到判决书,而被害人在收到判决书后请求检察机关抗诉时,检察机关的10日抗诉期已经届满,可能造成被害人丧失请求人民检察院依二审程序提起抗诉的权利的情况。建议《刑事诉讼法》明确规定人民法院送达判决书时,应当在送达检察机关之前或同时将判决书送达被害人,从而使被害人有充分的时间考虑、决定是否行使其抗诉请求权。

三是建立检察机关审查刑事抗诉请求程序的内部制约机制。由于原办案人员受原来办案过程中形成的认识的影响,在审查被害人提出的抗诉请求时容易先入为主,难以深入细致地进行审查,从而可能影响其对抗诉请求的公正审查。建议《刑事诉讼规则》明确规定,不得由案件原承办人审查被害人的抗诉请求,而应更换其他办案人员进行审查或由专人(专门部门)统一审查,以保证审查人员能对是否抗诉提出正确意见,从而切实保障被害人的抗诉请求权。

论宽严相济刑事司法政策

一、宽严相济刑事司法政策与背景

构建社会主义和谐社会是强调宽严相济刑事司法政策的政治背景。它既是和谐社会建设在司法工作中的具体体现,又是构建和谐社会对刑事司法工作提出的必然要求。这就要求我们在构建社会主义和谐社会过程中善于积极调处矛盾,及时化解纠纷,有力惩罚犯罪,有效控制违法,做到正义能够伸张,积怨能够疏通,人民的合理诉求能够得到有效解决,公民的合法权益能够得到有效保护,进而实现社会的长治久安。从这个意义上讲,宽严相济作为我们党和国家长期以来一直坚持的一项重要刑事司法政策被再次加以强调,不是一种简单的重复要求,其政治背景和深刻内涵显而易见。落实好这一刑事司法政策,就是要坚持以人为本,依法体现区别对待,最大可能地瓦解、消除和减少社会对立,最大限度地化消极因素为积极因素;就是要坚持以矛盾调处为本,把化解矛盾、减少涉法涉检上访体现在侦监、公诉等工作的始终,通过尽职尽责的工作,防止纠纷升级、矛盾恶化、增加社会不安定因素;就是要坚持以教育为本,认真做好检察环节的综合治理和预防犯罪工作,致力于对违法犯罪行为人的改造和挽救,减少社会对抗。当然,坚持以上"三个为本"不等于对严重刑事犯罪不予以打击,对违法行为不予以惩治。打击犯罪可以有效地维护稳定,但化解社会矛盾更能从根本上维护稳定;坚持"严打"可以维护稳定,注重人权保障同样可以促进和谐;"严打"可以消除破坏和谐的因素,"从宽"同样可以增添和谐氛围。特别是通过我们积极有效的工作,定分止争,案结事了,进而缩小对立面,减少矛盾点,最大限度地增加和谐因素,尽最大可能减少不和谐因素,可以使刑事司法工作更好地为社会主义和谐社会建设提供强有力的司法保障。

公平正义、权利保护和诉讼效率等价值标准的有机统一,是实施宽严相济刑事司法政策的基本价值取向。构建和谐社会反映了时代的要求和社会的进步,同时也反映了一个执政党基本执政理念的转变,其中也包含了自由、民主、法治等一系列价值观念的转变。宽严相济作为一项刑事司法政策,是在继承人类法治文明成果的基础上,自由、民主、人权与法治等各种价值观念的有机统一,其核心是追求公平正义。我们在强调公平正义的同时要兼顾效率;强调公共利益优先必须以充分保护公民个人合法权益为前提,否则公共利益将丧失其存在的合理性;依法保障自由是维护稳定的前提,强调稳定的秩序又必须以依法保障自由为基础。我们之所以说宽严相济体现了公平正义、权利保护和诉讼效率等价值标准的有机统一,就是因为它兼顾了矛盾的两个方面,体现了刑事司法不同的价值标准和价值取向的统一。

对犯罪规律和刑罚功能的科学认识是宽严相济刑事司法政策的重要理论基础。犯罪是一种法律现象,也是一种社会现象,同时更是社会矛盾激化的产物。我国当前处于社会转型期和矛盾的凸显期,贫富差距拉大,利益主体多元化,各种社会矛盾冲突激烈,犯罪呈现高发态势。如不以严厉手段打击严重刑事犯罪,就难以为改革、发展、稳定大局营造良好的法治环境,和谐也无从谈起。但同时也应当看到,在当前社会条件下犯罪的性质和以往相比已经发生了很大变化,有别于几十年前新生政权建立时期的犯罪,绝大多数犯罪的政治色彩淡化,敌我斗争成分减少。除严重危害国家安全犯罪和杀人、爆炸等严重侵犯公民人身权利的犯罪外,更多的犯罪都是由对财产的无序追求而引发的侵财犯罪,还有相当比例的犯罪是邻里纠纷、干群矛盾等各种社会因素所致。在各类犯罪人群中,也有弱势群体,如下岗职工、失地农民、外来务工人员以及心智还不成熟的青少年、未成年人等。对于这些人员,我们不能像过去那样简单地采用对敌斗争的方式去处理。事实证明,一味地强调严刑重罚并不能达到遏制犯罪的目的。就刑罚的功能而言,在罪刑均衡的范围内刑罚威慑力与刑罚轻重是成正比的,一旦刑罚超出公正的限度其威慑力就会呈现出递减趋势。只有根据案件的具体情况,宽严相济,宽严得当,罪刑适当,确保司法的公平和正义,才能有效地惩罚和遏制犯罪,进而取得良好的法律效果与社会效果。宽严相济正是基于上述对犯罪规律和刑罚功能的科学认识,在总结长期司法工作经验和教训的基础上,以科学发展观为指导,逐步发展、完善和成熟的一项刑事司法政策。对此,我们要有一个全新的认识。

二、宽严相济刑事司法政策的基本内涵

宽严相济的"严",顾名思义,就是指严厉、严格和严肃。其中,严厉是指刑罚苛厉,惩处从重;严格是指法网严密,有罪必罚;严肃是指司法活动循法而治,不徇私情。严格执法必须强调以严肃认真的工作态度办案。因此,严厉、严格、严肃是"从严"精神不可分割的整体,是相互依存互不可少的重要组成部分。就服务和谐社会而言,严格执法、严厉打击严重刑事犯罪应当是包括检察机关在内的所有司法机关的首要任务,对此,我们一定要毫不动摇。

当然,在严厉打击严重刑事犯罪的同时,还要切实贯彻依法从"宽"的刑事政策。"宽"和"严"虽然强调的角度不同,但两者是辩证统一的,其精神实质是两点论的思维方法和具体问题具体分析的实事求是态度在司法上的体现。孤立地认识"宽"或者"严",都不能全面正确地把握宽严相济这一刑事司法政策的准确内涵,"相济"才是

实现两者辩证统一的关键。"相济"也可以从三个方面理解。一是救济，即以宽济严，以严济宽。刑罚的宽与严是相对的，如死缓相对于死刑立即执行是一种从宽处理，但相对于无期徒刑又是一种严厉的处理，两者互为依托。二是协调，即宽严有度、宽严审势。宽严有度要求宽严之间保持相对平衡，宽不能法外施恩，严不能无限加重。宽严审势要求宽严的比例不是一成不变，而应当根据形势的变化及时加以调整，做到因势制宜、因时制宜、因罪制宜。三是结合，即宽中有严，严中有宽，宽严互补。

贯彻宽严相济的刑事司法政策，就是要根据社会治安形势和犯罪的不同情况，对严重刑事犯罪依法从严打击，对轻微犯罪依法从宽处理；对严重犯罪中的从宽情节和轻微犯罪中的从严情节依法分别体现宽严不同的政策。特别要注意结合案件具体情况对于个案中的宽、严因素予以全面考量。做到轻罪既要从宽又不能忽视严的情形，重罪既要从严又不要忽视宽的情形。这既是我们在实践中应当把握的原则，也是避免简单执法、机械执行宽严相济刑事司法政策的关键。

三、贯彻落实宽严相济刑事司法政策要正确处理好五个关系

（一）执行刑事政策与执行法律的关系

刑事政策是刑事司法的灵魂。实践证明，没有科学的刑事政策指导刑事司法，结果必然是行为上的本本主义和司法上的教条主义。也就是说，如果我们眼里只有卷宗，手中只有法条，执法的后果往往会背离立法的精神，司法的社会效果也会大打折扣。检察实践中，一些同志脱离法律，片面强调政策，甚至在运用刑事政策时，搞法律虚无主义，凭感觉办案，靠经验决策；还有一些同志机械强调"法律至上"，否定刑事政策对执法活动的指导作用，把刑事政策与刑法罪刑法定原则割裂开来，处理案件时不考虑或不善于考虑社会治安形势和犯罪态势，孤立地死抠法条，犯法律教条主义错误。这两种倾向都

会给检察工作带来危害。只有在严格执行法律的前提下,才能正确地执行刑事政策。同时,也只有坚持在刑事政策指导下的依法办案才能实现良好的社会效果,不能顾此失彼,非此即彼。

(二)执行宽严相济的刑事司法政策与坚持依法从重从快"严打"的关系

考察20多年来我国"严打"政策的发展演变趋势,可以看出,从20世纪80年代的普遍"严打"到重点打击,从"惩办与宽大相结合"到"宽严相济的刑事司法政策",我国"严打"方针本身有了重大调整。尽管如此,以重刑主义为价值取向的思维定势在一些司法人员的头脑中还比较普遍地存在,甚至是根深蒂固。一些司法人员在观念中难以将"严打"政策与宽严相济政策有机统一起来,他们甚至将二者对立起来,进而错误地认为一提维护稳定就是严厉打击,强调宽严相济就是从宽处理。实际上"严打"是宽严相济刑事政策的阶段性体现,宽严相济是"严打"方针的进一步规范、成熟和完善,它既不是单纯的轻缓刑事政策,也不是对"严打"的取代和否定,是轻罪刑事政策与重罪刑事政策的统一,坚持"严打"方针与实施宽严相济并不矛盾。我们应当在坚持"严打"方针的同时,更好地贯彻宽严相济刑事司法政策。当前,要注意把握以下四点。

第一,"严打"要突出重点。在构建社会主义和谐社会的背景下,要注意根据社会治安形势的变化,坚持什么犯罪突出就重点打击什么犯罪,增强打击的针对性和有效性。该批捕的要坚决批捕,该起诉的要坚决起诉,做到打击及时、准确和有力。

第二,"严打"要依法办事。由于"严打"强调从重从快,个别执法人员在"严打"问题上,往往为强调"严厉"而忽视依法办事。特别是对破案率、逮捕率、起诉率、审结率的片面追求,进一步加剧了人们对于"严打"的不正确认识。表现在侦监、公诉工作中,往往会出现该捕不捕、不该捕而捕,该诉不诉、不该诉而诉的情况。

第三,"严打"要强调保障人权。"严打"必须全面贯彻刑法人权保障的功能,绝不能因为案件的从快处理或实施轻罪的快速办理而忽视和弱化对犯罪嫌疑人、被告人合法权益的保护以及其他公民和法人合法权益的保护。依法不能简化的程序绝对不能简化,依法不能缩短和减少的诉讼时限绝对不能减少,依法应当履行的告知程序必须依法履行,犯罪嫌疑人、被告人应有的诉讼权利应当确保充分享有。特别是要保障律师依法履行职责,不能采取限制、推托等办法敷衍和应付。对被告人上诉、申辩的理由要充分重视。上诉、申辩有理的要予以采信,无理上访的要做好释法析理工作,力争使每个案件的犯罪嫌疑人、被告人包括其辩护律师对定性处理心服口服,一时不理解而申诉上访的能够及时息诉罢诉。这既是我们依法保障人权的职责所在,也是杜绝"糊涂案"、减少"后遗症"、控制涉法涉检上访的有力措施。

第四,"严打"要注重社会预防。我们既不能将遏制犯罪的希望完全寄托在严刑重罚上,也不能认为刑罚无用,从而放弃严打。"严打"和社会预防的关系,实际上就是打击犯罪和预防犯罪的关系。

(三)宽严相济刑事司法政策与和解处理的关系

最近一个时期,无论是理论界还是媒体,都特别强调刑事和解在贯彻宽严相济刑事司法政策尤其是贯彻轻缓刑事政策方面的作用。这样给大家一种误导,认为刑事和解的案件越多,就说明宽严相济的刑事政策贯彻得越好。其实,这是一种误解。笔者的看法是要重视和解处理工作,但不能过分夸大其作用,更不能用刑事和解替代宽严相济刑事司法政策的贯彻。其实,刑事和解从目前来讲还有不少负面的影响。一是刑事和解的法律依据不够充分,对其救济被害人权益的功能还需要进一步的认识。二是刑事和解运用不当可能会成为富人免刑的特权,有违法律的平等精神。三是刑事和解中所实现的个案和解并不完全等于社会和谐。当事人之间的"和谐"并不代表社会的和谐,而且从本质上讲,这种所谓的"和谐"可能以牺牲社会的大和谐为前提。在刑事和解中,受害人以不追究加害人的刑事责任为条件，与加害人交换物质精神赔偿。然而，任何犯罪都是对社会的侵害，即使加害人的罪行能够获得被害人的原谅，也不能完全抵消其犯罪行为对社会造成的后果，可能还会掩盖社会对惩罚犯罪的需求，从而引起公众对司法的不满。四是刑事和解还可能给检察工作带来新的风险。刑事和解的关键在于取得被害人的谅解，而要确认被害人的谅解是出于真实、自愿的意思表示，还是基于利诱、胁迫等非正常原因，则是一件非常困难的事情。特别是一般刑事案件，即使被害人当初自愿和解，也不能排除以后变卦的可能，从而引发新的涉法涉检上访。

基于以上这些问题和风险，我们在开展这项工作的过程中，一定要头脑冷静，既不能不去探索研究，也不能盲目推进、"赶潮跟风"。总的原则是根据高检院的相关文件要求，坚持严格依法、审慎对待，严格条件、谨慎适用。在这个原则之下，我们可以做的就是对于轻微刑事案件中犯罪嫌疑人认罪悔过、赔礼道歉、积极赔偿损失并得到被害人谅解或者双方达成和解并切实履行、社会危害性不大的，可以以"没有逮捕必要"为理由依法不予逮捕或者以"犯罪情节轻微"为理由作相对不起诉处理。既要善于通过和解处理化解矛盾，又要防止脱离职责、突破法律一味地去搞和解，或把和解作为不依法办案的"遮羞布"，从而产生司法腐败。

（四）贯彻宽严相济刑事司法政策与保障案件质量的关系

在贯彻宽严相济这一刑事司法政策的过程中，提高和确保案件质量异常重要，能不能确保案件质量，也是检验我们对这项刑事司法政策贯彻落实得好不好的一个重要标准。任何时候评价案件质量都必须坚持法律效果和社会效果的辩证统一。我们强调案件质量并不是要求所有案件都要从严从重处理，都要逮捕、起诉、判刑。宽严有度、区别对待同样是高质量案件的应有之义。宽只要不是法外施恩，严只要不是无限加重，无论是宽还是严，只要于法有据，只要体现出法律效果和社会效果的统一，就是高质量的案件。

（五）贯彻宽严相济刑事司法政策与强化法律监督的关系

宽严相济刑事司法政策不仅要在整个司法活动中得到具体体现，而且还应当在履行法律监督职责中全面得到落实。强化法律监督不仅是贯彻宽严相济刑事司法政策的实现途径，更是贯彻这一刑事司法政策的有效保障。伴随宽严相济刑事司法政策的贯彻落实，司法机关及其相关部门、人员自由裁量权随之扩大，如果诉讼监督跟不上，会在一定程度上为司法腐败提供新的权力寻租空间。因此，在认真落实好检察环节宽严相济刑事司法政策的同时，检察机关还要切实加大监督力度，严肃查处个别人打着宽严相济的旗号以权谋私的司法腐败案件。侦监、公诉等部门要加大刑事诉讼监督力度，既要重点监督以"宽"为名有罪不罚、重罪轻罚、故意放纵犯罪和违法减刑、假释等不严格执法、以案谋私的行为，也要注意监督、纠正以"严"为名，违法办案、刑讯逼供、超期羁押、侵犯人权等问题。要将立案监督的重点放在严重刑事犯罪或者社会影响恶劣以及违法立案造成严重后果的案件上，加强对侦查机关落实立案监督情况的跟踪监督，确保违法立案案件及时得到纠正，对违法动用刑事手段插手民事经济纠纷等不应当立案而立案的，要及时督促撤案。要切实在提高立案监督实效上下工夫，坚决防止和纠正那种为追求立案监督数量而不惜虚报、假报和凑数等错误做法。在侦查活动监督中，对于构成犯罪依法应当逮捕、起诉而侦查机关没有提请和移送的，要本着实事求是的原则依法追捕、追诉，对违法侦查活动要及时提出纠正意见。在审查起诉工作中，要重视证据监督，通过监督证据的"三性"，特别是监督证据来源的合法性，纠冤防错，纠正违法，保护人权。在抗诉工作中，不仅要重视对有罪判无罪、量刑畸轻的案件提出抗诉，也要重视对无罪判有罪、量刑畸重的案件提出抗诉，保障被告人的合法权益。对于被告人认罪并积极赔偿损失、被害人谅解的案件，未成年人犯罪案件以及具有法定从轻、减轻情节的案件，人民法院处罚偏轻的，一般不要提出抗诉。而对于突破法律、量刑畸轻、具备抗诉条件的，要依法提出抗诉。要依法慎重适用审判监督程序的抗诉,对于第一审宣判后人民检察院在法定期限内未提出抗诉,或者判决、裁定发生法律效力后6个月内未提出抗诉的案件,没有新的事实或证据,一般也不得为加重被告人刑罚而依照审判监督程序提出抗诉。既要避免放弃职责该抗不抗,也要避免意气用事,纠缠个别案件,滥用抗诉权。案件是否抗诉要唯事实和法律,不能简单地以法院是否改判作为我们抗与不抗的标准。要高度重视死刑临场监督工作,对于发现有《刑事诉讼法》第211条规定的情形的,应当立即建议人民法院停止执行,并积极监督配合有关部门及时调查落实,但同时也要防止无故的临场变故,人为地影响罪犯的死刑执行。

四、贯彻落实宽严相济刑事司法政策要重点把握好四类案件

(一)轻罪案件

轻罪案件一般是指可能判处三年以下有期徒刑、管制、拘役或单处附加刑的案件。对于轻罪案件原则上要体现轻缓和从宽,根据犯罪的主客观情况及犯罪后的悔罪表现,可捕可不捕的不捕,可诉可不诉的不诉,具备调解条件的,可以调解结案。对于起诉到法院的案件,应当发表从宽处理的建议,但情节严重或者具有其他从重情节的案件除外。具体把握时要注意做到四个区别对待。一是故意犯罪和过失犯罪要区别对待。一般而言,故意犯罪往往是基于一定的犯罪目的和动机主动实施的,因而其主观恶性较大,主观过错程度重于过失,相对于过失犯罪就应依法从重。过失犯罪,特别是情节较轻的过失犯罪,如果双方愿意和解、能够和解并且依法可以和解结案的应当和解结案,如情节较轻的交通肇事案等。二是初犯、偶犯和惯犯、累犯要区别对待。对于初犯、偶犯等偶然失足者如果不是性质严重、情节恶劣的犯罪一般应从宽,但从宽不等于一律不作刑事处理,只是依法可以在法定量刑幅度内从宽。对于惯犯、累犯等屡教不改者要从严。三是孤立犯罪和有组织犯罪要区别对待。对于邻里纠纷引发的

或亲属之间发生的等基于单一犯罪动机和目的而实施的孤立犯罪，一般可以考虑依法从轻；而对于集团犯罪，特别是带有黑社会性质的有组织犯罪等按照组织意志实施的犯罪，必须依法从严。四是侵害人身权利犯罪和侵犯财产权利犯罪要区别对待。生命健康权是基本人权，无论宪法、刑法还是民法在体例设置上，都将人身权的保护放在优先位置。而相对于人身权而言，对于财产权的损害则可以通过返还财产、恢复原状、赔偿损失等方式，使被破坏的财产关系得到较好的修复，还原受到犯罪损害的社会关系。因此，和解等从宽处理办法更适合于单纯侵财型犯罪的处理，而对于严重侵犯人身权的犯罪要严格把握从宽条件，即使依法应当从宽时，也要慎重适用和解程序。

实践中，对于轻罪案件中轻伤害案件的宽严把握尤其要慎重。大量的轻伤害案件都是由于邻里矛盾等民事纠纷激化形成的。据了解，轻伤害案件占整个刑事案件的10%左右。这类案件的行为人大部分属于初犯、偶犯或因一时冲动而触犯刑律，但也有一部分伤害案件属于寻衅滋事、聚众斗殴、雇凶伤人等情况。如果对这类案件不加区别一律从宽，必然导致宽严失度，一旦处置不当，不仅会放纵犯罪，而且还会激化矛盾，造成新的不和谐因素。因此，在对轻伤害案件适用和解时，要务必保证不属于再犯、累犯、惯犯以及其他雇凶伤人、涉黑涉恶、寻衅滋事、聚众斗殴等恶性犯罪的情形，务必保证被害人接受和解是在自愿、平等的基础之上，务必保证加害人的悔罪和赔偿是出于真心和自愿，务必排除加害人威胁、压制、利诱被害人媾和的情形存在，务必排除司法人员打着调解的旗号以权谋私、违法办案，故意不严格执法的情况存在。

（二）重罪案件

从法律标准上讲，重罪案件一般指可能判处三年以上有期徒刑、无期徒刑、死刑的案件，尤其是指那些可能被判处无期徒刑、死刑的案件。对于重罪案件在总体上要体现从严从重，个案上要充分考虑从宽从轻情节。死刑案件是典型的重罪案件,笔者在这里重点探讨一下死刑案件的宽严把握问题。

第一,严格执行适用死刑的法律政策标准。死刑适用的法律政策标准可以分解为五句话:少杀慎杀;罪行极其严重,非杀不可的杀,包括危害后果特别严重、犯罪情节特别严重、主观恶性特别严重三种情况;判处死刑,但不是必须立即执行的,可以不杀,包括具有法定的从轻、减轻处罚情节和酌定情节的等;论罪当杀,杀与不杀要充分考虑社会效果,体现法律效果和社会效果的统一;杀与不杀都要注意依法保护被害人的合法权益,做到案结事了,有些案件按照刑事政策,被告人具有从宽从轻情节,不杀以后,被害人到处上访告状;有些案件因为没有提起刑事附带民事诉讼或者赔偿不到位,被害人上访不息,甚至缠诉缠访,所以在案件办理的过程中,不管是否适用死刑立即执行都要注意保护被害人的合法权益,做好被害人的工作;适用死刑立即执行的还要注意做好被告人一方的释法析理工作。以上这五句话既是办理死刑一、二审案件应当遵循的原则,也是死刑案件的宽严把握标准。

第二,严格把握死刑案件的证据标准。人命关天,对死刑案件证据的要求应当更加严格。在死刑案件中"犯罪事实清楚、证据确实充分"的证据标准应该理解为"事实清楚明晰、证据合法有效、指向明确唯一"。"事实清楚明晰"包含四层含义:发生犯罪的事实必须清楚,证明犯罪事实发生以及系犯罪嫌疑人所为的证据必须清楚,证明案件性质的事实和证据必须清楚,与量刑有关的事实和证据也必须清楚。要贯彻少杀慎杀的刑事政策,与量刑有关的事实和证据非常重要,强调少杀慎杀,在很大程度上,是从与量刑有关的事实和证据的审查和运用上体现出来的。当前死刑案件侦查中的一个突出问题就是忽视量刑证据的收集。这应引起我们的重视。"证据确实"也有三层含义。首先,证据要真实,要把客观真实作为最高目标,以法律真实作为最低标准,力求所证明的事实做到客观真实和法律真实的统一。其次,证据要合法有效。最后,证据要具有可采性。一个证据既有证据力,又有证明能力,才具有可采性。证据有没有可采性,一要看证据来源是否真实,二要看证据与案件有没有关联性,三要充分排疑。在证明案件的事实是否达到充分和排疑的程度这个问题上,有几点要注意:同一个来源的多个传闻证据,不能当做证据充足和排疑的根据;同案犯之间的口供不能作为证人证言来相互印证;非法取得的言词证据,要按照最高人民检察院侦查监督厅下发的《审查逮捕案件的质量标准》的要求,依法予以排除。对瑕疵证据要依法予以完善。另外,对于被告人在侦查阶段或审查起诉阶段供认不讳的案件,在对其他证据的收集上有弱化的倾向。被告人供认后,公安机关仅收集部分证据印证其供述,而大量该取的证据没有再取,该做的鉴定没有再做。一审审查起诉时,也认为被告人既然已供认,对证据可以不要求那么严格,对公安机关搜集证据的要求人为降低,不及时提出补查意见。这样,被告人在二审时一旦翻供,定案的证据就显得单薄,二审出庭就很困难。因此,一审的办案人员在审查起诉时,一旦发现公安机关应当收集的证据没有收集,应当做的工作没有做,要及时提出补查意见,把问题解决在一审起诉前,把案件基础打好、打牢。

(三)未成年人犯罪案件

《最高人民检察院关于在检察工作中贯彻宽严相济刑事司法政策的若干意见》(以下简称《意见》)要求,对未成年人犯罪案件要依法从宽处理。办理未成年人犯罪案件,应当坚持"教育、感化、挽救"的方针和"教育为主,惩罚为辅"的原则。除主观恶性大、社会危害严重的以外,根据案件具体情况,可捕可不捕的不捕,可诉可不诉的不诉。对确需提起公诉的未成年被告人,应当根据情况依法向人民法院提出从宽处理、适用缓刑等量刑方面的意见。之后,高检院又出台了《最高人民检察院办理未成年人刑事案件的规定》,对未成年人犯罪案件的办理工作专门予以规范。按照上述《意见》,对未成年人犯罪案件整体上应当从宽。对于罪行较轻,具备有效监护条件或者社会帮教措施,能够保证诉讼正常进行的过失犯、预备犯、中止犯、未遂犯以及防卫过当、避险过当和共同犯罪中的从犯、胁从犯等,可以依法不批捕;对于犯罪情节轻微,依照刑法规定不需要判处刑罚或者可以免除刑罚处罚的未成年人,可以依法做出不起诉决定;对于犯罪情节较轻,未造成严重后果的未成年犯以及主观恶性不高的初犯或者胁从犯、从犯等,依法可能判处三年以下有期徒刑、拘役,且悔罪态度较好,具备有效帮教条件,适用缓刑确实不致危害社会的,应当建议人民法院适用缓刑。

(四)职务犯罪案件

职务犯罪案件不同于普通刑事案件,案件审判前的刑事诉讼程序,包括侦查、批捕、提起公诉或者不起诉都是在检察机关内部完成的。对于从宽处理的,特别是不批捕、不起诉、撤销案件的,往往缺乏有效的内部监督,权力被滥用的危险性大。在把握对职务犯罪案件的宽严政策时,尤其是考虑从宽时,一定要加强程序监督和控制。要落实职务犯罪案件不起诉备案审查制度、人民监督员制度、不起诉公开听证等制度,保证宽而有据、严而有度。

五、贯彻宽严相济刑事司法政策要建立和完善相应的工作机制

(一)改进检察业务考评机制

要按照司法规律和检察工作规律规范,从有利于贯彻宽严相济刑事司法政策出发,科学确定考核各项业务工作的指标体系,改进考评办法,保证依法正确行使不批捕、不起诉权,改变不适当地控制撤案率、不捕率、不起诉率等做法,确立正确的执法导向。

(二)完善案件质量保障体系

在宽严相济刑事司法政策实施过程中,为了确保权力的良性运作,要注意抓好办案机制与监督制约机制的衔接协调,不断完善权责明确、程序严格、监控有力、运行流畅的办案体制。上级院要加大指导力度,改进指导方式,在放宽比率控制的同时,加强对撤案、不捕、

不诉等关键环节的监督、检查;要及时分析掌握全省案件质量状况,发现问题及时纠正解决;要注意通过调查研究及时掌握社会治安状况和犯罪态势,增强宽严政策适用的针对性和准确性。

(三)依法扩大简易程序和简化审理的适用

对于符合法定条件的轻微刑事案件,应当积极建议人民法院适用简易程序;被告人及其辩护人提出适用简易程序,经审查认为符合条件的,应当同意并向法院提出建议;人民法院建议适用简易程序,经审查认为符合条件的,应当同意;对于被告人认罪、符合有关从轻和减轻条件的刑事案件,可以建议对认罪的被告人从轻减轻处理。

(四)进一步增强检察工作和法律文书的说理性

检察工作具有较强专业性,一项决定在法律上可能并无不当,但当事人和群众不理解,也会引发上访和纠纷。出现这种情况的原因,也可能是做出的决定并不违法但有不合理的情况存在。这就要求我们在做出法律决定时要充分考虑到法、理、情的和谐统一,做到依法办案,以理服人,以情释怨。在对案件做出处理决定前,可根据案件的具体情况和必要性,召集犯罪嫌疑人、被害人、代理律师、辩护律师及有关方面的代表等参加公开听证,通过深入阐述各方观点,求得理解,达成共识,征得支持,使案件的处理决定为各方所接受。也就是说,要善于做群众工作,通过做好群众工作,实现公正执法的目的。在制作不逮捕决定、不起诉决定、撤案决定以及立案通知、抗诉书等诉讼文书时,不仅要引证法律条文,而且要重点对做出该决定所依据的事实和理由进行充分论证和说明,并做好向犯罪嫌疑人、被害人以及有关部门的解释工作,坚持以理服人,体现"阳光"司法。

(五)建立风险评估机制

通过调查犯罪嫌疑人、被告人人格品行,充分征询被害人的意见,听取有关单位和人员的建议,对做出不批捕、不起诉、撤案等决定可能产生的后果进行全面分析,预测风险,并在综合考虑各种因素的基础上,做出正确的处理决定,防止因处理不当而引发新的社会矛盾。

(六) 改革和完善未成年人犯罪案件的办案方式

对未成年人犯罪案件,应当指定专门人员或者设立专门机构办理。建立适合未成年人特点的审查逮捕、审查起诉工作机制,对成年人与未成年人共同犯罪案件,原则上实行分案处理;对于因犯罪情节轻微决定不起诉以及作其他宽缓处理的未成年人,积极延伸检察职能,采取电话、书信、实地了解等形式,进行回访考察,掌握从宽处理人员的思想动态和现实表现,督促落实帮教措施,努力把他们改造成不对抗社会的新人。

(七) 建立轻重有别、繁简分流的办案工作机制

要结合本地实际,贯彻落实《最高人民检察院关于依法快速办理轻微刑事案件的意见》精神。对案件实行繁简分流,合理分配司法资源,集中力量办理重大、疑难、复杂案件。对案情简单、事实清楚、证据确实充分、可能判处三年有期徒刑以下刑罚、犯罪嫌疑人认罪的案件,简化审查逮捕、审查起诉的办案文书,缩短办案期限,提高诉讼效率。在执行过程中,特别要注意把握好快速办理案件的适用条件和禁止性规定。

(八) 建立落实宽严相济刑事司法政策的内外协作机制

要加强与公安机关、人民法院等部门的沟通协同,共同研究解决在贯彻宽严相济刑事司法政策中出现的问题,统一政策界限和执法尺度,促进这一政策在刑事诉讼的各个环节得到全面落实。

对 73 起重大疑难命案的实证分析
——从刑事证据的收集、固定、审查判断和运用的角度

近年,一些地方办理的故意犯罪致人死亡的案件(简称命案),由于取证不扎实,办案不细致,造成案件事实不清、证据不足不能顺利诉讼,个别案件还冤枉了无辜。为了查找原因,改进工作,某省对近年不能正常诉讼的 73 起 86 人疑难命案进行了个案分析。

这些案件除极少数在证据采信上存在认识分歧外,都是因为在证据的收集、固定、审查判断和运用上存在一些瑕疵,致使证据不具备证据能力或证明力,造成案件不能顺利诉讼。

一、命案中的证据瑕疵

(一)证据搜集的瑕疵

搜集证据是查明案件事实的前提和基础,依法搜集证据既是依法追究犯罪的需要,也是保障无辜者的需要。在案件办理过程中,如不能依法正确及时有效地搜集证据,将会给准确认定犯罪确保案件的正常诉讼带来一系列问题。从对 73 起命案调查来看,证据收集存在的主要瑕疵是:

1. 重获取嫌疑人的有罪供述,轻物证、书证的收集,甚至认为嫌疑人只要作有罪供述,案件即破,因而千方百计地逼取口供,非法取证

这不仅有损程序的正当性,更不利于查明案件事实的真相。在

73起案件中，有32起嫌疑人翻供，约占45%。这些案件的证据基本情况是除嫌疑人在侦查阶段的有罪供述外，没有其他证据有力证实嫌疑人实施犯罪行为。即使嫌疑人不翻供，口供的证明力就很弱；嫌疑人翻供后，有罪供述的证明力基本形丧失。如李铁涉嫌故意杀人案，除了李铁的有罪供述，侦查人员没有提取其供述所用的木棍、气筒等作案工具，对提取的被害人阴道分泌物也未鉴定。后因时过境迁，物证的提取和鉴定工作无法进行。李铁后来翻供，本案因没有证据印证其有罪供述只能认定李铁无犯罪。

2. 注意收集证明嫌疑人有罪的证据，对其无罪辩解重视不够

如李娃涉嫌强奸故意杀人案，侦查人员首先在被害人阴道提取到了嫌疑人的精液，后在本村李娃家发现了被害人的皮带，遂对李娃开展调查工作。李娃作了有罪供述，但DNA鉴定证明精液不是李娃的。事隔近两年，侦查人员在另一起案件中，发现精液是本村人张某的。被害人皮带是李娃的小孩拣到带回家中的，李娃不是作案人。但侦查人员先入为主，认为皮带在其家中，其就是嫌疑人，搜集证据也围绕其有罪而进行，忽视了对其无罪辩解的证据收集。

3. 勘查现场不及时、不细致

实际上，犯罪现场是一个内容丰富的物证群体，各种物证之间的关系能够深刻反映犯罪过程和情况，但犯罪现场不可能"整体"搬到法庭作为"证据"，通过勘验笔录客观记载现场情况，将现场的原始状貌保全下来，使它表露出其中的证据信息，是侦查程序的最佳选择。勘验笔录不仅是提供若干单个实物证据进入诉讼的依据，而且它能反映与犯罪有关的各种痕迹、物品存在或形成的环境、条件及相互关系，从而提供实物证据本身并不携带的证据信息。但是犯罪现场是静态的，需要认真解读；它又容易被破坏，需要及时发现。可是不少人依然遵循旧的办案模式，把主要精力用于走访排查嫌疑人方面，认为只要抓到凶手，一切不攻自破。因此，不注意在第一时间对犯罪现场进行深入细致的勘查，使一些有可能搜集到的证据被遗漏。如酒

某供称自己将被害人尸体投放水井中时,塞在被害人口中的毛巾也一同投入井中。但侦查人员既未对打捞尸体的现场进行勘查,提取现场遗留的车轮印痕,也没有对沉尸的机井认真打捞(毛巾)。事隔9个月后,检察人员意识到毛巾的重要性,但捞上来的毛巾已高度腐烂,失去了证据价值和证明力。

4. 非法取证,甚至逼供诱供

在徐山涉嫌故意杀人案中有这样一段对话:

问:当时你是用的棍子还是断板凳打的被害人?

答:好像是板凳。

问:你要端正态度,是不是用的棍?

答:是用的棍。

问:是什么棍?

答:不是铁棍就是木棍。

问:再好好想想,是不是铁棍?

答:是铁棍。

像这样因取证行为的合法性受到质疑,直接影响证据证明力的案件有23起。较为典型的有2起案件,同一起杀人事实,先后有2名嫌疑人做过单独杀人的供述。如王某、付某涉嫌故意杀人案,侦查人员在排查嫌疑人时,先将与王某同村的付某列为嫌疑人,对其刑讯逼供后,付某作了有罪供述,后其被排除嫌疑释放,并获2000元赔偿。然后,又把王某列为嫌疑人,王某先做出有罪供述后又翻供。王某翻供的理由是被刑讯逼供。由于对是否刑讯逼供无法认定也无法排除,所以王某是否作案也无法认定。又如叶涛涉嫌故意杀人案,侦查人员在讯问犯罪嫌疑人时,在不同的时间段内、不同的侦查人员制作的两份讯问笔录几乎一字不差,让人吃惊。要么是抄袭讯问笔录,要么是刑讯逼供或诱供。

5. 取证不规范,影响证据证明力

经常出现的瑕疵有:单独询(讯)问,鉴定结论不告知嫌疑人或被害人,现场勘查没有见证人,提取物证没有制作提取笔录,搜查笔录无搜查人、在场人、被搜查人的签名等。

此外,有的获取的证人证言含糊不清,有的不利嫌疑人的证据不入卷。

(二) 证据固定的瑕疵

搜集证据固然重要,固定和完善证据比搜集证据更有意义。如果只是很快地破获案件,但证据固定不完善,导致犯罪分子的犯罪行为最终未被法律确认,就不能说侦查是准确和有效的,案件也不能视为是破获。从73起命案来看,证据的固定还存在一些问题,主要有:

1. 靠重复讯问固定证据

有的把一人或多人的多次口供当作多个证据来适用,于是反复讯问做笔录,认为这样就可以加强嫌疑人有罪供述的可靠性。有的把同一来源的证言取了多份,错误地认为这样可以相互印证。

2. 不善于运用录音、录像固定证据

实践中为了防止被告人以刑讯逼供等违法取证为由翻供,侦查讯问时要对讯问过程进行同步录音、录像。通过录音、录像形成的资料,就犯罪事实而言,其只是一种与书面并列的固定供述的方式,并不能用以证明供述的真实性;但就取证的程序事实而言,则可以以视听资料的形式证明讯问的合法性和供述的自愿性。自2006年3月最高人民检察院要求全国检察机关侦查职务犯罪案件实行全程同步录音、录像以后,在防止刑讯逼供、保障犯罪嫌疑人的权利和固定言辞证据等方面起到了积极的作用。据统计,南京检察机关所办理的案件当庭翻供率下降了10%。但是,也有一些单位不太注意运用录音、录像等固定证据,有的录音、录像制作不规范,有的制作质量差,不能当庭播放,起不到应有的证明作用。如杜林涉嫌故意杀人案,虽然制作了录像资料,但通过播放竟然无法看清被讯问人是谁,声音也听不清楚,这不仅对案件起不到任何证明作用,反而让人怀疑其来源和意图。

3. 物证检验不及时

由于办案人员疏忽、经费紧张等原因,有些已提取的物证未及时送检,造成证明力丧失,导致案件定罪证据不充分。如吴启涉嫌强奸杀人案,侦查人员于案发当时就从现场提取了嫌疑人遗留的内裤,但因未及时检验,失去了鉴定价值。这可能使本案失去了一个重要物证。

4. 刑事技术鉴定中的瑕疵

这类案件共有9起。一是鉴定无法确定死者身份。如王某涉嫌故意杀人案,虽然对被害人尸骨的DNA和其亲属作了比对检验,但因未得到图谱,无法认定有亲缘关系。二是鉴定无法确定被害人死亡原因。如荆某涉嫌故意杀人案,荆某供述用双手卡被害人的脖子致其窒息死亡。但经多方尸检,只能对被害人的死亡原因得出排除性的分析意见,不能得出肯定性的意见,所以无法与嫌疑人供述的作案手段进行同一认定。三是多次鉴定但结论不一。如对嫌疑人的精神病鉴定,不同的鉴定人在嫌疑人是否具有刑事责任能力上出现多种结论,致使鉴定结论的证明力难以确定。

需要指出的是,证据保管也非常重要。有些案件因长期无法办结而成为积案。期间,由于办案人员更换、管辖区域调整,加之移交、登记、保管等环节管理不严,证据材料特别是物证常常被毁损或遗失,严重影响了诉讼。如彭小艳涉嫌故意杀人案,提取的嫌疑人作案时穿的血衣未及时送检,后又因保管不善而丢失,彭归案后又拒不认罪,给指控犯罪增加了很大难度。又如刘军嫌疑故意杀人案,提取的刘军作案时穿的衣服、鞋子及杀人凶器(石头)等重要物证全部丢失,且现场勘查笔录经两次退补才找到。

(三) 证据审查判断、运用上的瑕疵

对证据的审查评断是指对证据进行分析、研究和判断,找出它们与案件事实之间的客观联系,确定其证据能力有无和证明力大小的一种特殊活动。证据能力的审查判断针对的是证据的客观性、关联

性、合法性,证据证明力的审查判断针对的是证据的真实性和证明价值。证据的审查判断和运用是紧密联系在一起的,对证据的综合审查判断就是证据的运用。证据审查判断、运用上的瑕疵主要有:

1. 科技证据审查判断与运用的瑕疵

科技证据往往具有很强的证据价值,许多疑案依靠它得以侦破,于是有的对科技证据不审查或审查不仔细,造成疑案、错案。这些案件比较突出的瑕疵是测谎结论的审查运用。73起案件在侦查阶段经过测谎的有20余起。有的案件是搁置多年后仅依靠测谎结论确定侦查方向,锁定嫌疑人,取得认罪口供。如任某等4人涉嫌故意杀人案就是依据测谎结论"绝不是一人作案"而错抓了4名嫌疑人。鉴于这种情况,对待测谎技术要有正确的认识,否则,可能走入误区。第一,CPS多道心理测试(俗称测谎)鉴定结论不属于刑事诉讼法规定的证据种类,可以使用它帮助确定侦查方案,坚定侦查人员信心,但不能将它作为证据使用。第二,测谎结果即使证明测试对象在说谎,也只是表明被测验人是说真话还是撒了谎,并不能回答被测验人是否实施了被控罪行。正如一位美国心理学家所说:最难以对付的是找出那些惊慌失措的怀疑对象,而他们恰恰又是没有说谎的人。第三,测谎技术在我国刚刚起步,在理论、经验和技术方面均存在不足,不正确的对待测谎结论可能对刑讯逼供等非法取证行为起到推波助澜作用。

事实证明,鉴定设备是否先进、鉴定方法是否科学、送检材料是否充分、鉴定人的业务水平高低、鉴定过程是否认真、鉴定过程是否受到外界的干扰等,都会影响鉴定结论的正确性。如张某涉嫌投毒杀人案。张某供述,在三个面盆中,他将毒药投进了第一个面盆,鉴定结论是第一个面盆有毒药成分,第二、三个面盆未发现异常成分。由于鉴定结论和张某供述一致,法院判处张某无期徒刑。张某上诉后,二审法院发现鉴定书分析部分论证的是第二个面盆检出有毒药成分,第一个面盆没有毒药成分,分析内容与结论相反,又与张某供述矛盾,二审法院于是以事实不清、证据相互矛盾,宣告张某无罪。即使是目前认为可靠性极高的 DNA 检测也有出现错误的情况,所以对科技证据仍应严格审查。

2. 盲目扩大物证的证明力,忽略其证明的间接性

物证作为一种间接证据,有时只能间接地证明案件事实的片段,证实不了整个过程,它必须与其他证据结合才能证明案件事实。如侦查人员在李某涉嫌故意杀人案的案发现场取得一个带血足迹印,经鉴定此足迹和嫌疑人足迹特征包括步态、步法、步幅完全一致,且从足迹上提取血的血型和被害人血型一致,于是就认定李某为作案人。其实,此带血足迹如果确能证实为李某所留,也仅能证明其到过案发现场,不能直接证明其就是嫌疑人。

3. 依赖口供又不会运用口供

有的在嫌疑人供述的某些或多数细节与被害人陈述、证人证言或其他同案嫌疑人供述高度一致时,往往认为嫌疑人的有罪供述是真实的,忽略结合其他证据审查其真实性。如田某涉嫌强奸杀人案,由于办案人员机械地在口供中寻找吻合点,结果在犯罪时间、地点、手段等 19 处相同的情况下,田某一审被判处死缓,二审维持。后田某多次申诉。经复查发现,现场留下的精液的血型与田某血型不一致,最后宣判其无罪。可见对口供的机械采信是导致本案错误的一个重要原因。

有的混淆证据分类,没有认识到嫌疑人口供和证人证言的本质区别,认为同案犯的口供对其他同案犯就是证言,对仅有同案嫌疑人一致供述无其他相关证据印证的案件,于是认为有口供和证言相互印证,不属于仅靠口供定案。实际上,同案嫌疑人供述仍是口供,不能互为证言。

4. 不能正确对待嫌疑人的辩解,片面认为翻供就是不老实

翻供的原因是多方面的,既可能是嫌疑人因记忆原因而改变原有供述内容,也有可能出于侥幸和抵赖心理而推翻原来的供述,还有

可能原口供是在刑讯逼供、诱供、指供条件下产生的。翻供本身并没有为我国刑事诉讼法所禁止，合理翻供既是查清案件事实的需要，也是保障嫌疑人合法权利的需要，所以不能一概认为翻供就是不老实，是狡辩，是不认罪。如王生等人涉嫌故意杀人案，王生始终不供，同案嫌疑人张某做出有罪供述后又在提请逮捕时翻供，逮捕后提审时再次供认，起诉后又翻供，第三名嫌疑人始终供认。富有戏剧性的是在审查起诉阶段真凶出现，此三人全属无辜。所以翻供不能一概否定，要实事求是地审查翻供是否合理。

其实，如果能够针对嫌疑（被告）人的辩解及时补充完善证据，就会少走弯路，避免错案的发生。宋业与情妇刘燕杀害妻子的案件就是围绕嫌疑人的辩解收集调取证据，从而成功侦破的案例。嫌疑人宋业归案后拒不供认指使刘燕杀人的事实，并多次辩解自己案发前根本就没有和刘燕联系过。侦查人员经过深入调查发现，宋业为制造没有作案时间的假象，在案发前一周借故向单位请假回到老家，通过手机和当地的固定电话对刘燕实施遥控指挥，仅在案发前后的30分钟内，二人电话联络就达20余次，最短的通话间隔只有几秒钟。在侦查人员把及时调取的通话清单呈现在他面前时，宋业只得如实供述了自己参与作案的犯罪事实。所以对待翻供的最好对策就是不过分依赖嫌疑人供述，应当积极收集其他证据，尽量达到没有嫌疑人口供也能定案的证明程度。

5. 不能正确认识证据数量和证据证明力的关系，认为有罪证据数量越多越充分，证据证明力就强，只要有罪证据多于无罪证据，就倾向于有罪认定

有的把一人的有罪口供多次提取，有的把同一来源的证言取了多份，认为这样证据就达到了确实充分的程度。其实，这样的口供或证言再多也是孤证。

孤证包括两种情况：一是绝对的孤证，二是相对的孤证。孤证不能定案，必须通过对证据之间有无矛盾及能否互相印证、证据在全案

证据体系中的地位等问题进行全面的衡量,才能做出合理的判断。很多情况下,出现问题就在于错误地理解了证据充分的含义,证据的充分程度和证据的数量是不成正比的。

6. 不善于综合审查判断证据,排除证据矛盾

一些案件收集的证据虽然较多,由于取证的主体之间缺乏沟通,加之办案人员审查不细,证据内容存在许多矛盾、疑点。如果证据矛盾不能及时排除,证据的证明力互相排斥,就无法定案。如赵某涉嫌强奸杀人案,目击证人证实嫌疑人的身高、衣着特征与赵某有明显差异。从当时的天气能见度、证人与现场的距离等情况分析,证人提供的这一细节显然不准确。但侦查人员在询问时没有对证人的感知、记忆、表达能力作进一步的了解和询问,事后也没有就这一关键证据出现的矛盾及时排除,批捕后赵某翻供,法院经多次审理最终仍因证据不足而宣判无罪。

二、命案证据瑕疵的主要原因

从司法实践看,疑难案件都是因为证据出现了问题,有的是证据不一定确实,有的是证据不充分,有的是证据是否确实、充分等认识有分歧。概括地说,造成命案证据瑕疵的主要原因有:

1. 侦查指导思想上不能准确把握"命案必破"工作要求的内涵

自公安部提出"命案必破"工作要求以后,各级公安机关不断加大工作力度,一大批恶性案件和多年未破的案件得到侦破。据公安部官方网站通报,2005年我国8类命案破案率已达89.6%,为历史最高水平,接近日、德、韩等国,超过英、法、美等国。但一些地方对"命案必破"工作要求的内涵理解不够准确,工作出现偏差。主要表现有以下两个方面。一是认为抓到了嫌疑人就是破了案,批捕后侦查工作松懈,不重视嫌疑人到案后证据的收集和固定完善。个别案件甚至还出现了破案干警披红戴花立功受奖,而案件最后被判无罪或存疑不诉。二是不能遵循刑事诉讼规律,制定科学合理的考核办

法,重破案率(公安部要求各省命案侦破率必须达到85%)轻起诉率,重批捕率轻有罪判决率,以破案率作为考核的主要依据,把它和个人进步、待遇等相联系,甚至实行末位淘汰。

2. 办案思维方法不正确

用正确的思维方法办案至少应遵循两点。一要遵循客观规律。取证过程符合客观规律才能尽可能地再现案件真相。如侦查实验,如果进行实验时的条件与案发时的条件不同或不完全相同,结论也就无法作为诉讼的证据。又如有些案件多年未能侦破,在证据已经灭失或没有新证据的情况下,仅凭测谎结论重新锁定嫌疑人就违背了客观规律,极有可能导致错案。二要遵循逻辑规律,正确适用逻辑推理方法。常见的错误是不会进行"三段论"推理,主要表现不是大前提错误,就是小前提错误,结论不周延,造成冤假错案。如姚某涉嫌抢劫杀人案,受害人报称遭受抢劫反抗时曾向对方一人右肩部位猛击,留下了伤痕。于是警方布控找到一个14岁的右肩部有伤的姚某,即认定为本案嫌疑人。起诉后真凶到案,姚某纯属无辜。该案错误确定大前提(犯罪嫌疑人右肩有伤),然后根据小前提(姚某右肩有伤)推出姚某就是犯罪嫌疑人,错误根源在于没有认识到人肩上的伤可以是多种原因形成的。

3. 不会把握证据确实、充分的定罪标准

我国的刑事诉讼法从质和量方面规定起诉定罪标准是证据确实、充分。一般认为,案件事实清楚,证据确实充分可以作如下理解:(1)据以定案的证据均已查证属实;(2)案件事实均有必要的证据予以证明;(3)证据之间、证据与案件事实之间的矛盾得到合理的排除;(4)对案件事实的证明结论是唯一的,排除了其他的可能性。但在个案中根据上述理解判定案件定罪证据是否确实充分并不容易。如李某故意杀人案,某日,李某主动向其岳母交代(自说因信奉基督教后感觉良心需要忏悔),称多年前失踪的妻子路某被其杀害后埋在自家苹果园里。于是其岳母报案。经调查、讯问、指认现场与勘查后查明：

1996年8月20日晚，李某在家中因安装电话与妻子路某发生争吵，加之夫妻关系长期不和，便产生了杀人念头。次日凌晨1时许，李趁路熟睡之机，先用钢管击路的头部，路被击打醒来后向李求饶，李又用钢管朝路的头部连击数下。恐路不死，又从屋内找来一根两端带有插头的电线，通电后朝路的胸部连击两次，致路死亡。后用自己家中的铁锹、镢头在其苹果园里挖三个土坑将路的尸体及电线、被面、被罩、衣裤等掩埋。

对于本案定罪证据是否确实、充分，认识分歧很大。有人认为本案由李某自首案发，案发自然，且其始终供述自己杀人动机和作案过程，并对埋尸地点进行了指认，先供后证。其供述的作案时间、作案工具、掩埋尸体的地点、各坑内埋藏的东西等均与现场勘查情况、提取的物证和有关技术鉴定结论一致，且排除了李某替人顶罪的可能，所以本案能够认定。但也有人认为不能定案：（1）死者身份不确定，由于死亡时间过长，虽经公安部物证鉴定中心及司法部司法鉴定中心分别鉴定（两次DNA鉴定、一次颅像重合鉴定、一次人类学鉴定），均未能列出尸骨的DNA图谱，无法通过DNA技术认定尸骨身份；（2）死亡原因不能确定，李某供述杀害路某时先用钢管击打头部（但颅骨没有损伤），后又用电击路的胸部致路死亡，现因案件发生已9年，尸体皮肤肌肉、内脏等均已腐化降解，尸体已白骨化，故不能对路进行损伤鉴定，无法印证李某的供述。

实事求是地说，反对定案的理由是有道理的，因为本案至少需要证明路某死亡的事实。但就是反对定案的人也认为，按照正常社会经验，李某就是杀害妻子的人。

此案后来还是通过DNA鉴定证明死者就是路某后彻底取得共识。李某被判无期徒刑后也不上诉。试想：如果此案确实无法通过DNA鉴定证明死者身份而认定李某杀了妻子，谁能保证路某以后不会像佘祥林冤案中的张在玉一样活着回来？

4. 办案人员业务素质不高，甚至工作责任心不强，制约案件质量

上述很多证据瑕疵并不要求办案人员有过高的理论水平和业务能力去克服，有些只需要收集、固定、审查判断与运用证据的常识性技能。如对从案发当场提取嫌疑人遗留的精斑应及时鉴定。有的甚至靠推断和想象办案。从办案实践看，侦查人员要先分析谁是嫌疑人，进而确定侦查思路和方向。分析是否正确，一要看是否有根据；二要看能否用收集到的证据不断验证和修正，逐步缩小范围，最终锁定嫌疑人。但有的确定嫌疑对象根据不切实际或不合常理，有些案件多年后仅凭测谎结论就把当时难以侦查的案件重新拣起；有的对嫌疑对象先入为主，在证据收集不到位的情况下，就把嫌疑对象过早地定格为罪犯；有的背离证据收集的客观性和全面性要求，符合自己推断的就收集，不符合自己推断的就不收集或收集了不入卷，甚至以逼供、诱供的方式获取自己需要的和推断想象的证据。没有把侦查中的合理怀疑、大胆假设与依靠证据确认嫌疑人区分开来。合理怀疑是必要的，否则连嫌疑人也难以确定，但是合理怀疑是建立在证据基础上的怀疑，不能把排查到的怀疑对象视为确定了嫌疑人，很多错案的发生都是从错误确定嫌疑人开始的。

5. 刑讯逼供等非法取证行为造成难以认定证据是否确实

一些疑难案件虽然取得了嫌疑人的有罪供述，但其供述的真实性不易认定。特别是先证后供的案件，由于勘察检验在先，而有些嫌疑人有罪供述又是逐渐与勘察检验情况相吻合，如嫌疑人以被刑讯逼供翻供，那么其有罪供述的自愿性与真实性就无法确定，因为嫌疑人供述本身、嫌疑人供述与勘察检验情况也有许多矛盾。如刘某涉嫌故意杀人一案，公安局于1999年4月29日接到李某报案称给自己看果园的一个蒋姓男子被杀。经调查，与死者最后接触的人是在该地从事理发的江苏籍男子刘某，而刘去向不明。经深入调查，刘某曾在案发后找其老乡刘六军借钱，因此将刘某确定为犯罪嫌疑人。

后通过通缉刘某于 2005 年 1 月 22 日在外省被抓获。刘某立即主动做了有罪供述,之后多次承认自己杀死被害人的经过,其供述的作案时间、手段、工具等与现场勘查和尸检报告情况基本印证,后指认了作案现场。但刘某第一次供述与后几次供述在作案时间、作案工具上供述均不一致,且其有罪供述在细节上是逐步与现场勘查情况吻合起来,疑点很多。

6. 工作作风不扎实,工夫没有下到收集、审查判断证据上

如王军涉嫌故意杀人案、吴学涉嫌故意杀人案,两名嫌疑人作案时都有明显的精神病迹象,但侦查人员却没有给予足够的注意,未对两人进行刑事责任能力鉴定。审查起诉时检察人员发现两人精神不正常并作司法精神疾病鉴定,鉴定结论表明两人均因患有精神分裂症不负刑事责任。

三、建议

针对命案证据收集、固定、审查判断和运用的瑕疵与原因,笔者提出以下几点建议。

(一) 强化责任意识

一些案件难以诉讼,不是由于办案人员业务水平低,也不是因为案情复杂疑难,难以取证,而是由于工作责任心不强造成的。如有几起案件因为证据材料保管不善丢失影响诉讼。所以办案要有高度的责任感,绝不能因为工作失误使犯罪分子得不到及时、应有的惩罚。

(二) 增强人权意识

破案需要激情但更需要冷静。没有激情破不了案,不冷静会办错案。特别是命案后果严重,影响恶劣,更需要执法人员冷静、理智和客观地办理。不能因为案外因素人为拔高或降低证明标准。当不能将案件事实证明到确实充分、排除合理怀疑的程度时,应依法做出不移送、不起诉的决定。

（三）强化证据意识

证据是案件的生命线。许多案件久拖不决就是因为证据不足或证据不实。要从强化证据意识入手，加强证据的搜集和审查判断工作。

一是要客观全面地搜集证据，尤其是要善于发现和提取痕迹、血迹、分泌物、凶器等实物证据。

二是要及时有效地固定、保全证据，对于需要做出鉴定的及时鉴定，防止证据丢失和丧失证明力，以发挥物证的证明价值。

三是要认真审查并排除证据矛盾。对获取的证据必须进行认真细致、逻辑严密的综合分析，以确认证据能否形成环环相扣的证据体系。如果仅仅对有罪证据进行简单堆砌，不善于发现和消除矛盾点，其结果必然会造成疑难案件无法诉讼。

四是要全面移送证据。侦查人员对证据进行筛选和排列是非常必要的。不仅如此，还要将涉案的证据全面移送，尤其是无罪证据。

（四）正确运用有罪口供

正确运用有罪口供要坚持以下两点。一要坚持口供补强规则。口供补强规则是指禁止以被告口供作为定案唯一依据而必须有其他证据予以补强的证据规则。它是立法基于口供内容在真实程度上易受干扰性和司法实践中因过于依赖口供导致非法取证的现象大量存在的现实，而对口供在采信态度上采取的一种矫枉过正的规定。不仅口供的真实性需要补强证据来担保，口供的自愿性同样也需要补强证据的担保。对于只有一名被告人供述的证据需要补强，比较容易理解。共犯的口供因为不能互为证言，也就不能达到自然补强效果。有时同案嫌疑人因受到各方压力或威胁而替人顶罪，由于事先进行了沟通，订立了攻守同盟，他们的供述常常能够相互印证。如果据此定案，必然会产生错案。但共犯的口供毕竟能起到一定的相互支撑作用，所以采取任意补强原则而非强制补强原则更有利于司法实践，即穷尽侦查手段仍无法取得其他证据，共同被告人之间无串供可能,排除了指供、诱供、刑讯逼供等非法获取口供的情况等,可以视为证据已被补强。《全国法院审理毒品犯罪案件工作座谈会纪要》中也指出,仅凭被告人的口供依法不能定案。只有当被告人的口供与同案其他被告人供述吻合,并且完全排斥诱供、逼供、串供等情形,被告人的口供与同案被告人的供述才可以作为定案的证据。对仅有口供作为定案证据的,对其判处死刑立即执行要特别慎重。可见,对于仅有同案犯供述的情形,最高法院并未将其归于强制补强的范围,而是列于任意补强的范围。这虽不是正式司法解释,但反映出最高法院对此种情况的态度。二要坚持非法口供排除规则。当代各国均普遍明确禁止非法获取口供。我国也规定凡经查证确实属于采用刑讯逼供或者威胁、引诱、欺骗等方法取得的证人证言、被害人陈述、被告人供述不能作为定案的根据。

（五）强化程序意识

正义不仅应当实现,而且应当以人们看得见的方式实现。这就是程序公正的重要价值所在。程序公正的目的和价值不仅体现在人权保障上,而且也是对执法行为的一种规范和限制。仅仅把正义实现的希望寄托于执法者良好的道德修养是不够的。只有借助制度的力量和约束,才能对执法的结果有一个相对稳定的预期。

（六）强化监督意识

检察机关监督意识不强,没有认真履行监督职责或监督职责履行不到位,致使一些公安人员违法取证行为没有及时纠正,违法取得的证据没有被排除,最终影响了案件正常诉讼。侦查监督要把纠正违法办案、违法取证作为重点。发现有证据瑕疵的,及时提出完善证据意见。对违法取证行为情节较重的,应当督促纠正。

（七）建立切实可行的非法证据排除制度

我国刑事诉讼已经有非法获得的言辞证据排除使用的规定。但依笔者的司法实践,这里最大难点是如何发现和确定刑讯逼供等违法取证行为,已经暴露的违法取证也主要是其他案件真凶出现引起的。理论上的研究也多是在应然的层面上,对可操作性的研究很少。笔者认为:(1)鉴于违法取证行为一般发生在侦查阶段,所以可以实行侦查与羁押分属管理,重大案件侦查律师见证等制度,从源头上制止违法取证;(2)准确界定刑讯逼供、威胁、引诱、欺骗等非法取证行为的含义,这既有利于保护犯罪嫌疑人,又有利于侦查谋略的实施;(3)确立不同诉讼阶段关于违法取证行为的证明责任和证明标准,切实解决实践中无人证明或证明情况不清的问题;(4)建立严格的责任追究制度和非法言辞证据排除制度,加强责任风险和工作效果风险。

(八)遵循刑事诉讼规律,制定科学合理的考核办法

改革侦查结案标准和以破案率等为依据的考核办法。根据以往的经验,如果达不到破案指标,可能出现的情况是:一旦将犯罪嫌疑人抓到后,哪怕证据并不确实、充分,也要想方设法办成"铁案"。一旦犯罪嫌疑人承认了,被害方的怒火也就平息了,办案的民警能够立功受奖,上下左右皆大欢喜。但这就容易诱发刑讯逼供,严重的会造成冤假错案。应该以尽力侦破命案为龙头,在它的带动下,通过法定的程序,整体上提高刑事案件的破案率。要强调"依法"破案,提升"依法破案"的破案率。

提高死刑案件质量要把好"五关"

一、要全面把握死刑适用法律政策,在指导思想上把好案件质量关

(一)保留死刑,但要依法严格控制死刑

"保留死刑,依法严格控制死刑"是党和国家一贯的刑事政策。死刑适用政策绝不是单纯的法律问题,而是由政治、经济、文化、历史、宗教等多种因素所决定的社会问题。一方面,保留死刑符合我国现阶段国情,在今后一个相当长的时期内,仍然需要运用包括死刑在内的各种刑罚手段,维护社会稳定,促进社会和谐;另一方面,要正确认识保留死刑和依法严格控制死刑的关系,依法严格控制死刑适用,以最严格的标准和最审慎的态度确保死刑只适用于极少数罪行极其严重的犯罪。

(二)依法严格控制死刑,但不随意减少死刑

判处死刑的案件和人数多少是由犯罪本身的性质和严重程度决定的,是以法律规定为依据的,不以我们的主观意志为转移。社会上犯死罪的人多,依法被判处死刑的人自然就多,反之就少。这就深刻地阐明了适用死刑人数的多少和犯罪状况的辩证关系。其精神实质就是要求我们应当审时度势,综合考虑,严格依据法律和政策,依据犯罪事实和对社会的危害程度,依据当地社会治安状况,依法决定是

否提出适用死刑的意见,而不是随意地或想当然地减少死刑。

(三)依法严惩严重刑事犯罪,但不能忽视从宽、从轻或减轻的情节

一方面,必须坚定不移地贯彻"严打"方针,对于严重危害国家安全犯罪、恐怖犯罪、黑社会性质组织犯罪以及爆炸、杀人、抢劫、绑架、毒品等严重危害社会治安、严重影响人民群众安全感的犯罪,犯罪集团中的首犯、累犯、惯犯、教唆犯等,该严厉惩治的要坚决严厉惩治,对应当判处死刑的要依法提出适用死刑的意见。另一方面,还要区别对待,对于因邻里纠纷、家庭矛盾等各种社会因素所导致的刑事案件以及具有从宽条件的案件该宽则宽,依法提出从宽处理的意见,真正把宽严相济的刑事政策体现在死刑案件办理过程中,不能因为是死刑案件而忽视从轻、减轻处罚事实的存在和情节的认定。

(四)讲究办案的法律效果,但必须同时考虑办案的社会效果

死刑既有特殊预防作用也有一般预防的作用,适用死刑的案件不仅要具有法律上的正当性,而且要具有社会效应上的必要性。不严格依据犯罪事实、性质、情节和犯罪后果,就不能正确地适用死刑;不顾社会治安的状况,不考虑人民群众的社会安全感,孤立办案,就案办案,就会背离刑罚的目的,甚至起到相反的作用。因此适用死刑必须做到正当性与必要性的统一,特殊预防与一般预防的统一,法律效果与社会效果的统一。

二、要严格死刑案件证据标准和证明标准,在事实证据上把好案件质量关

如何理解"事实清楚,证据确实充分,排除一切合理怀疑"的死刑案件的证明标准,关键是要把握好八个字"确实充分,确信无疑"。具体要从七个方面理解:一是证据的虚假性要得到有力排除,确保真实性;二是证据的主观性要得到合理约束,确保客观性;三是证据指向与案件事实之间的关系要得到明确,确保关联性;四是证据之间的矛

盾要能够得到全面排除,确保一致性;五是证据的可变性要得到合理控制,确保稳定性;六是证据的疑点要得到合理排除,确保可信性;七是证据收集的程序性要得到遵守,确保合法性。

(一)要重视客观性证据的审查

客观性证据可靠性和稳定性较强,通常比主观性证据更能客观地证实案件的真实情况,对事实认定有重大甚至决定性的作用。所以,一定要高度重视对客观性证据的审查和运用。同时,由于客观性证据的收集存在着诸多人为因素的影响,因此,要重点审查这些客观性证据是否依法收集,收集程序是否规范,证明内容是否合情合理,与其他证据是否相互印证,有矛盾的地方能否合理排除。特别对在案发现场、被告人抓获地等处发现的能够证明案件关键事实的血迹、指纹、毛发、体液等客观证据,必须依法鉴定。应当鉴定而没有鉴定的,应当要求公安机关进行鉴定,或者自行委托鉴定。如果关键性客观证据存在疑问,可能影响对其采信,经补充查证仍无法排除疑点的,应依法不予采信。

(二)要重视量刑证据的审查

在工作中,我们往往重视定性证据的审查与运用,有时往往忽视量刑证据的审查与运用。其实,从某种意义上讲,量刑证据对死刑案件来讲意义更大。一定要在重点审查定性证据的同时,高度重视量刑证据的审查。特别是要注意审查犯罪动机,判断犯罪动机是否合乎情理,当犯罪动机与实施的犯罪行为存在矛盾时,更要深入核查;在审查犯罪起因和被害人是否存在过错等问题时,不能仅凭当事人一方言词来认定,尤其在双方言词出现矛盾时,要重点审查其他相关证据,综合认定;要注意审查被告人身份、年龄以及刑事责任能力,当被告人年龄处于适用死刑边缘年龄时更要细心审查。

(三)要重视被告人口供的审查

要重证据不轻信口供。被告人口供是否真实,要通过其他证据来印证。对于被告人的供述与现场勘验、检查吻合,而其他直接证据单薄的,如果是"先证后供",由于不能排除逼、诱供等可能性,提出适用死刑意见要慎重;如果依据被告人的供述提取到了隐蔽性、证明力很强的痕迹、物证、书证,且与其他证明犯罪事实发生的证据相印证,可以建议依法认定;对于被告人翻供的,要注意审查翻供的原因和理由,是否有事实依据,是否合情合理,对翻供理由是否能够做出合理解释;如果有证据表明存在刑讯逼供或者其他非法取证可能的,或者被告人提供了逼供诱供、非法取证线索的,应认真予以查证,不能排除刑讯逼供可能性的,不能将口供作为定案的主要根据。

三、要深入研究死刑案件量刑标准,在法律适用上把好案件质量关

要注意研究死刑案件量刑标准,特别要注意研究量刑情节对死刑适用的影响。量刑情节根据不同的标准可以分为法定情节和酌定情节、应当情节和可以情节、从轻情节和从重情节等。这里就几个影响死刑适用的常见的法定和酌定情节谈点看法。

(一)关于因民间纠纷引发的死刑案件的法律适用问题

我省因民间纠纷引发的死刑案件比较突出,主要集中在婚姻家庭纠纷、宅基地纠纷、债务纠纷、相邻关系纠纷等方面。这类犯罪一般事出有因,对象特定,具有突发性、激情性的特征,主观恶性以及对社会治安的危害和群众的安全感影响相对较小,与其他严重危害社会治安的犯罪有一定区别,对这类案件提出适用死刑意见时要慎重。对被告人有法定从轻处罚情节或者被告人方积极赔偿被害人损失、真诚认罪悔罪的案件,可以考虑对被告人依法从轻处罚。但对那些犯罪动机特别卑劣、犯罪后果特别严重的恶性案件,即使是因民间矛盾纠纷引发的,也应当依法从严处罚。这就是说,此类案件虽然有从轻量刑情节,但也不是一律从轻,要视案情综合考量。

(二)关于被害人过错引发的死刑案件的法律适用问题

根据《全国法院维护农村稳定刑事审判工作座谈会纪要》精神,

被害人一方具有明显过错或对矛盾激化负有直接责任的,一般不对被告人判处死刑立即执行。被害人过错包括法律上的过错、道德上的过错、习惯上的过错等,但并不是所有的过错都对死刑案件的量刑具有意义。只有当被害人有"明显"过错时,才会影响案件的量刑。在被害人有过错责任的死刑案件中,要充分考虑被害人过错责任的性质和程度。如果被害人的过错责任很轻微,尚不足以对被告人犯罪行为的主观原因、行为方式和手段产生影响,犯罪完全是由被告人的主观恶性所致,对被告人量刑时,一般不应考虑被害人的过错责任。如果被害人过错责任明显或对矛盾激化负有直接责任,就要注意考虑被害人的过错责任。对于当事人双方都有过错的,应当分清双方过错的大小,并结合被告人的作案手段、社会危害后果等各种情节综合考虑。这类案件关键是如何理解和认定何为"明显过错"以及双方过错谁大谁小、谁主谁次。

(三)关于具有自首立功等法定从轻情节案件的法律适用

自首和立功是司法实践中适用较多的两种法定从宽处罚情节。具备这两种情节,没有特殊情况的,原则上应当依法从宽。自首,有犯罪事实、犯罪人未被发现时的自首,也有犯罪人已被发现,在走投无路、被迫无奈情况下的自首;有因形迹可疑被询问的自首,也有到案后的"准自首";有基于真诚悔罪的自首,也有惧怕受到惩罚而无可奈何的自首;有主动投案的自首,也有亲属劝说、协助下的自首等。无论哪一种自首的认定,必须具备"自动投案"和"如实供述"两个要件,2009年3月12日,最高人民法院、最高人民检察院联合发布的《关于办理职务犯罪案件认定自首、立功等量刑情节若干问题的意见》又重申这个问题。对于犯罪事实、犯罪人未被发现时的自首,量刑时应当予以充分考虑;对于其他情形的自首,在综合分析后要看从重因素和从轻因素哪方面更突出一些,对于从重因素突出的,可以依法提出适用死刑的意见,对从轻因素更突出的,则应依法体现从宽。对于具有累犯等人身危险性的犯罪,利用自首规避法律制裁的,要从严掌握自首情节,反之,对于没有犯罪劣迹记录的人实施的突发性犯罪,具有一定的自首特征,即使自首不成立,也可以作为酌定情节予以考虑,原则上也可从宽。

对具有立功情节的被告人能否从宽,主要看"功"是否足以抵罪。如果被告人罪行极其严重,只有一般立功表现,功不足以抵罪的,可不予从轻处罚。对于黑社会性质组织犯罪的首要分子、毒品犯罪中的毒枭,由于其犯罪性质决定了其有可能掌握较多的犯罪线索,有的甚至为逃避法律制裁事先就有准备、留有后路,这类犯罪的人身危险性极大,即使检举揭发与其犯罪有关联的人或事构成重大立功,从轻处罚也要从严掌握。被告人亲属为了使被告人得到从轻处罚,检举、揭发他人犯罪或者协助司法机关抓捕其他犯罪人,客观上对打击犯罪有利,这种情形虽不能认定被告人具有立功表现,但也可酌情从宽处罚。但被告人亲属严重违反监规甚至采用行贿手段帮助或串通被告人立功的,不应当认定为立功。

(四)关于附带民事赔偿到位死刑案件的法律适用问题

一般来讲,被告人赔偿被害人物质损失的情况,可以作为量刑情节予以考虑。对于因婚姻家庭、邻里纠纷等民间矛盾激化引发、事出有因、侵害对象特定的案件,如果被告人积极履行赔偿义务,获得被害人方谅解或者被害人方没有强烈反应,可以依法从轻判处;对于侵害不特定公众、严重危害社会治安、严重影响人民群众安全的暴力犯罪,不能因为赔偿到位,或者得到了被害人的谅解就不适用死刑。

四、要全面落实死刑案件公诉引导侦查制度,在办案源头上把好案件质量关

从办案实践看,一些死刑案件质量不高的原因主要是证据问题。解决这个问题,一方面需要侦查机关规范侦查工作、提高办案水平;另一方面公诉部门必须强化责任意识,做好引导侦查取证工作,从办案源头上加强死刑案件证据收集与固定。一是要建立完善省辖市级公安局与省辖市级检察院办理死刑案件工作衔接机制。省辖市级公安局对死刑案件要全面审查并决定是否侦查终结。拟决定侦查终结的,省辖市级公安局应当制作有关法律文书并负责移送同级检察机关起诉,强化省辖市级公安局的办案责任。二是要建立死刑案件由省辖市级检察院介入侦查、引导侦查取证的工作机制。规定死刑案件犯罪嫌疑人执行逮捕后,省辖市级公安局应主动向省辖市级检察院通报情况,由省辖市级检察院适时介入侦查,明确死刑案件引导侦查的主体、时机和方式,解决基层院介入侦查但不审查起诉,省辖市级检察院审查起诉又不介入侦查的工作脱节现象。三是要完善死刑案件受理前审查制度。规定死刑案件在侦查终结前,省辖市级公安局应将侦查案卷送请市分院初步审查,便于及时发现解决证据收集、固定中存在的问题。四是要理顺死刑案件补充完善证据的程序。规定一审起诉环节需要补充侦查的,省辖市级检察院应当提出书面具体意见,退回省辖市级公安局补充侦查;二审检察环节需要补充完善证据的,由省院通过省辖市级检察院退回省辖市级公安局补充完善。解决一审公诉环节退补效率不高,二审检察环节补充完善证据困难的问题。

五、要加大死刑案件监督力度,在防错纠错上把好案件质量关

死刑案件责任重大,法律监督工作更为重要。我们要依法履行好监督职责,特别要重点加强以下三个方面的监督工作。一要加强对侦查机关可能存在的刑讯逼供、暴力取证、程序违法等问题的监督。从省院近年办理死刑二审案件看,有相当一部分案件上诉人反映刑讯逼供问题,有些案件刑讯逼供迹象还比较明显,后果比较严重。这些问题直接影响死刑案件办理质量。省市两级院在办案中要注意发现上述线索,及时进行初查,必要时与有关部门共同调查。二要加强死刑案件自首立功问题的监督。这是一个在死刑二审期间反映比较突出的问题。要本着对案件事实负责、对当事人负责的态度,认真复核调查有关材料,注意发现虚假立功、买功卖功、人为造功及其背后的职务犯罪线索,加大查处力度,防止犯罪分子钻国家法律和刑事政策空子。三要加强死刑案件抗诉工作。对适用法律错误、量刑畸轻畸重、严重违反诉讼程序等要依法提出抗诉或建议发回重审,要重点发现因理解死刑政策不到位或偏差导致的错误裁判,该抗诉的要坚决依法抗诉。

公诉证明的特点及证明标准

一、公诉证明的特点

公诉证据是否具有证明能力和证明效力,依赖于公诉证明。而公诉证明又反过来需要公诉证据支持。公诉证明是司法证明的组成部分。"证明"一词,顾名思义,即证实事实,明确结论。关于证明的概念,作为大陆法系代表的德国在证据法上对证明作的定义是:指职权机关和参加人按照法律规定的范围、程序、方式和证明标准,阐明或者说明特定事实的行为。作为英美法系代表的美国法律,很少对证明一词下明确定义,只有在少数州的法规中有相关规定。如《加利福尼亚州证据法典》第190条规定:证明是通过证据在事实裁判者或法庭心中建立对某一事实的必需信念(的过程)。也有专家认为,有时证明和证据很难区分,证明是证据的结果或效果,证据是证明的媒介,更准确地说,证据是各种事实赖以确立的手段,而证明是根据这些证据推导出来的结果或结论。

公诉证明作为一种刑事司法证明活动,是指国家公诉机关在公诉活动中依照法律规定的程序和要求向审判机关提出证据,并运用证据阐明主张事实、论证主张理由、排除主张争议之诉讼行为。公诉证明包括以下四层含义:第一层含义强调公诉证明的前提必须是提出证据,运用证据,让证据说话,不能是无证据基础的主观推定;第二层含义是强调阐明主张的事实,通常是运用起诉书的形式将认定的涉嫌犯罪的事实和主张阐述清楚;第三层含义是强调要将认定的涉嫌犯罪的理由论述充分,通常是通过在法庭上宣读公诉意见书和在法庭上运用举证、示证的形式支持主张的实事和诉讼请求;第四层含义是强调要对被告人、辩护人及其他诉讼参与人对控方主张的事实和证据提出的质疑和否定意见进行答疑和说服,排除控诉障,这通常是通过法庭辩论和证据的双方质论来完成。公诉证明作为一种诉讼行为同侦查机关的查明行为、人民法院的判明行为相比,具有以下不同的特点。

（一）公诉证明以侦查机关通过侦查活动查明的证据为证明前提

没有侦查机关在侦查进程中查明并移送到检察机关的证据,当然就没有检察机关公诉证明行为的开始。一句话,侦查行为是公诉证明行为开始的前提,侦查查明的证据是公诉证明的前提。

（二）公诉证明是以审查认定的证据为依据

侦查机关查明的证据虽然是公诉证明的前提,但并不意味着所有查明的证据都能够作为公诉证明的依据,只有经过审查认定具有证明效力和证明能力的证据才能作为公诉证明的依据。证明效力是指证据能满足证明活动对证据的基本要求,即证据具备诉讼的"准入资格",又称证据资格。所谓证据能力,是证据对案件特征事实的证明效果和证明力量,即能够达到法定标准的证明特征事实,亦即证据力、证明力、证据价值。上述证据只有经过审查认定具有证明效力和证明能力,才能作为公诉证明依据。

（三）公诉证明以证实犯罪与证实没有犯罪为目的

公诉证明以证实犯罪与证实没有犯罪为目的,也就是说,公诉证明具有双重目的:一方面,经过证据审查认定行为人构成犯罪需要追究刑事责任的,依法提起公诉;另一方面,经过对证据的审查认定没有犯罪事实或不构成犯罪,或虽构成犯罪但不需要起诉的,依法做出不起诉决定。无论是哪一种情况都是公诉证明的目的所在，也是公诉证明的结果。

（四）公诉证明是一系列诉讼活动的总称

公诉证明是审查证据、认定证据、运用证据证明犯罪事实存在与否，并决定是否交付人民法院审判并给予相应惩罚的一系列诉讼活动的总称。它包括对证据效力和证据能力的审查。具体讲包括对证据的真实性、关联性、可采性、一致性、充分性等的审查、判断和认定。

（五）公诉证明活动是一系列诉讼行为的连续和继续

公诉证明活动是审查起诉、提起公诉、出庭支持公诉甚至还包括抗诉在内的一系列诉讼行为的连续和继续。在这个连续的诉讼过程中，审查起诉是公诉证明的基础，没有审查起诉过程中对证据的审查判断，就没有公诉证明的开始。因此，审查起诉是公诉证明的基础和前提；提起公诉是公诉证明的中心环节，这个中心环节在整个公诉证明过程中具有举足轻重的作用；出庭支持公诉是公诉证明的继续。以上三个环节同等重要，忽视任何一个环节，都将大大影响公诉证明的效果。抗诉作为公诉证明的一个救济环节，从某种意义上说，对矫正裁判结果、纠正裁判错误，具有至关重要的作用，有时还会起到决定性的作用。

（六）公诉证明活动是公诉证据和公诉行为共同作用的过程

在公诉证明过程中，一方面，公诉证据作为与案件事实有关联的客观存在，具有不以人的意志为转移的客观实在性，并且每一个公诉证据在一定条件下、一定范围内都客观地见证着一定的时间、空间、行为和过程，另一方面，这些客观存在着的公诉证据，如果不加以主观分析、归纳、整理和运用，它只能是没有任何意义的客观事物的"堆砌"，只有通过公诉人对客观证据进行主观分析、研究和运用，使之成为对已过事实的客观反映，才能成为指控犯罪的证据。所以，公诉证明既离不开确实、足够的证据，也同样离不开有经验的检察官对证据的审查、判断和运用。也就是说，只有公诉证据同公诉证明行为相互作用,主观思维同客观存在相互作用,使公诉证据的客观性同公诉行为的主观性有机地结合起来,公诉证明才能达到预期的目的,也才能完成公诉的证明过程。

(七)公诉证明的过程实质上是一个否定之否定的过程,也是控辩双方相互对立、统一的过程

在公诉证明的整个过程中,始终存在着对公诉证据的认识、肯定、否定,再认识、再肯定、再否定、再认识的循环往复。这个过程包括公诉与侦查、公诉与辩护、公诉与审判之间的摩擦,也包括公诉部门内部在对公诉证据的筛选、鉴别、判断、运用过程中的矛盾和统一。对被告人做出有罪(或无罪)判决的结果实质上也是侦查证据与公诉证据、公诉证据与辩护证据、审前证据与采信证据之间的对立统一的结果。公诉证明的这个矛盾运动过程是统一认识的过程,也是对立统一规律在公诉活动中的客观反映。认识并运用好这个过程,对提高公诉证明能力和公诉案件质量具有很重要的意义。

(八)公诉证明必须在一定期限内完成

公诉证明是一种具体的诉讼行为,直接受诉讼法律的规范和调整,必须在一定期限内完成。也就是必须在一定期限内对涉嫌犯罪事实的存在与否、犯罪嫌疑人应否承担刑事责任做出确定的回答。

二、公诉证明的责任

在英美法理论中,证明责任是一个颇有争议的概念。一般而言,证明责任是指由谁承担向裁判者提出证明争议事实的证据的责任。承担证明责任的一方当事人必须先提出证据,如果其未承担好证明责任,将承担败诉的后果。证明责任问题是公诉证明的首要问题,也是研究公诉证明应当首先从理论上加以明确的问题。公诉证明责任作为公诉机关和公诉人依法运用证据证明案件事实的一种法律义务,具有以下特征。

(一) 公诉证明责任获得的法定性

我国《刑事诉讼法》第 43 条规定:"审判人员、检察人员、侦查人员必须依照法定程序,收集能够证实犯罪嫌疑人、被告人有罪或者无罪、犯罪情节轻重的各种证据。"审查起诉的过程是人民检察院证明案件是否符合向法院提起公诉的条件的过程。在审查起诉时,人民检察院必须收集足够的证据,并且证明确实符合起诉条件或者不符合起诉条件,这样才能保证所作决定(包括起诉决定或不起诉决定)能被认可。实质上是以法律的形式规定了在刑事诉讼中人民检察院有权承担证明责任,而且必须承担证明责任。

(二) 公诉证明责任运作的职权性

公诉证明责任是基于法律上的职权而产生的。公诉机关作为犯罪的追诉机关,不仅肩负着证明犯罪嫌疑人有罪的责任,最主要的是查明案件事实,以达到惩治犯罪,保障无辜的人不受刑事追究。不能把司法机关的证明责任与它的职权割裂开来:首先,证明责任是其行使职权的必然要求;其次,公诉机关的证明责任又有其相应的职权作保障,国家赋予了公诉机关以相应的职权,这就使其在刑事诉讼中依法承担的证明责任有了可靠的保障。

(三) 公诉证明责任过程的时限性

公诉证明有其特殊性,证明责任的承担理应在诉讼过程中,绝不能超出诉讼之外。国外流行一种诉讼理念,诉讼好比一场比赛,比赛结束以后,即使运动员再优秀他对发挥不力而造成的失败结果也无能为力。刑事诉讼的主要任务在于追究犯罪、追求正义,案件涉及社会利益及国家安全,同时也涉及犯罪嫌疑人、被告人的人权。法律设置的公诉证明责任时效就是兼顾了各方的利益。

(四) 公诉证明责任的内容具有复合性

根据公诉证明责任的分层理论,公诉证明责任包括"举证责任"和"说服责任"。这两种责任是各自独立、相互区别的。但是两者之间也有联系,这种联系表现为:证明责任者履行"举证责任"之后,还需履行"说服责任"。履行"举证责任",是其履行"说服责任"的前提。履行"说服责任",是履行"举证责任"的延续和拓宽。有人认为,在刑事诉讼过程中,公安、检察、法院都是证明主体,对这个观点不敢苟同。笔者认为,只有公诉机关才是唯一负有证明责任的主体。侦查机关所负有的查明责任、审判机关所负有的判明责任都是基于它们在刑事诉讼中的特定地位和特定职能所产生的特定责任,是刑事诉讼中的不同分工所致。这种查明责任、判明责任和证明责任不是同一概念。首先,侦查机关承担的是查明责任,不负有公诉证明责任。其次,审判机关承担的是判明责任,不负有公诉证明责任。最后,被告人、辩护人承担反证责任。在我国刑事诉讼中,犯罪嫌疑人、被告人不负证明责任也有例外,因某些特殊原因,如追究某类难以证明的犯罪的特殊需要,法律要求被告人在某些法律规定的情况下承担一定的证明责任。我国法律关于巨额财产来源不明犯罪的规定,要求犯罪嫌疑人和被告人就来源不明的巨额财产予以说明,如不能有效履行这种责任,就可能因其来源不明的巨额财产而被定罪。这里所确定的说明责任,应当说是一种特殊类型的证明责任,也就是举证责任倒置。

三、公诉证明主体和对象

所谓公诉证明主体,就是在刑事诉讼活动中,提出控诉犯罪的主张并有义务承担证明责任的诉讼主体。根据我国传统证据理论对刑事诉讼中的证明主体的狭义解释,证明主体包括国家公诉人、侦查机关和法院。显而易见,公诉证明的主体就是国家公诉人(检察院)。公诉人通过在法庭上举证、质证、认证等活动,论证己方的诉讼主张,以说服法官确认或接受己方的诉讼主张。一方面,公诉人作为争议的一方在诉讼中有自己的明确的诉讼主张,即指控被告人的行为涉嫌犯罪,并要求法院依法追究其刑事责任,另一方面,如果公诉人未能"排除合理怀疑"地证明被告人犯有所指控的罪行,公诉人就要承担起诉失败的后果。由此可以肯定,公诉人担负着证明"被告人有罪"这一核心诉讼主张的证明责任,从而成为刑事诉讼中最主要的证明主体。根据"否认者不负证明责任"的古老法则和现代无罪推定原则的要求,犯罪嫌疑人、被告人不负证明自己无罪的责任。但从世界各国在证明责任分配上的立法与实践来看,被告人不承担证明责任只是一项概括性的原则,在法律规定的例外情况下,被告人仍要对特定事项尤其是证明其无罪的事项承担局部的证明责任(如在巨额财产来源不明案中)。这就是说,被告人不负证明自己有罪的责任这一点是绝对的、无条件的,而被告人不负证明自己无罪的责任这一点是相对的、有条件的。

公诉证明对象是指检察机关在刑事诉讼证明活动中需要运用证据加以证明的事实,包括三部分:争议事实、与争议事实相关的事实和附属事实。争议事实是最重要的证明对象。在公诉中,争议事实是指那些公诉方为成功起诉所必须证明的事实,包括被告人身份、行为的性质以及必要的犯罪意图或目的等一切与认定犯罪有关的要件事实。与争议相关的事实是指一些可能从中推出一项争议事实存在或者不存在的事实,即有助于反驳或者证明有争议事实的事实。通常表现为旁证,主要包括可能性证据、某些鉴定证据、有关特定动机的证据、特定行为的证据。

公诉证明对象还可以分为实体法事实和程序法事实两种。一是实体法事实。它是指对解决刑事案件的实体处理即定罪量刑问题具有法律意义的事实。这是刑事诉讼中基本的、主要的证明对象。案件的实体法事实,由有关的刑法规范所规定。具体内容包括:有关犯罪构成要件的事实、影响量刑轻重的事实情节、排除行为的违法性和可罚性的事实、被告人个人情况。二是程序法事实。它是指对于解决案件的诉讼程序问题具有法律意义的事实。由于程序问题对案件的实体处理产生重大影响,而且诉讼过程中,检察机关有责任正确解决好案件的程序问题,因此,关系到程序法适用的事实也是证明对象。在刑事诉讼中视案件的具体情况需要加以证明的程序法事实主要有：关于申请回避的事实，关于对嫌疑人和被告人采取人身强制措施是否符合法定条件的事实，关于对案件采取搜查、扣押等强制性侦查措施是否合法的事实，关于其他取证程序合法性的事实，关于诉讼期间延长或被延误的事实，其他关于程序法的事实。

公诉证明对象有两个特点。一是与案件有关，具有诉讼意义。与案件有关的事实构成刑事案件处理的事实基础。与案件无关的事实不具有诉讼意义，不能成为证明对象（但有诉讼意义的除外）。二是具有证明的必要性。某些事实如属于众所周知的事实或者已为法律确认的事实，没有证明的必要，可以不再作为证明的对象。包括公认的规则、公认的事实、司法认知、司法裁决、基本常识、推定的事实等。一句话，它们属于不用证明的事实，即免证事实。对这些事实，不必用证据加以证明即可直接确认。

四、公诉证明标准

从某种意义上讲，公诉犯罪的过程就是审查证据、判断证据和运用证据证明犯罪的过程。在这个过程中，证明犯罪处于核心地位。一方面，审查判断证据的目的是鉴别真伪，从而提高证明犯罪的证明力；另一方面，能否达到指控犯罪、追诉犯罪的目的，关键是要看控诉犯罪的证据是否达到了足以证明犯罪的程度和要求。因此，公诉证明标准问题是公诉证明的核心问题，也是公诉工作的关键所在。对这一问题作一番研究至关重要。

（一）确定公诉证明标准的目的和意义

根据我国《刑事诉讼法》和《刑法》的有关规定，公诉证明标准是《刑事诉讼法》所确立的刑事诉讼证据规则的具体化标准。其目的一是强化对侦查机关在调查取证方面的监督和指导；二是规范检察机关指控犯罪的最低证据要求，确保公诉质量，提高公诉水平；三是最大限度地统一起诉、审判双方在证据审查与案件事实认定方面的认识，尽量避免检法之间的冲突，并对审判机关施以相应的监督。可见，确定公诉证明标准对于监督和规范刑事诉讼中的各项活动具有十分重要的指导意义。

根据我国《刑事诉讼法》的规定，"犯罪事实清楚，证据确实、充分"应是刑事诉讼三阶段的统一要求。按说标准统一了，侦查、起诉、审判在本阶段对证据的收集、审查认定都要按同一尺度进行，运用中不会也不应出现大的分歧和冲突。事实并非如此。如侦查机关认为事实清楚、移送审查起诉的案件，公诉机关有可能认为事实不清、要求退回补充侦查；公诉机关认为事实清楚、证据确实充分，起诉到法院的案件，法院也有可能认为事实不清、证据不足，而做出无罪判决。实践中存在的这种认识上的分歧，使我们不得不对（处于刑事诉讼中间环节的）公诉证明标准重新进行一番审视，从而把握公诉证明标准的实质，以解决公诉机关同侦查、审判机关在应用证明标准中的冲突。

（二）国外公诉证明标准的有关规定及评析

公诉证明标准如何确定，我们不妨先看看国外的相关规定。纵观世界主要国家的法律规定，实行的公诉证明标准主要有两种：一种是"定罪的可能性"标准，一种是"定罪的足够性"标准。

1."定罪的可能性"

"定罪的可能性"标准也称"现实的定罪预期"或称"获得有罪判决的可能性"。英、美、加拿大等国多采用此种标准。

2."定罪的足够性"

该证明标准要求必须有"充分、足够的证据或嫌疑"证明对被告人提出的指控，如德国、法国、俄罗斯等国普遍采用此种标准。

3.两大法系公诉证明标准之评析

英、美、加拿大等英美法系国家实行的都是"定罪可能性"标准。该标准是与对抗制诉讼模式紧密联系的，是对抗制诉讼模式的必然要求及选择。反观采用"有足够证据证明控诉或犯罪嫌疑"的"定罪足够性"标准的国家,如德国、法国都是典型的大陆法系国家,采取职权主义的诉讼模式。因此,可以说,此种标准与职权主义诉讼模式同样有着紧密的几乎是必然的联系。其特征正是根植于职权主义诉讼模式的土壤之中,并由其决定。

上述两种公诉证明标准都要求提起公诉时,应有足够的证据证明犯罪的事实,但并不要求必须达到法院有罪判决的证明程度;目的都在于保障提起公诉的正当性、合法性,防止不正当的、无根据的滥诉,从而避免随意将无辜的公民送上被告席,损害其合法权益。两种公诉证明标准的区别主要表现在以下几个方面:标准本身的表述不同,检察官在裁量时所拥有的权限不同,检察官在审查证据时须考虑的重点因素不同,保障提起公诉正当性、合法性的角度不同,保障被追诉人诉讼权利的力度有所不同。

两种证明标准之所以有上述区别,除由其本身性质决定外,究其根源,应归根于与其紧密相关的诉讼模式、法律文化、历史传统以及由此决定的检察官的地位高低不同。在实行当事人主义诉讼对抗制的国家,检方只是代表国家进行诉讼的一方当事人,其诉讼地位除此之外与被告方并无其他本质区别,双方当事人在诉讼中平等对抗。由于检察官固有的追诉倾向,检方基于所掌握的证据认为应当提起公诉并不一定等于该公诉一定正当、合法。更何况,由于庭审中的对抗较为激烈,其所掌握的证据极有可能被辩方提出的辩护意见所驳倒,也可能由于不具可采性而被法官拒绝采用从而做出无罪判决。因此,为防止不正当、不必要的起诉,保护嫌疑人的权利,必须设置一个较为客观的证明标准限制检方的起诉权,即要求检方站在法官的立场认为只有其所掌握的证据提供了现实的预期,才允许提起公诉。而在实行职权主义诉讼模式的国家,检察官是"站着的法官",拥有崇高的地位,有些国家甚至认为他是"准司法官"。他在进行公诉审查时,应全面、客观,既考虑不利于被告人的证据,还要考虑有利于被告人的证据,立场较对抗制诉讼模式下的检察官更为客观。又因为实行职权主义,审前全部案卷移送法院,法官容易先入为主。且辩方力量较控方薄弱,取证困难,在法庭审判中所起的作用较小,检察官与辩方之间在法庭上虽有对抗,但并不像对抗模式下那样激烈、直接,控方的起诉结论在很大程度上等同于法院的判决。只要检察官认为已具备足够的证据足以支持控诉,就基本上足以保障起诉的合法性、正当性。而不必过多地考虑辩方在庭审中可能提出的辩护意见及其对法官定罪的可能性的影响,因此,法律并未要求他履行此项法定义务。

但是,随着两大法系的相互融合与借鉴,两种诉讼模式已不像过去那样壁垒分明。采用当事人主义诉讼模式的国家渐渐效仿职权主义诉讼模式的某些做法,一方面提高检察官的地位,要求检察官担负起"客观追诉义务",另一方面适当限制辩方的某些权利以利于发现案件事实真相。而采用职权主义诉讼模式的国家也渐渐借鉴当事人主义诉讼模式的一些合理因素,在适当限制检方权利的同时增强辩方的防御能力,借此加强诉讼中双方的对抗力度,以达到程序正当的要求,保障被告人的人权。这种趋势,表现在起诉证据标准问题上,就是司法实践中两种公诉证据标准的渐渐趋同。在采用"有足够证据证明控诉"标准的职权主义国家的检察官越来越多地考虑到庭审中的对抗因素对诉讼结果的影响,预测其公诉是否有可能获得有罪判决;而采用"预期可予定罪"标准的当事人主义国家的检察官随着其地位的提高,在审查公诉时所享有的自由裁量权也越来越大。

(三) 目前我国理论界关于公诉证明标准的争论

公诉案件的证明标准问题,不仅是公诉证明中的一个至关重要的技术性问题,而且也是衡量公诉证明程度的一个重要尺度。正因为公诉证明标准问题在公诉证明中具有非常重要的作用,所以,公诉证明标准问题备受理论界关注,同时也备受公诉实践的重视。目前,我国理论界争议最大的是公诉证明标准是否应该等同于人民法院的定罪标准。归纳起来大致有两种观点:第一种观点认为,我国特有的诉讼构造与证据规则以及防止出现错诉、错判的现实需要，决定了我国应当坚持而不应降低现行法律规定的公诉证明标准，即公诉的证明标准与有罪判决的证明标准应是同一的；第二种观点认为，将提起公诉的证明标准等同于有罪判决的证明标准，易导致对犯罪的疏于追究，因此需要从立法上适当降低起诉的标准，使起诉标准低于判决标准，检察机关只要根据证据进行判断认为有可能定罪时即可提起公诉。

笔者同意第一种观点，即公诉证明标准应等同于判决标准。理由有以下几点。一是公诉机关同审判机关在诉讼过程中的目标是一致的，都是为了惩治犯罪、保护无罪，使有罪的人受到追究，使无罪的人免受惩罚。二者只是所处的角度和地位不同，一个是控诉，一个是裁判。这一诉讼目标决定了两个部门之间认定犯罪的标准应是同一的一致的，否则，在司法实践中必然产生执法混乱。二是犯罪的事实和证据是客观存在的，它不会因为人的意志不同、所站的角度不同而不同。同样的事实，同样的证据，需要有同样的标准去衡量，只有这样，才能对同一事实、同一证据做出同一判断，得出同一结论，否则，各有各的标准，各有各的尺度，必然出现检察院依自己的公诉证明标准认为有罪，法院依自己的定罪标准认为无罪，这在法律上是不允许出现的结果。三是将公诉证明标准同人民法院定罪标准一致起来，有利于提高公诉案件质量，有利于体现公诉结论的权威和司法判决的权威，确保法律的严肃性，同时还可以减少相互扯皮，提高诉讼效率。

（四）对"犯罪事实清楚，证据确实、充分"的理解

根据"案件事实清楚，证据确实、充分"的立法规定，学者对公诉证明标准作出了不同的理论概括，比较有代表性的有以下几个。一是实事求是说。具体含义是"对一切案件的判处都要重证据、重调查研究"，"以事实为根据，以法律为准绳"，"忠于事实"，"各种证据均必须经过查证属实，才能作为认定犯罪的根据"，司法人员应当"从各个

案件与客观情况出发,深入调查研究,以充分的、符合事实的证据作为认定案件事实的根据,做出的结论必须符合客观案情的本来面目"。二是"循法求实"说。具体含义为司法人员按照法律规定的程序和规则,遵循唯物主义认识论和辩证法,从实际出发,客观、全面地搜集证据。在调查、搜集证据的基础上,通过对证据材料真伪和证明力的分析,得出主观正确反映客观事实的结论。三是以证求实说。该说认为司法人员应运用客观存在的证据事实,来印证客观存在的案件事实,以求主观判断与客观案情的一致。四是客观验证说。内容是证明犯罪事实的各个证据之间能够互相印证、互相说明、互相补充,能够协调一致地得出具有排他性的结论,而且对此结论提不出有事实根据的、有道理和有实际意义的怀疑。五是"客观真实"说。该说认为,从认识论的角度来看,办案人员对案件事实主观上的认识必须符合客观存在的实际情况,即对案件事实的认识必须达到客观真实的程度。

笔者认为,对"事实清楚,证据确实充分"的公诉证明标准应当理解为确实、确信,具有客观真实性和可信性,无疑点,无矛盾,具有唯一性和排他性。具体讲包括以下七个方面。第一,证据的虚假性得到有力排除,具有真实性。也就是说,每一个待证事实或公诉认定的事实情况均有相应的证据予以证实,并且据以定案的每个证据均已查明为客观存在的事实,而不是虚假或虚构的事实。为什么要强调这一点?因为证据是对客观存在的案件事实的反映,侦查人员通过各种途径收集到的证据材料有真有假,必须经审查判断、查证属实,才可作为定案依据,否则就无法证明待证事实是否存在。第二,证据的主观性得到合理约束,具有客观性。也就是说,认定的事实和情节不是靠单纯的口供或证人证言去支撑,换句话说,不是单纯地靠言词证据去定案而是都有客观的而不是主观性的证据加以印证,也不是靠检察官任意的主观推理和推定定案。第三,证据指向与案件事实关系得到明确,具有关联性。也就是说,据以定案的每一个证据都与案件事实存在客观联系，而不是无关紧要的、杂乱无章的证据堆砌。每个证据与案件事实都有客观联系，并且都能从某一个侧面证明案件真相。所谓与案件事实的客观联系，不仅仅限于紧密的、内在的必然联系，而是指一切与案件事实存在的客观联系。第四，证据的矛盾得到全面排除，具有一致性。也就是说，各种证据都以一定的相互联系、客观地从不同的角度反映着犯罪事实，都指向同一的犯罪事实，协调一致地构成同一的证明方向，证据与证据之间、证据与事实之间、证据与情理之间相互印证、相互支持、相互说明，不存在不能解释、无法解决的矛盾，或是有矛盾也已得到合理排除。各证据、各事实要素之间环环相扣，形成一个闭合的证据链，使得每个事实环节均有足够的证据加以证明。如言词证据得到物证书证的印证，物证、书证又得到鉴定结论、勘验笔录的印证，鉴定结论、勘验笔录又与言词证据相吻合，从而确实、充分地证明犯罪事实的存在。第五，证据的可变性得到合理控制，具有稳定性，即不仅认定的每一个情节和每一个事实都有稳定不变的证据加以印证，而且整个案件事实和情节也都有稳定、全面的证据相互印证，不会因为被告人的翻供或虚假的证人证言使认定的事实发生变化。第六，证据的可疑点得到合理排除，具有可信性，即全案证据对全案事实的证明不存在其他可能性。排除矛盾固然重要，但疑点如不能排除，仍然无法定案，特别是当合理怀疑无法排除从而使证据的指向不具有唯一性时，就无法使人感到可信。第七，证据收集的程序性得到遵守，具有合法性，即据以定案的证据符合法律规定的要求、程序和表现形式，即具有合法性。对于司法人员违反规定，采取刑讯逼供或以威胁、引诱等手段非法收集的证据，能够排除或者已转化为合法证据。总之，支持公诉的所有证据都已具备收集程序的合法性和证据形式的合法性。

五、公诉证明规则

为了确保事实清楚，证据确实、充分的公诉证明标准的实现，在公诉证明过程中应正确把握公诉证明规则,它对于提高控诉证据与辩护证据的对抗能力和抗变异能力,确保控诉主张的成立具有重要意义。

(一)真实性规则

真实性规则也可称之为内容真实性规则。我国《刑事诉讼法》第42条规定:"证明案件真实情况的一切事实,都是证据……以上证据必须经过查证属实,才能作为定案的根据。"由此可见,证据应当是客观存在的事实,而非猜测和虚假的东西。不具备客观真实性的假证据,不能作为定案的根据,如果将这些假证据作为认定案件事实的根据,往往会造成冤、假、错案。证据是对案件事实的客观反映,任何一个证据在内容和形式上都必须具有客观真实性。

(二)关联性规则

真实性的个证只是"树木",只有将众多有关联的真实证据有机地而不是零碎地、统一地而不是矛盾地、逻辑地而不是人为拼凑在一起的证据关联在一起,构成一个完整的证明体系,才能提高证明力,保持稳定性。也就是说,刑事证据只有对案件事实有证明作用,才能在诉讼中使用,与案件事实无关的证据不得纳入证据体系。因此,刑事证据在要求其证明指向应当是一致的同时,证据之间、证据与案件事实之间还必须具有关联性,这样各个证据之间才能相互印证,从而使证据体系形成具有密切内在联系的有机整体。任何一个孤立的证据都不能证明自身是真实的,因而单个证据的最大局限性,就在于难以确定它所证明的是否就是案件的客观事实。因而就公诉举证的要求而言,各个证据之间能够相互协调一致、相互补充,对每一起指控事实都应当提供可以相互印证的多个证据予以证明,证据链条必须环环相扣,这也是法律要求证据必须充分的原因所在。

(三)可采性规则

具有证明能力(相关性)的证据不一定具有证据能力(可采性)。因此,公诉证明活动在很大程度上是在审查公诉证据,即审查证据的可采性。与证据的关联性相比,证据的可采性从本质上说不是证据本身的品性,而是法律为了满足某种价值观念的需要从外部赋予证据的特征,是价值判断的问题。所以,具有关联性的证据不一定具有可采性,而具有可采性的证据一定具有关联性。可采性规则要求我们在对证据审查判断时,必须解决好两个问题:一是某个证据能否获准进入诉讼的大门,也就是说,审查它是否有资格进入诉讼;二是确认某个证据能否作为认定的根据。这也就是我们常说的采纳和采信。采纳,即证据被纳入诉讼程序。采信,即证据可信。采纳解决的是入门,采信解决的是定案。证据的采纳,主要是对证据能力的认定,证据的采信主要是对证据效力的认定。遵循可采性规则,在重视证明能力的同时,还要十分重视证据的效力,两者不可偏废,更不能以证明能力代替证据效力,也不能只强调证据效力而忽视证明能力。

(四)一致性规则

证据体系的目标必须具有指向上的一致性,即指向同一的案件事实。否则,案件事实将无法认定。指向上的一致性是所有证据形成完整体系的逻辑纽带。也就是说,形成证据体系的所有证据必须是同一案件事实发生过程中产生的并且是围绕着同一事实而形成的。同时,形成证据体系的所有证据必须是有助于反映案件事实发生情况的证据。这就需要我们在公诉证明中把证据的一致性和证明力的趋同性作为审查判断的重点。

(五)合法性规则

依据的证据必须是依法收集的证据。证据收集的过程是合法的。证据是否客观真实,是采信证据的基本标准。但证据若获取程序不合法,也不符合法律意义上的真实性。如果经过审查发现某个证据不具备客观真实性,当然应当把它从证据体系中予以排除,但证据若收集程序不合法,特别是非法取得的言词证据,同样不得纳入证据体系中,否则,证据体系将失去存在的根基,证据体系的证明力将大为削弱,必将对案件事实的认定产生消极影响。在审查起诉工作中,证据的合法性原则必须坚持。用逼供、诱供等非依法定程序收集的证据不能作为起诉证据,发现的非法言词证据必须排除,未依法定程序收集的物证必须重新依法收集,瑕疵证据必须完善,形式、格式不规范的证据应当规范。否则,后果是极其严重的。

此外,还有不变性规则、稳定性规则和唯一性规则。

公诉是我国检察机关的核心标志性职能

全国检察机关第四次公诉工作会议上,高检院领导明确指出"公诉是我国检察机关核心的标志性的职能"。这一重要论述对公诉职能的定位更加准确、科学,既反映了世界各国检察制度的普遍规律,又具有鲜明的中国特色,充分体现出实事求是、与时俱进的思想和特征。这一重要论述既是对公诉职能的历史归纳,也是对公诉职能的法律定位,更是对公诉部门的职能定位。这一定位对于进一步加强和改进公诉工作,不断提高执法水平和执法公信力,维护社会和谐稳定、维护公平正义具有重要的指导意义。

一、这一论述是对公诉职能的历史归纳,是运用历史唯物主义的观点考察现代检察制度演变历程得出的必然结论

无论是大陆法系还是英美法系国家,检察机关的核心职能是公诉,所以检察机关也称为公诉机关,而检察官的主要职责就是代表国家对犯罪提起公诉。这一历史定位可以从检察制度的演变过程中找到答案。一般认为,检察制度起源于大陆法系的法国和英美法系的英国。

13世纪路易九世在法国实行司法改革,凡涉及作为王室收入的罚金和没收财产的诉讼,都不准采取私人起诉的方式提起,转由国王代理人提起。1355年12月28日国王颁发敕令,将公诉的职责赋予

检察官,以独立于任何私人控诉。这种专门的控诉机关在 14 世纪初就被称为检察院。由此可见,检察院是控诉人的代名词,检察院就是伴随着公诉人制度的产生而诞生的,到了 1808 年,法国在《重罪审理法典》中明确赋予检察院主动提起公诉的权力,由此正式确立了国家追诉制度。受法国影响,德国、意大利、俄罗斯及前法国殖民地的一些国家,在继受大陆法传统的同时,也相继采用或选择了法国的检察制度,形成大陆法系的检察制度。

英美法系的检察制度主要起源于 15 世纪的英国。最初,英国派遣律师代替国家起诉,就支付租金和偿还土地等诸类案件参与法庭审理支持控诉。1461 年,英王将担任王室法律顾问的国王律师改名为英国检察长。1515 年,又设副检察长,逐步形成了英国的检察制度。在英文中,检察官一词的本义就是起诉人的意思。随着英国的殖民扩张,其检察制度亦流传到美国、澳大利亚、巴基斯坦等国家和地区,形成英美法系的检察制度。

伴随着资产阶级革命(或改良)的胜利,人权观念的确立,刑事诉讼程序的目的由单纯的追究犯罪,朝着追究犯罪和保障人权两大目的发展。"不告不理"、"控、审分离"等现代诉讼文明的基本原则逐步确立。刑事诉讼程序的模式开始由纠问主义过渡到现代控诉主义,作为公益代表人和社会秩序的维护者,检察官(检察机关)更加明确地担负起追诉犯罪、维护社会秩序、实现法律正义的公诉职责。俄国十月革命创造了崭新的社会主义法律制度,包括新型的检察制度。苏联检察制度在赋予检察机关一般监督权的同时,仍然保留了公诉权,并作为检察机关最核心的职权。我国检察制度作为社会主义类型的检察制度,与原苏联检察制度有许多共同的特征,但又具有自己的特殊性。其中非常重要的一点,就是我国检察机关的法律监督主要是运用起诉的手段针对具体案件实施监督,而不是一般意义上的监督。这与大陆法系国家强调检察官客观义务的主张所体现的法治精神具有一致性。

从检察制度的起源和发展来看，最初的检察制度是应国家追诉制度的需要而产生，又因公诉职能的发展而演变的，检察院等同于公诉人，检察职能等同于公诉职能。现代检察制度无论如何设计，无论如何发展变化，但代表国家或政府履行的公诉职能始终是不变的，并且始终是最核心、最具有标志性的检察职能。也正是这一核心标志性职能，才使其从根本上有别于审判机关、警察机关以及其他国家机关。比如，香港的廉政公署，尽管它和内地检察机关一样都有反贪侦查权力，但是由于它没有公诉这一检察机关的核心职能，因此，它只能是行政执法机关而不能称之为检察机关。从这个意义上讲，没有公诉权，检察机关就失去了其核心职能，就缺乏其标志性意义。

二、这一论述是对公诉职能的法律定位，是进一步丰富和完善法律监督理论，不断健全中国特色社会主义检察制度的必然要求

公诉权在不同国家的权力体系中有不同的定位。在实行狭义检察权的国家，检察机关只行使公诉权，公诉权等于检察权。在一些大陆法系国家，虽然公诉权也是检察权的核心权能，但检察权不以公诉权为限，还具有其他权能。我国宪法明确规定检察机关是法律监督机关，公诉权是法律监督权的重要组成部分。我国检察权的法律监督属性既是我国宪政体制决定的，也是检察制度自身不断发展完善的历史选择。从检察权的产生和发展历程看，无论东西方国家，检察权本身都承载了维护人民主权和防范、监督权力滥用的双重使命。西方三权分立的政治架构下的检察权，位于司法权与行政权之间，既是司法权与行政权相互联系与制衡的介质，其本身又是两者制衡的体现。而在我国，人民代表大会制度最直接地表达了人民主权的宪政理念，检察机关正是维护这种制度的特殊设置。在机构设置上我国将检察机关独立于行政系统，纳入司法体系，在司法体系内成为与法院平行的司法机关，以权力制约权力的方式防止司法权的滥用，而没有采取国外陪审制和参审制模式下的以司法民主防止司法专断。

与此同时,为了实现法律监督的目的,我国法律将公诉权以及职务犯罪侦查权、批捕权等不同类型的职权同时赋予检察机关,这些具体权能有机结合、综合运用,共同服从服务于法律监督目的的实现。法律监督权也正是由这些具体职权,形成了一个完整的法律监督职能。但具体到每一项职能来讲,又都是围绕着追诉犯罪、指控犯罪而展开的,所以我们可以说,公诉以外的其他职能,如职务犯罪侦查、监所检察、侦查监督等职能都是在国家追诉权框架内的权能拓展和职能延伸,其本质和核心还是追诉犯罪、指控犯罪。我们不能想象凭纯粹的职务犯罪侦查或者批准逮捕职能就能够把被告人送上法庭,进而达到追诉犯罪、指控犯罪的目的。

检察机关的公诉职能在形式上表现为,由人民检察院代表国家要求人民法院审理被指控的被告人的犯罪行为并予以刑事制裁的诉讼活动,但实质上则是检察机关依法检察社会主体遵守国家法律情况的法律监督活动,是以公诉形式追究违法者法律责任的国家法律监督行为。那种将公诉权仅仅理解为以审查起诉为起点,以提起公诉、出庭支持公诉、抗诉为终点的一系列诉讼活动的观点,虽然从形式上看似有道理,但从本质上看,却割裂了公诉权与法律监督权的本质联系,忽略了融于公诉活动之中的法律监督实质,混淆了形式与内容、手段与目的关系,使法律监督成为无所依恃的空中楼阁。因此,"公诉是我国检察机关核心的标志性的职能"这一新的法律定位,是置于法律监督的整体框架内对公诉地位、公诉职能所做出的准确诠释,是对检察权司法属性的进一步明确,这从根本上有别于西方国家检察权就是公诉权的定位,也不同于苏联检察机关一般监督的职权配置,对于丰富和完善我国法律监督理论,不断完善中国特色社会主义检察制度必将起到重大的指导和推动作用。

三、这一论述是对公诉部门的职能定位,是检察机关更好地履行公诉职能,深入推进"三项重点工作"、促进社会主义和谐社会建设的现实要求

新中国建立以来,特别是改革开放以来,随着中国特色社会主义事业的蓬勃发展和民主法治进程的不断深入,检察机关执法观念和公诉职能发生了深刻变迁。新中国成立初期,偏重于强调敌我斗争、强调打击;进入20世纪90年代,随着人权意识的普遍增强,社会开始进一步强调尊重和保障人权,执法观念逐步向打击犯罪与保障人权并重的二元执法观转变;进入新世纪,随着经济体制的深刻变革,社会结构的深刻变动,利益结构的深刻调整,引发各种社会矛盾的触点增多,人民内部矛盾凸显,维护社会和谐稳定的任务日益繁重。在这种大背景下,中央适时提出了宽严相济的刑事司法政策,进一步强调要注重化解社会矛盾、减少社会对抗、促进社会和谐。2009年,中央又明确提出要深入推进社会矛盾化解、社会管理创新、公正廉洁执法,促进社会和谐稳定,确保社会公平正义。在这个新的历史条件下,最高人民检察院明确提出"公诉是我国检察机关核心的标志性的职能",既是对公诉部门职能地位的明确界定,更是对公诉工作提出的新的更高的要求。

公诉作为检察机关的核心职能,既承担着追诉犯罪的职责,又承担着对刑事诉讼活动进行法律监督的职责;既处在同犯罪直接较量的第一线,又处于诉讼监督的第一线;既是侦查程序的审查把关者,又是审判程序的启动者和诉讼程序的纠错匡正者,做好公诉工作对于打击犯罪、保障人权,保证法律在诉讼中得到正确实施,维护社会和谐稳定和公平正义,都具有重要意义。因此,公诉职能的发挥不仅是国家法治形象的最直接体现,也是增强司法公信力的重要因素之一,是深入推进"三项重点工作"、促进社会主义和谐社会建设的关键一环。这就要求我们在执法办案中,一方面,要抓好执法办案工作,履行好公诉职能,另一方面,要更加注重公诉职能的延伸和内涵的深

化,不能仅仅满足于对案件依法做出法律处理,而是要向修复社会关系、预防和减少犯罪、防范办案风险及社会治安综合治理等环节延伸公诉职能、深化公诉内涵,促进源头性、根本性、基础性问题的解决。要最大限度地增加和谐因素,尽最大可能减少不和谐因素,在法律的范围内最大限度地扩大办案的社会效果和政治效果,从而实现"三个效果"的有机统一,使公诉工作更好地服从和服务于社会主义和谐社会建设。

公诉工作服务大局要处理好"五个关系"

曹建明检察长在第十三次全国检察工作会议上提出了大局观、核心价值观、执法观、业绩观、权力观和发展观"六观"。全国公诉工作座谈会上强调各级院公诉部门要牢固树立、认真落实"六观",推进公诉工作科学发展。在公诉工作中贯彻"六观",首先必须树立推动科学发展,促进社会和谐的大局观,把服务大局作为履职尽责的重要目标,作为推动公诉工作创新发展的途径,切实做到执法想到稳定,办案考虑发展。

一、公诉工作服务大局,既要着眼全局又要立足本职,处理好"为与不为"的关系

公诉是检察机关核心的标志性的职能之一,公诉工作是检察机关的一项重要工作,但相对于党和国家工作大局以及检察工作全局来讲,则又是一个局部工作。要做好这一局部工作,公诉人员必须胸怀全局,自觉把公诉工作摆到经济社会发展全局、党和国家工作大局中去谋划和推进。

执法办案是法律监督的基本手段,是检察机关的中心工作,围绕办案讲服务,就会越讲越清楚;离开办案讲服务,就会越讲越糊涂。要在严格执法前提下,把服务大局贯穿执法办案始终,既要防止态度消极不作为,对中央的决策部署和经济社会发展形势不大关心或者

关心不够,割裂本职工作与大局的联系;又要防止脱离职责乱作为,片面理解"为大局服务",把局部当大局,把握不好服务大局的切入点和途径,把精力放在不该管、也管不好的事情上。

公诉工作服务大局、推动科学发展,必须遵循检察工作规律,做到三个有所为三个不能为。在加大指控犯罪力度,维护社会治安稳定上有所为;在强化诉讼监督,维护司法公正上有所为;在依法化解矛盾纠纷,促进社会和谐上有所为。突破法律的行为不能为;脱离党和国家大局、妨碍经济社会平稳较快发展的行为不能为;不利于社会和谐稳定、社会效果不好的行为不能为。

二、公诉工作服务大局,既要保质量又要重效果,处理好"办准与办好"的关系

曹建明检察长在"十三检"会议上强调,要坚持以执法办案为中心,努力实现法律效果、政治效果和社会效果有机统一。坚持"三个效果"的有机统一,首先要确保法律效果。法律效果是其他效果的基础,要在法律范围内最大限度地扩大政治效果和社会效果,既要防止只讲法律效果不讲政治效果、社会效果,又要防止突破法律底线追求"政治效果和社会效果"。在执法办案中,要学会多向思维、换位思考,既把握好法律效果,又权衡好政治效果和社会效果;既立足于案件办得准,又着眼于案件办得好、办出效果。具体有以下三个目标层次。第一层次是"定分止争,明辨是非",做到事实清楚、证据确实充分、定性准确、处理适当、程序合法,经得起历史检验,发挥好执法办案维护公平正义的作用。这是执法办案的价值追求和基本要求,是所有案件都要达到的目标,是"办得准"的问题。第二层次是"案结事了,息诉罢访",不留后遗症,不发生新的矛盾和涉检上访,发挥好执法办案促进社会和谐稳定的作用。这是绝大多数案件都要达到的目标,是"办得好"的体现。第三层次是"延伸职能,积极促进社会管理创新",发挥好促进社会管理的作用,实现司法对社会的调整功能。

这是执法办案应当追求的更高境界,是三项重点工作对公诉工作提出的更高标准,是案件"办得好"的更高境界。

三、公诉工作服务大局,既要严格执法又要区别对待,处理好"一般公正与个别公正"的关系

司法的根本价值是实现社会的公平正义。公平正义包括"一般公正"与"个别公正"两个方面。"一般公正"要求法律得到不折不扣的执行、同样情况得到同等对待,体现为法律执行的严格性;"个别公正"要求具体问题具体分析,实现刑罚个别化,强调的是实质合理,是"以人为本"在司法中的体现,蕴含其中的是人本主义和社会和谐的价值考量。

通过执法办案维护公平正义,是公诉工作服务大局的基本要求。实现公平正义,首先必须坚持严格执法体现一般公正,做到标准统一、程序一致、执法严格。但在当前社会法治化进程加快,社会矛盾诉讼化、多样化、复杂化的条件下,更要充分发挥司法机关能动作用,既要坚持严格执法又要区别对待、宽严相济,克服法律适用上的教条主义,防止机械执法问题。这既是执法水平的体现,也是深化三项重点工作,化解社会矛盾,促进社会和谐的必然要求。

实现"一般公正"与"个别公正"的协调统一,必须在严格依法基础上,深入贯彻宽严相济的刑事政策。要认真贯彻"两减少、两扩大"原则,对初犯、偶犯、未成年犯、老年犯中犯罪情节轻微的人员,依法减少判刑,扩大非罪处理;非判刑不可的依法减少监禁刑,扩大适用非监禁刑和缓刑。可诉可不诉的尽量不起诉。对必须起诉但具有从宽情节的,可建议法院从宽判处;符合条件的,可提出判处非监禁刑、缓刑的建议。准确把握依法从严的原则。既要克服重刑主义思想影响,防止片面从严,也要避免轻刑化思想,一味从宽。

四、公诉工作服务大局,既要强化专业素质又要关注社情民意,处理好"专业化与社会化"的关系

公诉工作具有高度专业性。公诉人必须精通法律,具有司法理性,熟练掌握公诉技能,善于运用法律思维审查处理案件。建立一支符合司法职业特点,具有法律信仰、执业能力、职业道德的专业化队伍,培养一批专家型、专门型公诉人才,是公诉队伍建设的永恒主题。需要注意的是,强调公诉工作的专业化并不等于忽视社会化。这是一个问题的两个方面。一个国家司法的社会化程度是与民众对司法的认同程度成正比的。公诉工作的公信力不能凭空而来,司法认同也不是仅靠公诉人自己认为严格依法就实现了的,必须要有群众认可、社会支持和理解。

"允执两端,求中致和",良好的司法应当是专业化与社会化的辩证统一。在社会主义法治条件下,公诉人既是司法工作者,又是群众工作者,在强调专业化的同时,必须关注社会、倾听民声,始终把人民放在心中最高位置,坚持走专业化与社会化相结合的道路。既要避免一味盲从"社情民意",忘却法律人的理性,也要防止陷入脱离群众、脱离社会的"精英主义",迷失执法者的坐标。注重公诉工作的社会化,就要着力提高群众工作能力。一是完善释法说理机制。通过公诉法律文书改革、公开听证等方式,增强说理性,减少误解、曲解和不信任。二是健全公诉环节人民群众参与机制。通过完善人民监督员制度、深化检务公开等措施,保障群众对公诉工作的知情权、参与权、表达权、监督权。三是建立网络舆情分析研判、重大事件快速反应机制。既要重视通过舆情了解社会感知民声,又要防止舆情给办案工作带来负面影响,做到客观理性、依法公正。四是健全涉诉信访工作机制。正确对待人民群众诉求,综合采取依法处理、教育疏导、救助救济等措施实现案结事了、息诉罢访。

五、公诉工作服务大局,既要强化监督又要延伸职能,处理好"诉讼监督与社会管理创新"的关系

诉讼监督要回应社会关切,要坚持把人民群众的关注点,作为法律监督的着力点。肩负诉讼监督职责的公诉部门,一是要切实增强监督意识,加大监督力度。要始终把监督重点放在人民群众反映强烈的执法不严、司法不公上,放在严重侵犯诉讼当事人权利的突出问题上,既要敢于监督,又要善于监督。二是监督要体现理性、平和。诉讼监督是平等主体之间的监督,任何监督意见都需要监督对象的理解接受和支持配合,才能获得预期的效果。在诉讼监督中要做到理性平和,在监督中支持,在支持中监督,既要敢于、善于监督,又要让被监督者接受和纠正。要把事后监督与事前引导相结合、诉讼结果监督与诉讼过程监督相结合、强化监督与争取支持相结合,务使诉讼监督落到实处。三是要注重延伸监督职能,有效促进社会管理创新。要针对诱发犯罪的社会管理问题提出检察建议,促进有关部门堵塞漏洞,改进管理,提升防范犯罪的能力和水平。要通过诉讼监督,积极参与社会管理,引导国家工作人员严格依法办事,引导群众合法反映诉求,营造依法办事、崇尚法治的社会氛围。通过法律监督职能的延伸和拓展,有效促进社会管理创新。

"不谋全局者,不足谋一域"。正如朱孝清副检察长所强调的,全局对局部起支配、决定作用,协调各部分向着统一的方向发展。离开全局,局部就不再是全局意义上的局部。开展公诉工作也是一样,必须站在是否有利于大局的高度,从人民群众的根本利益出发,通盘谋划,全方位考虑。所谓"眼中形势心中策","胸中韬略,掌上千秋",作为一个主管公诉工作的领导干部,想问题、做事情应当从大局出发,以是否有利于党和国家大局、是否有利于经济社会发展、是否有利于维护人民群众合法权益为标准,不能只考虑地方利益、局部利益、部门利益,唯有如此,才能推动公诉工作更好地服从、服务于党和国家。

五树立五确立　加快领导方式转变

一、强化终身学习观，树立博学进取、胸怀大局的检察职业形象

我们党历来高度重视学习问题，始终把学习作为一项关系党的事业兴旺发达的战略任务来抓。党的十七届四中全会提出，要把建设马克思主义学习型政党，作为当前和今后一个时期的重大战略任务。胡锦涛同志指出，必须把学习作为全党一项十分重要的任务，不断加强，不断推进。习近平同志多次提出，领导干部要"爱读书、读好书、善读书"。近年间，高检院、省院对省市县三级院中层以上领导干部进行了大规模的教育轮训，有力地促进了领导干部素质的提高。但值得注意的是，当前，检察机关领导干部在学习上还存在一些问题：被动学习的多主动学习的少；泛泛学习的多深入学习的少；应急型学习的多储备提高型学习的少。有些领导干部满足于已有知识，习惯凭经验指导工作，习惯用老办法解决问题，满足于吃喝应酬、迎来送往，陷入到文山会海，不注意读书学习，不善于研究思考，讲起话来大话空话连篇，言之无物，指导工作照本宣科、人云亦云，缺乏针对性和有效性。原因就是学习不深入，缺乏应有的专业知识和相应的知识储备。

当今世界和当代中国正处在大变革之中，新知识、新技术、新理念层出不穷。领导干部如果不加强学习、不坚持学习、不刻苦学习，领导方式和思维方式始终停留在过去的阶段，就难以胜任所肩负的领导职责，难以适应新的社会环境和工作要求。长此以往，不仅会影响个人的成长进步，也会影响整个工作的开展。读书学习既是领导干部加强党性修养、坚定理想信念的重要途径,又是提高素质能力、胜任本职工作的必然要求。时代需要高素养的领导干部,经济发展和社会进步需要高水平的领头人。检察工作更是如此。我过去在基层工作时曾说过这样一句话:什么是领导?领导就是空中高高飘扬的那面鲜红的旗帜,就是蓝天中那一只领头的雁,就是人群中那一双坚韧不拔的眼睛,就是夜色中那一颗闪闪发亮的星辰。作为各级检察机关的领导干部,我们有责任擎起那面旗、领好那群雁、闪亮那颗星。如果我们不读书、不学习,领导水平不高,领导素养不够,领导形象不好,就无法胜任这个职责,无法引领和推动工作。一句话,不学习不行。

　　如何学?一要强化学习就是工作的观念。毛泽东同志说过:学习本身就是工作,而且是最重要的工作。学习与工作是矛盾的两个方面,工作需要学习;反过来,学习好才能工作好。《论语》上讲:"仕而优则学",意思是说,要想当好官就应该努力学习,把学习置于为官之首。中央领导同志在工作异常繁忙的情况下,坚持请专家学者讲授有关经济、贸易、金融、法律、科技等方面的知识。事实反复证明,领导干部注重学习,工作就会有新思路、新举措,就能够实施科学决策,就会有较强的决策力和执行力。如果不注意学习,思维僵化,观念陈旧,知识浅薄,凭经验办事,跟着感觉走,结果只能是交不完的学费,走不出的低谷,摆不脱的困惑,叹不完的缺憾。领导干部都肩负着某一方面的工作,必须掌握相应的业务知识和基本的工作方法。要立足本职岗位,把读书学习与工作实际结合起来,坚持干什么学什么。我们不可能要求你有多精通,但必须懂行;不要求你必须是行家里手,但一定不能是外行。二要强化学习就是责任的观念。加强学习是领导干部的义务和责任。日常工作中,有的领导同志在总结工作、召开会议、做个人鉴定时,把"学习计划没有很好落实"、"理论学习抓得不紧"等当成无关痛痒的缺点,说起来毫无愧意,听起来理由充足。实际上,这种把"学习不好"视为无足轻重的做法,反映出在我们一些领导同志中存在着忽视学习、不重视学习的倾向,没有认识到学习是领导干部的一种责任。作为一个领导干部,重视不重视学习,不单单是一个个人行为,而是一个组织行为,它直接关系到一个领导者能否履行好自己的职责,关系到一个地区一个单位检察事业的发展和进步。是否重视学习,反映的是一种精神状态和工作责任心,不学习的背后就是责任心的缺乏和对检察事业的懈怠。三要强化终身学习的观念。面对新的社会新的时代,学习已经不再是获取职业准入的一次性"敲门砖",也不是仕途升迁的"加油站",而是陪伴终生的永久"动力源"。正如北京师范大学一位教授所说,"一辈子只在工作前接受教育的状态已经成为过去。教育已经不仅仅是个人为未来所做的准备,而要贯穿个人社会生活的始终"。作为一个领导干部,必须实现"学习的革命",要把学习作为终身的任务,使学习由外在的要求转化为内在的自觉,使学习成为一种兴趣、一种习惯、一种精神需求、一种生活方式,使自己的思维方式、理论素养、专业能力、知识结构与职业相称,与时代同步。

领导干部要树立博学进取、胸怀大局的检察职业形象。一是博学。博学可以使一个人的内在素质提高、道德修养提升、文化积淀厚重,博学可以使人脱离无知、浅薄和粗俗,博学可以治愚,博学可以冶情,博学可以养气。古人说得好,"肚有万卷胸有竹"、"腹有诗书气自华"。日常工作生活中不难发现,凡是注重学习和自身修养的人,他们会显得与众不同,分析问题、看待问题、解决问题会显得异常理性和得体,思维方法和工作思路也显得异常清晰和科学。反之,一个在学习道路上停滞不前的人,很容易就表现出他粗俗肤浅的处世哲学和僵化空洞的思维方式。博学应该成为检察机关领导干部立身做人、从检为官的一种职业追求。学习的过程,也是规范言行、陶冶情操,培养德行,提高素质的过程。一个领导干部用于学习上的时间多了,专业能力就会比较强,指导工作的水平就会比较高,生活情趣也会逐渐高雅起来。学习中要做到"专"与"博"相结合,既要加强业务知识学习、能够驾轻就熟地指导检察工作，又能够了解熟悉相关领域的知识，密切关注世情、国情和社情，这样我们的视野会更加开阔、思维会更加敏捷，研究工作时才能说到点子上，部署工作时才能安排到点子上，推动和落实工作时才能抓到点子上、抓到关键上。二是进取。领导干部是思路举措的制定和实施者，是科学发展的引领者和监督者。领导同志进取心强不强，直接影响着检察工作成效和检察机关的形象。一些单位工作之所以长期没有起色，在社会上地位不高、形象不好，与这些单位领导同志的责任心、事业心和进取意识不强有很大关系。要认识到，我们面临的世情、国情、社情正在发生深刻变化，检察机关的工作内容和工作要求与过去相比有了很大不同。只有加强学习、保持一种进取精神，才能及时解决工作中遇到的新情况新问题，才能掌握检察工作的主动权，更好地服务经济社会发展大局，才能跟上时代步伐。领导同志在学习的问题上，要有一种不进则退的危机意识，有了这种危机意识，就会有一种不甘落后的工作劲头，一种干事创业的蓬勃激情，才能以对党的事业、对检察事业高度负责的态度，开拓进取，努力工作。比尔盖茨有一句话，他告诫微软员工：我们离破产永远只有180天。有了危机意识，有了学习赶超意识，我们才能激发潜能，昂扬向上。历史上，"百二秦关终属楚，三千越甲可吞吴"的成功战例，讲的就是一种卧薪尝胆，一种永不言弃、不甘落后、奋发进取的精神状态。领导同志在学习上也要有这种精神。三要胸怀大局。登高才能望远，谋深才能计长。善学才能善思，善思才能自明，自明才能自通。没有知识就没有视野、就没有境界，没有视野没有境界，就没有宽广的胸怀，就不能做到胸怀大局，其结果只能是只见白云不见蓝天，只见树木不见森林。希望我们每一位领导同志，都要通过孜孜不倦、持之以恒的学习，开阔视野，提升境界，摈弃狭隘，坦荡胸怀，树立我们博学进取、胸怀大局的检察职业形象。

二、强化正确的权力观，树立理性、平和、文明、规范的为民执法形象

树立正确的权力观，就是要正确地看待和运用手中的权力，这是领导同志的基本政治准则、道德规范和立身之本。如何看待权力？首先，权力是一种责任。权力越大，责任越大；职务越高，风险越高。行使权力需要如履薄冰，如临深渊。一个人如果把自己手中的权力看得过重，权力行使到登峰造极的时候，就意味着他将失去权力。也就是说，当别人都认为你有权、都怕你的时候，你也就完蛋了。检察机关的领导岗位也是一个风险职业，这个权力也是双刃剑，利害皆有，必审慎用之。其次，权力是一种义务。领导干部处于领导岗位，使用权力的过程，就是为人民服务、为人民谋福祉谋利益的过程，实质上也就是尽义务的过程。检察机关领导干部的权力说到底，就是利用权力定分止争的过程，是追求公平正义的过程，是执法为民的过程。这个权力一旦与服务分离，只想当官不愿做事，在其位不谋其政，饱食终日无所作为，虚度光阴碌碌无为，思想必然滑坡，工作必然懈怠，进而导致弄权渎职、腐化堕落。最后，权力需要监督。失去监督的权力必然走向腐败。领导同志一定要摆正自己的位置，主动接受监督，勇于接受监督，正确接受监督，善于民主决策，科学决策，依法决策，防止刚愎自用、独断专行。

检察权作为一种公权力，除具有公权力的基本特征外，又有其自身的特征。行使好检察权，必须树立正确的权力观。有两点很重要：要有大局观念，没有大局观念，司法就失去了它应有的政治性；要遵循司法规律，否则，就失去了司法的特有属性。我们想问题、做决策、办案件都要从大局出发，从长远着眼，为党的事业和人民利益着想，捍卫宪法、法律的尊严和权威。办案要想到稳定，执法要想到人民，服务要想到发展。具体工作中，要按照曹建明检察长的要求，树立理性、平和、文明、规范的执法形象。一要理性执法。法律是理性的产物,理性是法律的精髓。理性就是"至静无感"、"有识有知"。理性执法重在讲理,以法为据、以理服人。理性执法要求我们考虑问题、处理事情不冲动、不盲从、不迎合、不偏执,把握分寸,讲究尺度,不突破法律底线。引起社会广泛关注和媒体炒作的平顶山时建峰天价过路费案件,之所以引起炒作,一个重要的原因就是我们在处理时不理性,特别是在数额的认定上,机械、呆板、偏执,没有真正领会法的基本精神,没有充分考虑办案的社会效果,以致造成了严重的社会影响。二要平和执法。平和就是要求以平等谦和而不是居高临下的冷漠态度对待人民群众,在办案中要体现平等、客观、审慎、谦和的工作作风,以和谐的理念和精神,和谐的方式解决人民群众的诉求,设身处地地考虑当事人的感受以及实际困难,尽可能地给予司法支持和人文帮助。但平和并不意味着容忍、宽宥和放纵犯罪,平和也不等于畏惧和软弱。平和体现的是一种谦抑原则,但绝不能为了机械追求平和而放松了对犯罪行为的追究,那样,法律将会失去信仰,司法机关将失去尊严和威信,平和方式本身也将变得苍白无力。准确地说,平和执法以理性客观为基础,既是一种司法心态,更是一种司法境界。做到平和执法,就要注意改进执法方式,认真做好释法说理、化解矛盾、延伸职能等工作,在严格依法办案的前提下,处理好各方面的关系,尽可能取得有关方面对检察工作的理解和信赖,通过谦和审慎的执法办案,树立检察机关良好的社会形象,进而增强执法的公信力。三要文明执法。文明是相对简单粗暴而言,文明执法就要改进办案方式方法,坚决纠正简单执法甚至粗暴执法的陋习,用群众信服的方式执法办案,使人民群众不仅感受到法律的尊严和权威,而且能感受到检察官的优良素质和严谨公正的职业作风、职业道德。每年"两会"期间,人大代表反映较多的问题就是一些干警执法不文明甚至简单粗暴。作风上的霸道和办案中的简单粗暴是异曲同工,后果同样严重。四要规范执法。规范是司法公正的前提,也是衡量执法是否公正的重要标准。规范执法的重点就是完善执法管理机制,要注意针对执法活动容易发生问题的环节,进一步细化执法标准,完善业务流程,规范办案环节,力争使每一个执法行为、每一个办案环节都能做到有章可循。

理性、平和、文明、规范执法,是有机联系、不可分割的统一整体。理性是内涵,平和是心态,文明是态度,规范是标准。当理性、平和、文明、规范执法真正得到落实,成为一种执法理念、一种执法方式、一种执法习惯的时候,全省检察机关执法观念就会达到一个较高的境界,执法水平就会达到一个较高的层次,检察机关良好的执法为民形象就会进一步确立。

三、强化群众观,树立为民、护民、便民、利民的人民公仆形象

群众观是毛泽东思想的重要组成部分,是我们党的事业、各项工作不断推向前进的力量源泉。强化群众观念、重视群众工作是我们做好一切工作的法宝,更是检察工作必不可少的工作方法。检察机关处于群众工作的第一线,特别是办案工作,往往会直接接触群众、面对百姓,各级院领导干部都要强化群众观念、重视群众工作。这些年我们一些单位、一些部门确实存在着像何平九论中所说的那样:高速公路快了,调查研究少了,给人民群众面对面的机会少了;用电脑处理公文多了,但听群众的声音少了,办事的效率低了。包括笔者在内到基层去深入调查研究确实没有过去多了,深感内疚和不安。有一次笔者陪朱孝清副检察长在南阳调研,座谈时,有位同志的发言笔者触动很深。他说,我们有些领导干部官职大了、权力大了,但做群众工作的本事小了;文凭高了,学识上去了,但做群众工作的能力却下来了。在执法过程中,面对具体案件多了,面对社会思考的少了;考虑法律效果的多了,考虑社会效果的少了。对此,社会各界也有一定程度的反映。

1.强化群众观,要从感情上尊重群众

我们到底应该如何看待群众,如何看待民情民意,如何看待案件

当事人,带着什么样的感情去对待他们,这是我们应当认真思考的问题。这个问题解决不好,我们的群众工作就永远做不好,我们的工作水平就难以有真正的提高。毛泽东同志在《论持久战》中说:"很多人对于官兵关系、军民关系弄不好,以为是方法不对,我总告诉他们,是根本态度和根本宗旨有问题,这个态度就是尊重士兵和尊重人民。"所以,树立群众观念就要首先尊重群众,尊重民情,尊重案件当事人。真正在思想上尊重他们、感情上贴近他们、工作上依靠他们、生活上关心他们,做到执法为民,服务方便人民,从检惠及人民。许昌有个赵少恒杀人案,笔者备受感动,一家老小几十口人跪坐在凛凛寒风中,就是为了给我们送那面锦旗,我们职责范围内本应当做好的一件事都会让他们感动到如此地步,我们还有什么理由不去尊重他们。去年接待了一个案件,令人气愤不已。当事人是一对老夫妻,丈夫六十多岁,妻子五十多岁,因为儿子被杀,案件长期破不了,到处上访告状。当地政府为了"稳定",给了他们两千多元补助费,让他们息诉罢访,但是由于儿子被杀害的案件本身没有实质性进展、问题没有解决,所以他们仍然不停地上访。后来公安机关因为老两口当初领了政府两千多元的补助费,就以敲诈勒索罪把他们立案,检察机关批捕起诉,法院判了一年零九个月。事情这样处理当事人怎么会服气,出狱后老两口更是四处上访,案件评查时发现了这个案子,经督促当地司法机关最终被迫撤销原判,改判无罪,赔偿救济。这样办案怎么行,不要说从感情上尊重当事人、尊重老百姓,就连起码的法律底线我们都没有把握住。

2. 强化群众观,要提高做群众工作的能力

检察工作要上水平,必须在提高群众工作能力上有新作为,要把提高群众工作能力作为领导干部的必修课。近些年间,我们不少干警包括一些领导干部,群众观念淡薄了,用在为民、护民、利民、便民上的心思少了,以致出现文凭高群众工作能力低、官职大群众工作能力差的反常现象。强化群众观念,一要解决案件办得准的问题。执

法办案要"定分止争,明辨是非",必须做到事实清楚、证据确实充分、定性准确、处理适当、程序合法、经得起历史检验,经得起媒体舆论的监督,发挥好执法办案维护公平正义的作用。这是执法办案的价值追求和基本要求,是所有案件都要达到的目标,也是人民群众对我们最起码的要求。二要解决好办得好的问题。要做到"案结事了,息诉罢访",不留后遗症,不发生新的矛盾和涉检上访,发挥好执法办案促进社会和谐稳定的作用。这是执法办案应当追求的更高境界,是绝大多数案件都要达到的目标,也是最大限度地维护人民群众利益的重要体现。三要解决说得清的问题。我们每做出一个决定,包括立案、批捕、起诉、不批捕、不起诉、撤案、撤诉和抗诉、不抗诉,都要做到于法有据,理由充分,善于释法析理,善于用人民群众最能接受的方式,最通俗的语言答疑释惑,让他们理解、信任、支持我们的工作,从而减少误解、曲解和不信任。四要解决好气要顺的问题。要尽我们最大努力,畅通各种渠道,保障人民群众对检察工作的知情权、参与权、表达权、监督权,最大限度地让检察权在阳光下运行,真正把检察工作置于人民群众的有效监督之下。建立健全网络舆情和民意收集、沟通、研究和转化机制,完善落实特约检察员、专家咨询委员会等制度,加强同人大代表、政协委员的联系,把人民群众的意见建议作为检察工作决策的重要依据。这里想讲一个观点,就是一个社会的和谐需要三大支撑:一是利益分配机制,它解决的是贫富不均的问题;二是利益诉求机制,它解决的是公平公正的问题;三是利益表达机制,它解决的是人民当家做主参政议政的问题。这三个支撑缺一不可。上面所说的"四个要",实质上讲的就是诉求机制和表达机制。其实古往今来莫不如此。"和谐"二字本身就是让人人有田可种,人人有话可说。做到了这两点,社会就和谐了。古人尚且明白这个道理,我们更应该明白。

只有增强群众观念,才能树立起检察官的公仆形象。对此,要切实做到以下四点。一要虚心待民。月盈则亏,水满则溢。郑板桥写过一首著名的诗:"衙斋卧听萧萧竹,疑是民间疾苦声。些小吾曹州县吏,一枝一叶总关情。"内乡县衙有一副很著名的对联:"得一官不荣,失一官不辱,勿说一官无用,地方全靠一官;吃百姓之饭,穿百姓之衣,莫道百姓可欺,自己也是百姓。"这些都是劝告为官者要摆正官与民的关系,从中找准自己的坐标,正确对待自己,正确对待群众。古人尚且如此强调为官之道,我们检察机关的领导干部更应该在群众面前虚怀若谷,注意向群众学习,提高群众工作水平。一位领导同志曾很形象地说了一句话,令人深思:有些人任命书一下,一当上官,走起路来都不一样。有些人太把自己的官当做官,太把自己的权力当权力,官气十足,官架子十足,与人民群众距离很远。有句话说得好,一个运动员当他走下冠军领奖台的时候,他已经不是冠军了。一个领导干部,当他与人民群众离得太远,自己的权力用到极致的时候,群众都畏惧他、害怕他的时候,他也离垮台不远了。二要真心为民。人民群众最讲公道。群众在你心里有多重,你在群众的心里也就有多重。敬爱的周总理逝世后,百万群众自发的在长安街迎送灵车。焦裕禄同志把一颗赤诚的心捧给了兰考人民,人民则以十倍百倍的亲情给予回报。原新华社社长穆青同志,1990年再访兰考时曾感慨地说道:"最使我们感动不已、夜不能寐的是人民群众对焦裕禄的深情怀念。"领导干部有了一份公仆情怀,自然就少了官腔、官味和官架子,干群之间就多了一份坦诚,执法就多了一份公正。三要执法护民。执法护民是我们的职责所在。要紧紧围绕影响民生的突出问题加大法律监督力度,依法严厉打击影响人民群众安全感的刑事犯罪,严肃查办民生领域的职务犯罪,着力解决人民群众反映强烈的执法司法不公问题,妥善处理涉及群众利益的难点热点问题,充分保障人民群众享有的合法权益。四是服务便民。这是检察机关群众观念的重要体现。要进一步深化检务公开,最大限度地拓宽公开渠道、扩大公开内容,让老百姓真正了解检察工作,关心检察工作,支持检察工作;要认真落实检察长接待日、点名接访、信访督察专员、领导包案、处理重大疑难涉检信访案件公开审查、检察开放日等制度,做到让人民群众有话能说,有冤能伸,有委屈能表达,真正树立起检察机关领导干部亲民、爱民、便民、惠民的人民公仆形象。

四、强化正确的政绩观,树立不说空话、不虚报浮夸、不搞花架子的求是人格形象

领导要有领导形象,更要有人格魅力。形象、魅力和能力对于一个领导干部来讲,一个都不能少。领导同志有什么样的政绩观,就会有什么样的政绩追求,就会在大家心目中树立什么样的人格形象。值得注意的是,在我们一些领导同志身上或多或少地暴露出这方面的问题:有的做事不实事求是,弄虚作假、报喜不报忧,掩盖矛盾和问题,办案指标"注水"造假,搞攀比浮夸,搞"数字政绩"。去年下半年,我省一些业务工作特别是诉讼监督工作中纠正违法的数据出现异常增长,省院两次组织核查,发现一些单位一些数据统计仍然严重失实。工作落后不可怕,弄虚作假最害人;有的不是把主要精力放在扎扎实实地抓工作上,而是热衷于吃吃喝喝,拉拉扯扯,做表面文章,说空话,说大话,搞花架子,搞形式主义;有的抓工作不注意遵循司法规律,工作思路不清,重点不突出,急功近利,重形式轻实效;有的工作浮躁,满足于一般号召,说和做两张皮,名和实两回事,讲起来头头是道、干起来不见实招,"决心在嘴上、行动在会上、落实在纸上",说了就算做了,正在做的他会说成是已经做好了。诸如此类的问题,害人害己。一个单位、一个部门,领导同志如果不能做到实事求是,大家都会投其所好地欺上瞒下,你就无法做到耳聪目明、科学决策。如果一个领导务实求是,谁也不敢好大喜功。这是规律。

政绩观决定着领导干部的工作态度、工作思路和工作方法。政绩观是否正确,不仅影响到领导干部自身的健康成长,更关系着检察工作的健康发展,进而影响着检察机关的社会形象。树立正确的政绩观,是贯彻科学发展观的必然要求,是转变检察机关领导方式的一项重要内容。领导干部有两件事要做好：一是把风气搞正，二是把工作做实。没有正确的政绩观，风气就不会搞正；没有求真务实的领导作风，工作就不可能做实。要做到这两点，必须做好以下四个转变。一是看问题的方式要转变。群众可以多看成绩，多看好的一面；但领导同志一定要多看问题，多看不足，更多地研究问题、解决问题。二是领导方式要转变。要尊重科学、尊重规律，尊重老百姓，真正按规律办事，真正对事业负责，对人民负责，作为我们来讲，还要做到对宪法和法律负责，不能靠拍脑袋决策问题。制定目标要"跳起来摘挑子"，落实工作要沉下心来打基础，既学会"跳"更要注重"沉"。为检不在言多，重在求实用心。领导干部要少说多做，做不到的不要说，说到的必须做到。三是抓工作的方式要转变。抓工作不能满足于一般要求、一般号召，要深入实际调查研究，立足于"实"、立足于"做"、立足于"效"，扑下身子在具体上求突破、在具体上求深入、在具体上求落实。四是执法办案的方式要转变。案件既要办准，又要办好；既要于法有据，又要注重在法律范围内最大限度地扩大社会效果；既要立足检察职能，又要注重职能延伸，在服务便民上下工夫，在化解矛盾上下工夫，在促进社会和谐上下工夫。这些转变，转的是一种精神状态，转的是一种工作作风，转的是一种方式方法，转的是一种能力水平，关键要转到实干上。

　　检察机关的每一位领导干部要树立正确的政绩观，应当做到以下几点。一要遵循规律。无论在任何时候、什么样的情况下，实现政绩的思路、方法、措施，都应当符合客观实际、符合司法规律，提高决策的科学性、减少盲目性。比如，办案的数量、质量、效率与效果之间的关系，批捕起诉准确率的设定，不起诉率的控制，自侦案件立案数、起诉数与判决数的比例，大要案结构，诉讼监督效果的衡量标准，等等，这些都有它的特点和规律，都要遵循规律去办。二要求真务实。就是要把工作的立足点放在真抓实干上，察实情讲实话，出实招求实绩，不作假不玩虚，扎扎实实地推进工作。求真务实是一面镜子，要经常用来照一照;求真务实是一把尺子,要经常用来量一量;求真务实是一杆秤,要经常用来称一称。三要重视统筹。要坚持以检察业务工作为中心,统筹各项工作协调发展;要坚持法律监督与自身监督并重,业务建设与队伍建设并重;要正确处理履行检察职责与服务大局的关系,既要防止脱离大局孤立抓业务工作的倾向,又要杜绝偏离检察职能搞服务的做法;正确处理严格执法与保障民生的关系,既要注意防止离开党的宗旨讲机械执法,又要注意防止脱离法治轨道讲和谐;正确处理办案数量、质量、效率和效果的关系,既不能因为强调加大工作力度就放松对办案质量的要求,也不能因为强调办案质量就放缓办案节奏、拖延办案时间,更不能因为强调办案效率就牺牲案件质量;正确处理法律效果与社会效果的关系,既要严格执行法律依法办理案件,又要防止孤立办案就案办案,做到统筹兼顾,在追求法律效果的同时,努力扩大社会效果,使执法办案既符合法律要求,又促进经济社会发展,顺应人民群众的期待。四要强化责任。尽心尽责,再复杂的问题也能得到解决;漠视责任,再简单的工作也会出现差错。衡量一个领导干部政绩观的重要标准,就是看他的责任心,看他是不是在认真地做事、用心地工作。干工作有私心杂念不行,没有责任心更不行。我们领导干部必须不断强化责任意识、增强责任心,真正把心思放在研究问题、推动工作上,要用强烈的事业心、责任感和扎扎实实的工作业绩,取得群众信任,赢得人格魅力,树立良好形象。

五、强化勤政廉政观,树立勤勉敬业、廉洁自律的良好公众形象

检察机关是国家法律监督机关,是反腐败的重要职能部门。职业的特殊性和岗位的重要性,决定了领导干部必须做勤政务实的表率、廉洁奉公的楷模。具体要做到"正、勤、廉"。

1. 要正,正派才得人心

正派是一种好的人品,也是从检为官者必须具备的道德素质。

作家萧军说过一句很有哲理的话：好人不见得是好官，但好官首先必须是好人。说到这里我想起了司马光在《资治通鉴》里的一段话：有德有才谓之圣，有德无才谓之贤，无德有才谓之小，无德无才谓之愚。目的是告诫皇帝用人要重德、兼才，德才兼备。意大利诗人但丁也说过：道德常常能弥补智慧的不足，而智慧永远弥补不了道德的缺陷。这些论述都说明"德"对于做人做官的重要意义。德是为政之本，也是做人之基。德高才能望重，德好才能树威，德高望重才能赢得人心。所以，我们每一位领导干部都要不断加强自身修养，提高道德水准，坚持以德为本，以才立身，德才兼修，努力做一个有德有才、德才兼备的优秀领导干部。

2. 要勤，勤政才有希望

领导同志要十分珍视自己的工作岗位，要把自己的职位看成是为民服务、施展才干、体现价值的难得平台，为官一任，不能满足于看摊守业，要勤于开拓，创造性地谋划和推动工作，这样，事业才有希望，群众才能拥护，好的形象才能树立。一个领导干部，如果只是不求有功、但求无过，部署工作照本宣科，领导说啥你记啥，不发挥不创造，遇到矛盾就上交，碰到问题绕着走，做太平官当甩手掌柜，甚至一天到晚见不到你人影，连掌柜也不想当，那是严重的失职。人的能力有大小，但对事业的追求不能懈怠。只要我们恪尽职守，切实尽到我们最大的努力去工作去奋斗，就会得到同志们的公认、就会得到社会的肯定。

3. 要廉，廉政才能生威

马克思曾经说过：不可收买是最高的政治品德。为官从政，一不要为权力所害，二不要为金钱所毁，三不要为酒色沉迷。领导干部廉洁从政本身就是一种人格力量，谁廉政，谁就有主动权、发言权，谁才能永远立于不败之地。从省院掌握的全省检察干警违法违纪情况看，形势也很严峻。近年省院收到的举报占1/3是各级院中层以上领导干部，省院受理的上级交办要结果案件中，反映各级院班子成员的占到1/3。可见,检察机关领导干部已成为被举报被监督的重点对象。对此,我们要有高度的警惕性和畏惧感,要自觉把自身正、自身净、自身硬作为基本要求,深刻汲取身边人身边事的教训,加强党性修养,严格自我要求,严守政治纪律、经济纪律、廉政纪律、作风纪律和检察工作纪律,做严于律己、廉政勤政的表率。

检察干警要践行核心价值观

"忠诚、为民、公正、廉洁"八个字构成了政法干警核心价值观的完整体系。忠诚是政法干警的政治本色,是第一位的要求,是我们必须坚守的信仰;为民是政法干警的宗旨理念,是政法干警核心价值观的本质要求;公正是政法干警的价值追求,是我们执法活动必须贯穿的精神和追求的境界;廉洁是对政法干警的自身要求,是我们根本性地执法保障。忠诚是本色,为民是宗旨,公正是追求,廉洁是保障。没有对党和人民的忠诚,没有对宪法和法律的忠诚,我们永远会徘徊在迷茫的道路上;没有立检为公的根基,不树立执法为民的宗旨,我们永远无法站在人民的立场上;没有公正执法的良知,没有公正执法的本领,我们迟早会成为一个被社会遗弃、被人民唾弃、被法律离弃的人,迟早要站在法律和人民的对立面上;没有清正,坚守不住廉洁这条底线,我们就无法用自己的力量去守护法律的尊严,无法用自身的人格魅力去赢得社会的信任和人民群众的拥戴,执法也就失去了公信力,司法的公正和社会的正义将成为一种奢望。一个检察官,尤其是作为检察机关的一位领导干部,我们一定要把忠诚作为最高信仰来坚守,把为民作为执法宗旨来守护,把公正作为最高价值来追求,把廉洁作为最高品格来崇尚,做一个一心一意对党忠诚,全心全意为人民谋福祉,为社会的风清气正,为执法的公平公正尽心尽力、尽职尽责的人。用毛主席的话说,就是做一个高尚的人,一个纯粹的人,一个有益于人民的人,一个为人民服务的人。

一、忠诚是什么

忠诚一词古老而年轻。追溯中华民族悠久灿烂的古代文明,为后世的我们留下了取之不尽的精神财富。先辈们的人格魅力和品格素养经过千年的积淀,形成了今天中华民族伟大的品格。一个国家需要忠诚,一个民族需要忠诚,一个组织需要忠诚,一个人需要忠诚,一个人民检察官更需要忠诚。下面笔者给忠诚做十句话的定义。

(一)忠诚是中华民族的传统和美德

忠诚是一个有着悠久历史的人文概念。在古代中国,就有了对忠诚的定义和推崇。忠诚就是尽心竭力、真心实意、一心一意、专注不二。古人说,忠者,赤诚无私;诚者,真心实在。两者结合起来,就是全心全意对待所从事的事业和组织。忠能生发万物,诚为物之始终。不诚不忠,则无事无物。飞禽走兽、花草树木、风雨山石、河流湖泊、天地万物、宇宙星空,都是尽心竭力,诚实面对着世界,没有虚幻,只有忠诚。

忠诚与当今盛行的创新、发展、文明、进步等名词相比,似乎有些古老和传统。实际上也的确如此,忠诚作为中华民族的美德,作为中华民族核心的道德价值规范历经数千年的磨炼,直到今天依然闪耀着金子般的光芒。忠诚不仅体现出一个人的信仰和精神,也折射出一个人的品质与人格,折射出一个人的真诚与纯洁。美国著名学者约翰·克拉克博士说过:如果说智慧和勤奋犹如金子般珍贵,那么比智慧和勤奋更加珍贵的则是忠诚。中国的一位学者说,忠诚不仅是人生的智慧和立足于社会职场的王牌,也是为人处世的准则和根本,是一种操守,是一种情操,是一种关怀和品质,更是一条通往成功的路。

(二)忠诚是一种伟大的信念和强大的精神动力

忠诚是一种信念,是一个人生命中最重要的部分。将忠诚作为自己信念的人，必定是一个有理想有追求的人，也必定是不怕困难、永不退缩的人。忠诚让人忘记浮躁和私利，忘记抱怨和狂妄，忘记懒惰和贪欲；忠诚让人铭记勤奋、敬业、进取、责任和理智。凡大忠大诚者，都会充满着真诚和智慧。金钱买来的忠诚一定会被金钱所收买，源于信念和信仰的忠诚一定会海枯石烂。

大千世界，古往今来，先人们都是靠信念和信仰书写着一个个动人的故事。忠诚，是苏武牧羊十九载初衷不改，是张骞通西域的不畏艰难，是花木兰替父从军的机灵骁勇，是文天祥只留丹心照汗青，是岳飞母刺下的重任，是诸葛孔明的鞠躬尽瘁，是南湖游船拨亮的第一盏明灯……哥伦布之所以周游世界发现了新大陆，靠的是心中的那个信念；郑和下西洋走出国门，放眼世界，同样的是为了心中的那个信念；楚河汉界，吴越争雄，越王勾践卧薪尝胆、一朝吞吴，靠的也是一种信念。刘邦有句名言："领兵打仗我不如韩信，运筹帷幄我不如张良，治国安邦我不如萧何。"他能打败项羽，就是得益于部属对他的忠诚和他对部属的信赖。

马克思在《共产党宣言》中开宗名义向世人郑重宣告：共产主义就会像幽灵一样展现在世界面前。这句旷世名言不是虚幻，而是基于对共产主义的一种坚定信仰；苏联十月革命打响的不仅仅是一种炮声，而是对社会主义理想信念的追求；明清封建帝制灭亡，在中国现代史上，军阀混战数十年，实际上是民族意识信仰的沉睡和信仰的缺失。孙中山领导的民主主义革命之所以改写了封建割据的局面，建立了中华民国，靠的是中华民族意识的唤醒和激发。五四运动开启了中华民族的新篇章，也是马克思主义在中国的传播，使共产党人唤起了对共产主义的坚定信仰。八一南昌起义，共产党第一次在信仰的支撑中拿起了枪杆子，第一次深刻地诠释了枪杆子里面出政权的至理名言。秋收起义之后，星星之火之所以燎原，也是因为以毛泽东同志为代表的共产党人走"农村包围城市"道路的信心。

回顾历史是为了更好地坚定信念、展望未来。一个共产党人对党的忠诚实际上就是对共产主义理想信念的坚定,对建设有中国特色社会主义道路信心的坚定;一个共和国的检察官、一个检察机关的党员领导干部对党和人民的忠诚,就必须坚定这一立场信念,坚守对法律的忠诚,坚持执法为民的宗旨。

雨果说:"信仰,是人们所必需的。什么也不信的人不会有幸福。"树立一种人生信仰,必定会有一个目标扎根心底,并为之努力和奋斗。忠诚源自信仰,信仰铸就忠诚。信仰坚定的人一定具有忠诚的品质。信仰所给予的强烈的使命感和无尽的责任感以及无上的热情,便是忠诚的本源。没有信仰,忠诚便是无根之木、无源之水。

有多少共产党人凭着坚贞的信仰和满腔的忠诚,让人生散发着璀璨的光辉。他们都是凭着心中那份相信正义的信仰,凭着对祖国和人民的忠诚和热爱,用汗水和生命谱写着共产党人的动人篇章。共产主义战士雷锋能在平凡的岗位上兢兢业业,做出不平凡的成就,就是因为他始终坚持忠诚于党,始终坚定"为人民服务"的信仰。

我们的忠诚是对检察事业一份发自内心的热爱。我们必须时刻保持良好的精神状态、严谨的执法作风、公正的执法态度。我们的忠诚践行在爱岗敬业的行动中。虽然我们只是一名普普通通的检察官,犹如满天繁星、沧海一粟,但我们选择了这个职业就意味着选择了忠诚,选择了全心全意为人民服务的信仰。忠诚是敬业的基础,是奉献的前提,忠诚不谈条件,忠诚不讲回报,无论岁月的长河如何流淌,无论沧海如何变迁,我们都要坚持一种精神和信念,始终怀揣着一份坚定信仰,始终饱含强烈的使命感和责任感,在平凡的工作上,脚踏实地的工作,认认真真地耕耘,用汗水铸就我们那一份忠诚!

(三)忠诚是一种信任

忠诚与信任,富含着丰富的人生哲理。用通俗的话说,忠诚、信任宛如一对血浓于水的孪生姐妹,谁也离不开谁,共同快乐成长。忠诚就是信任,忠诚也是一种义务、一种责任,是一种不求回报的、单方面的付出。忠诚与信任是对立统一的关系。

一方面,失去信任的忠诚叫愚忠;另一方面,丧失忠诚的信任叫盲从,是无原则的信任。真挚的信任能够极大地提升忠诚度。同样,选择志同道合且信任自己的人为之忠诚,就意味着一种人生承诺,一种生死相许,一种不离不弃。它不会因贫富的差距、地位的高低、权位的大小而改变;也不会因时间的推移、环境的改变、世界的变迁而削弱。忠诚让人宁静而志远,忠诚让人志存而高远。我们对党的忠诚,就是选择了对党的信任。中国共产党人的忠诚,是基于马克思主义信仰和党性原则的政治忠诚,是对党和人民的伟大事业高度热爱的朴素情怀。忠诚是共产党人闪亮的名片和无上的荣耀。当革命和战争需要你的时候,敢于前赴后继、慷慨赴死。当和平与利益考验你的时候,能够始终保持共产党人的政治本色,始终以人民利益为重,以党的事业为重。

（四）忠诚是一种财富

忠诚之所以说是财富,在于它对于组织、对政党、对国家、对民族具有存亡续绝的决定性意义。任何一个失去了忠诚的组织、政党,国家和民族都将陷入崩溃。

忠诚是财富,是因为它常常"吹尽黄沙始到金",往往需要经历生与死、得与失、荣与辱等重大的考验和锤炼。只有敢于、善于付出牺牲,才能得到人们的认知和肯定。

忠诚是财富,是因为一旦千百万人的忠诚联合起来,就会创造出惊天地、泣鬼神的业绩。中国共产党这个当初只有十几个人的弱小组织,能够打破旧世界、建立新中国、创造人间奇迹,就是因为有千千万万忠诚的共产党员不怕牺牲、冲锋在前。

忠诚是所有政党、政权都极为珍视的政治品质。中国共产党从来都把忠于马列主义、忠于人民、忠于祖国等作为自己的神圣义务和永恒品质。"对党忠诚老实"、"永不叛党",始终是《中国共产党章程》中明确规定的党员义务,也是每一个共产党员入党誓词中的庄严承诺,更是我们这个党永远的财富。

(五)忠诚是一种能力

美国一名作家曾经给享誉全球的著名企业写了一本畅销全球的哲理性名著,书名叫《忠诚胜于能力》。这本书以美国海军陆战队为素材和主线,穿插了许多生动形象的企业案例和寓言故事,深入浅出地阐述了"忠诚"不仅是为人立业的根本,而且是一种品德,更是一种能力,是其他所有能力的统帅与核心。"忠诚胜于能力"成为美国海军陆战队200多年间最重要的作战格言,成为世界500强企业包括比尔·盖茨的著名微软跨国公司选人、育人、用人、留人的重要标准。凡是对党、对人民、对国家、对民族忠诚的人,他们都是在事业上成功的人,都是为党和人民做出重要贡献的人。纵观历史,凡是做出一番事业的人,都是对祖国、对人民、对历史无限忠诚的人。没有忠诚,就没有事业,也就失去了自身存在的价值,失去了发挥能力的空间。

(六)忠诚是一种真实

马克思曾说:说真话的人,才算忠诚。毛泽东同志强调共产党人"靠实事求是吃饭",邓小平同志提倡共产党人做"实事求是派"。求真理、讲真话、做实事,不仅是镌刻于党旗之上的政治理念,也是衡量政治原则的重要维度,更是政德修养的现实支点。

在复杂的执政环境中,看一个干部是否实事求是、求真务实,就要看其干事创业,是真抓实干,还是弄虚作假。问题矛盾面前,是说真话出实招,还是说假话躲着走。社会监督之下,是言行一致还是言行不一。"真与假"之间,折射出一个领导干部,对党是否忠诚老实,对人民是否真诚服务,对改革发展事业是否敢于担当。

(七)忠诚是恪守的诺言

有人说忠诚是诗人和作家手下的妙笔,有人说它是音乐家优美动听的音符,我更想说它是血浓于水的赤子之心。忠诚是始终如一地恪守信仰、职责和情操,忠诚就意味着永不背叛。

忠诚于党,是每名党员必须一生恪守的诺言,终生实践的课题。

要求全体党员都始终坚信党的领导,躬身践行党的宗旨,严格遵守党的纪律,自觉维护党的形象,尽责干好党的事业,保持党员队伍的纯洁性和党的先进性。革命战争年代,忠诚与背叛时时拷问着每个党员。如同"红岩"革命斗争史集中展现的那样,透过白公馆、渣滓洞监狱里一个个惊心动魄、震撼人心的斗争故事,我们更加真实地感受到了忠诚的力量。

说到这里,笔者想起一个故事,在重庆读大学时,学校旁边的白公馆、渣滓洞,那里流传着一个最后忠诚的故事。1949年11月1日,人民解放军挺进西南,入川部队以破竹之势直捣当时的西南首府——重庆。随着解放大军的日趋逼近,关押着300多名中国共产党党员和革命志士的白公馆、渣滓洞集中营里的气氛也一天天紧张起来。胜利即将来临,死亡也即将来临,狱中的党组织已经清楚地意识到这一点。在这样的生死关头,他们早已把个人的生死置之度外,而想的做的只有一件最重要的事情。那就是他们想把党内发生的一些事情总结成教训形成向党提出的八点建议。

共产党员刘国志和大家一起总结概况出了八条建议:

（1）防止领导成员腐化。

（2）加强党内教育和实际斗争锻炼。

（3）不要理想主义,对上级也不要迷信。

（4）注意路线问题,不要从右跳到"左"。

（5）切勿轻视敌人。

（6）重视党员特别是领导干部的经济、恋爱和生活作风问题。

（7）严格进行整党整风。

（8）惩办叛徒、特务。

刘国志眼含热泪地对大家说:"同志们,全国解放了,我们的党要执政,要带领人民建设新中国。为了我们党的肌体不受侵害,永远保持健康,我们把这用鲜血、生命和沉痛教训换来的'八条意见'报告给党。"他们说:"这是我们对党最后的忠诚!"

(八)忠诚是一种品格培养和责任的担当

共产党人是工人阶级的先进代表,是中华民族的先进代表,是先进生产力的代表,这"三个代表"无疑决定了共产党人应具有高尚的品德、优秀的能力和敢于担当的责任。我们每一个党员干部、每一个检察官都没有任何理由拒绝品德的高尚,能力的优秀和责任的担当。这样我们才对得起党、才无愧于党、才真正能够代表这个党。

朋友之间是否忠诚、个人对组织是否忠诚,固然有很多因素,但品格的培养、品质的优秀和敢于担当绝对是忠诚的一个重要条件。换句话说,一个人是否忠诚是衡量其素质高低、品格是否优秀的一个重要标准。比尔盖茨有句名言:忠诚是员工的美德之首。有一项对优秀企业的调查中,当被问到,你认为员工最重要的品格是什么?老板们无一例外地选择"忠诚"。索尼公司认为招聘员工的原则是"如果你想进入公司,请拿出你的忠诚来"。格力公司的企业精神是:"忠诚、友善、勤奋、进取。"美国空军的核心价值观是"正直、进取、忠诚、坚毅、无畏和奉献精神"。法国军队强调的核心价值观是"纪律、忠诚、献身"。德国军队的核心价值观是"荣誉、忠诚、勇敢、坚韧、团队精神、训练有素"。中国军队核心价值观是"使命、忠诚、纪律、牺牲"。

(九)忠诚是一种文化积淀

忠诚是一种文化,古老中国的文化就是一部忠诚的文化。什么是文化?有人说,文化是植根于内心的修养,是无须提醒的自觉,是以约束为前提的自由,是为别人着想的善良和对国家和民族的忠诚。从这个意义上讲,忠诚就是一种修养、责任、约束和善良。西方国家一直利用民主、自由等所谓的普世价值观挑战我们的忠诚价值观,他们军事打不到我们,经济搞不垮我们,却想用文化软实力西化、分化我们。在这种情况下,我们会不会先从意识形态上被打垮,关键要看我们每个党员干部忠诚价值观树立得牢不牢,要用忠诚的文化积淀防止西方文化渗透。打牢意识形态根基,铸就中华民族的钢铁长城。

(十)忠诚是一种作风养成和对精神家园的坚守

党有党纪、国有国法、家有家规、民有民约,我们既然走进了共产党的这个家园,踏入了这个队伍,成为一名共产党人,就要牢记党的宗旨,增强党性修养,养成良好的作风,守护党和民族的精神家园。作为一个检察官,我们从事了检察工作,成为"检察人",我们就应该遵守检察人员纪律,依法行使自己手中的权力。

要按照卢展工书记的要求,做到思想纯洁、队伍纯洁、作风纯洁、清正廉洁。要按照省纪委尹晋华书记的要求,做到十不:不背弃信仰,不脱离群众,不贪爱外财,不慕图虚名,不结交糜俗,不伙投恶党,不听信妄言,不记怨私仇,不招揽烦事,不以公谢私。

二、怎样做到忠诚为民

作为一名检察官,要做到忠诚为民,应当把握六点。

(一)强调"人民至上"

有一副对联是这样讲的,"权为民用,纵然是清风两袖,自当流芳百世传佳话;利于己谋,即便有豪宅千顷,也会遗臭万年殃后人"。历史的经验证明,无论是一个政党,还是一个政权,其执政地位的巩固与否,完全取决于是否能够做到执政为民。

在20世纪80年代和90年代初,世界上一些长期执政的共产党相继丧失执政地位,失去政权。一个重要的原因就在于其执政后权力发生了异化,执政不为民,严重脱离人民群众,从而丧失了共产党自身存在的政治根基。据解体前的苏联社科院的一项调查显示:认为苏共能代表人民的仅占7%,而认为代表官僚、干部、工作人员的却占85%。正是由于执政为民意识的淡薄和权力的异变,导致了苏联的解体。

邓小平同志曾经讲过,共产党员谨小慎微不好,胆子太大也不好,要怕党、怕人民群众。胡锦涛总书记在2011年纪念建党90周年重要讲话中,严肃指出了新形势下党面临的"四大危险",其中一条就是脱离群众的危险。古今中外,一些政权更迭、政党兴衰,也一再告诫我们,群众的力量最强大,对群众心怀敬畏,才能获得人民群众的支持、拥护和爱戴,忽视了人民群众就会被人民群众所抛弃。

北京大学教授俞可平写的一本书叫《敬畏民意》,书中说,敬畏民意,要求中国共产党要把人民的利益作为其根本价值追求。敬畏民意,就要敬畏公民权利,敬畏法律制度,敬畏公众舆论,敬畏公共责任,敬畏社会评价。敬畏民意,首先要倾听民意,畅通民意渠道,虚心听取群众意见,认真对待民意,将民意变成政府的决策。

能否做到人民至上、敬畏民意、真心为民办事,既是工作态度问题,更是政治立场问题。当年,一位美国记者问毛泽东,"你们办事,是谁给的权力?"毛泽东回答:"人民给的。人民要解放,就把权力委托给能够代表他们、能够忠实为他们办事的人,这就是我们共产党人。"我们党正是始终牢记了这一点,才能够历经血雨腥风最终取得革命胜利。温家宝总理强调,"要为人民做事而做官,不要为了做官而做官"。这些思想观点的核心,就是当官掌权要为人民服务,为群众办事。我们党已走过90年的风雨历程,越来越面临长期执政的严峻考验。党员干部一定要以"民苦我忧、民贫我愧"之心,立足岗位,扎扎实实地为群众办实事、办好事。作为检察官,在履行法律监督职责中,一定要增强群众观点,摆正自身位置,充分发挥好检察机关打击、监督、预防、保护、服务职能,切实做到虚心待民、真心为民、执法护民、服务便民。

(二)坚定理想信念

人生可以平凡,但不能平淡,更不要散淡。树当有根,水当有源,山当有灵,人当有志。诗人流沙河曾形象地说过:理想是石,敲出星星之火;理想是火,点燃熄灭的灯;理想是灯,照亮夜行的路;理想是路,引你走向黎明。信念是一个人的力量所在,也是我们党的力量所在。信念像一面镜子,映照着一个人政治的清浊、素质的优劣、品格的高低和世界观、价值观的状况。有位哲人说过:假若你失去的是金钱,所失甚少;假若你失去的是荣誉,所失甚多;假若你失去的是信念,那便失去了一切。人没有正确坚定的信念,就没有清醒的头脑,就没有明确的方向,就没有名副其实的品行与生命。

随着我国经济成分、分配方式、社会组织形式、生活方式、社会利益等方面日益多元化,各种社会思潮涌动,在多元价值选择的大时代背景下,有些人认为现在谈理想信念似乎不合时宜。部分人理想信念迷失已经成为当今社会的一个突出问题,我们也深为耳闻目睹的一些信仰匮乏、精神脆弱、伦理失范、文化低俗等非道德和反道德现象忧心焦虑。去年,《人民论坛》杂志进行了党的优良传统流失状况专题调查,34.9%的人认为我们的党员干部"不讲政治,信念缺失"。中宣部和国家统计局的一个调查发现,党员干部中有17.6%的人信仰非马克思主义。现在少数党员干部身上主要存在"三个不够坚定"。一是政治信仰不够坚定。随着人们价值取向、思维方式和生活方式日益多样,一些非马克思主义、非社会主义的思想意识和价值观念在滋长蔓延。受世界社会主义运动遭受巨大挫折的影响,有人把党的理想视为空谈,陷入信仰缺失的迷茫。更有甚者,掉进了拜金主义、享乐主义和极端个人主义的泥潭,他们心中只有个人利益,已谈不上什么信仰。二是政治方向不够坚定。我们倡导的主流思想和价值观念往往受到社会现实问题和各种思想文化的冲击,党员干部思想困惑多,有的迷失坚定正确的政治方向。互联网上相当数量的各种社会思潮特别是热点炒作,对党员干部思想造成巨大的影响。面对学派林立、鱼龙混杂的思想舆论环境,由于一些党员干部的理论功底不够厚实,政治敏锐性和政治鉴别力不够强,一遇到大是大非问题往往认识模糊、态度摇摆。三是政治立场不够坚定。脱离群众是我们党面临的最大危险。对我们党员干部来说,最致命的就是忘记了自己代表谁、为了谁、依靠谁。对党和人民不忠诚,就是立场不坚定的集中表现。执法不公、为检不廉也是对党、对人民、对法律最大的不忠诚。

人的精神领域是一块阵地，正确的东西不去占领，错误消极的东西就会乘虚而入。事实说明，理想的动摇是最危险的动摇，信念的危机是最致命的危机。一旦理想信念这一精神支柱坍塌，人就会走向反面、走向犯罪、走向毁灭。人生如屋；信念是柱，柱折屋塌，柱坚屋固。理想信念不能缺乏，也不能迷失。最近，李源潮同志强调对领导干部要"四看"。一是看干部的立场。主要是政治立场，也就是理想信念是否坚定，是否对党忠诚，为国尽责，为民奉献。表现在具体实践中，要看是否坚定地、创造性地贯彻党的路线方针政策，是否自觉践行全心全意为人民服务的根本宗旨，在大是大非问题上是否头脑清醒、立场坚定，和党中央保持高度一致。二是看干部的品德。首先是政治品德，要从是与非、公与私、真与假、实与虚四个方面进行鉴别判断。同时还要看干部遵守职业道德、社会公德、家庭美德的情况，看干部的个人品行和生活情趣。三是看干部的作风。既要看继承和发扬党的优良传统的情况，又要特别关注人民群众反映的突出问题。看干部是密切联系群众，经常下基层，直接听取普通群众的意见，还是眼睛向上，习惯坐在机关大楼里看材料、听汇报，漠视群众利益和诉求；要看干部是艰苦奋斗、勤俭节约，还是贪图享受、奢侈浪费；看干部是严于律己、清正廉洁，还是放松自我、以权谋私。对一把手还要看作风是否民主，是否善于团结同志。四是看干部的考验。特别是看干部关键时刻的表现。对一些有潜力的干部尤其是年轻干部，还要看是不是愿意到艰苦环境和复杂地区经受锻炼和考验。李源潮同志的"四看"，对于我们树牢理想信念、坚定政治方向、锤炼品德意志、转变工作作风，有很强的指导作用，各级院领导干部都要用"四看"的要求，对照反思、完善提高。在世情国情党情继续发生深刻变化的今天，作为共产党人，作为一名检察官，一定要坚守共产主义的远大理想，一定要坚持中国特色社会主义理论，更好地执法办案、化解矛盾、解决问题、推进工作。

（三）做到志存高远

人生在世，需要有远大抱负，绝不能碌碌无为、饱食终日、无所事事。要立大志、谋大局、做大事、成大业。作为一名检察官,尤其是检察机关的领导干部,要做到志存高远,就要提升境界,激情工作,淡泊名利。

首先,要提升境界。一是要提升思想境界。我们共产党人最崇高的理想就是实现共产主义,最基本的宗旨是为人民服务,最坚定的信仰是马克思主义,首要的使命是坚定地走中国特色社会主义道路,实现国家富强和人民幸福,完成中华民族的伟大复兴。身为党员干部,必须常修为检之德,常固理想之基,真正学会运用马克思主义的立场、观点和方法认识分析问题,用中国特色社会主义理论体系作为自己的行动指南,指导检察工作,维护公平正义,促进社会和谐。二是要提高政策法律水平。党的路线方针政策和国家的法律法规,是领导干部执政为民、执法为民、科学决策的重要依据。各级院党员干部既是政策法律解读者又是执行者。政策法律水平高是领导干部为人民服务能力的重要体现,是实现科学领导的客观要求。领导干部如果没有较高的政策法律水平,不仅被人瞧不起,而且贻误检察事业,影响执法公信力。三是眼界要高远。要有为官一任、造福一方的胸怀,要有立检为公、执法为民的情怀,要有殚精竭虑、一往无前的勇气和壮志。

其次,要饱含激情。高昂的激情来自高远的志向。一个人如果胸无大志、没有理想,无论怎样学富五车,也不管多么健壮高大,人生依然会失魂落魄、黯然失色。激情对一个人来讲非常重要,一个人有激情意味着他有青春有活力,有激情意味着他有责任有担当,有激情意味着他有追求有奉献。当一个人干什么事情都提不起劲头、没有激情的时候,也就意味着这个人思想已经滑坡、斗志不复存在,走下坡路的苗头已经呈现出来。2011年,笔者在公安部礼堂作专题报告时说了一句话:人民警察破案要靠激情,执法要靠理性;没有激情破不了案,没有理性执不好法。同样,一个检察官也需要激情,也需要有强烈的责任感。这份激情、这份责任感就是对党和人民事业的无限忠诚。一个具有高度责任感的人,会把工作看成追求和奉献,而把名利看得轻如鸿毛;一个丧失责任感的人,会把工作当成一种负担,自然就会失去工作的乐趣。高昂的激情还来自自强不息的追求。自强不息是激情不断迸发的动力,是推动事业不断发展的源泉。台湾知名学者李敖,每撰写一本书,就会把自己封闭在书房长达60多天,每天仅休息6个小时,有媒体采访李敖,是什么支撑他熬过这么长时间,李敖开玩笑地说:"他们都叫我激情李敖嘛,靠的都是激情!"马云曾被称为中国IT行业永不休息的"马达"。在阿里巴巴成立之初,他每天从早上8点一直干到晚上10点,带头为自己的公司及产品做推销,1年后,他的公司开创了中国电子商务全新时代,3年后,阿里巴巴成为全球最具商业价值的IT品牌之一。激情是生命里沸腾的血液,是人的潜能中活力的展现,是一种期待成功难能可贵的品质,更是一种对事业的执着追求。

最后,要淡泊名利。"淡"是一种平常心,是一种境界,是一种哲理,是一种本色,也是一种工夫。浓烈最终归于平淡,万事万物皆是此理。当然,保持平常心并不是要人安于现状、不求上进,而是尽量把个人的名利、荣誉看得淡一些,防止这些东西干扰正常的学习、工作、生活和进步。古人说"淡泊以明志,宁静以致远","不以物喜,不以己悲",这应是党员干部平衡名利得失的胸怀和境界。胡锦涛总书记对领导干部也讲过要"淡泊名利、志存高远"。在对待名利得失上我们要始终保持一颗平常心,要有"不以一时之得意而自夸其能,也不以一时之失意而自堕其志"的境界,不断加强人品政德修养,把个人的名利地位看得淡些、想得透些,这样才能立信于人、表德于世,才不会为名所累、为利所缚、为失所挫、为欲所惑、为色所诱,才会放下包袱,轻装上阵,全部身心扑在检察事业上。居里夫人一生获得各种奖金10次,奖章16枚,各种荣誉头衔107个,但她却全不在意。一天她的朋友到家里做客,忽然看见居里夫人小女儿正在把玩英国皇家学会刚刚颁发给她的金质奖章,于是惊讶地说:"这是一枚极高荣誉的奖章,你怎么能给孩子玩呢?"居里夫人笑了笑说:"我是想让孩子从小就知道,荣誉就像玩具,只是玩玩而已,决不能看得太重,否则就将一事无成。"这些人一生淡泊名利,但却都因其高洁的情操而流芳千古。同时这些事例也给我们以深深的启示。当今社会,希望我们的同志真正能够做到淡泊于名利得失,能有立大志、成大器、创大业的坚定信念,坚忍不拔地向着自己的既定目标奋力前行。

(四)务必真抓实干

"空谈误国,实干兴邦"。能否做到真抓实干,不只是工作作风问题,而且是精神状态和信念意志问题,是对党的事业、检察事业的责任感问题,说到底是世界观问题。做到真抓实干,重要的是把握五点。

第一,把风气树正。领导干部有两件事要做好:一是把风气搞正,二是把工作做实。树正风气,领导干部要做出表率。要切实负起责任,真正发挥领导作用,做实事求是的表率,做真抓实干的表率,做勤于学习的表率,做廉洁自律的表率,身体力行、言行一致,努力营造风清气正的创先争优、干事创业的浓厚氛围,引领各项工作创新发展。

第二,把案件办好。当前形势下,确保案件质量不出毛病、把案件办准是最起码要求,是执法办案的底线。具体讲就是以下三方面。一是处理问题要"稳"。对于各方利益诉求冲突激烈的案件,一定要稳妥处理,不能因为案内案外压力,粗糙应对,仓促决定。越是有上访压力的案件越要慎重,越是各方诉求冲突激烈的案件越要稳妥,处理决定必须于法有据、于理不悖,处理方式必须规范周全,平衡好各方诉求,处理结论必须经得起历史检验。绝不能脑袋发热、一味迎合,甚至随意执法、草率处理。二是群众工作能力要"强"。要切实提高联系群众、依靠群众、服务群众和引导群众的能力,做到"三个有"和"三个不能有"。"三个有"就是做群众工作要有感情,要有耐心,要有办法。"三个不能有"就是不能有"傲慢"态度,对待人民群众、对待当事人不能居高临下,盛气凌人;不能有"急躁"情绪,要学会真诚沟通,因势利导地解决问题;不能有"违规"言行,做群众工作要讲究方法,但不能无原则地一味迁就照顾,避免埋下更大隐患。三是工作作风要"细"。案件质量问题在很大程度上就是办案作风问题。作风扎实,案件质量就有保障;作风不扎实,责任心不强,就会导致案件出现这样那样的问题。执法办案是我们的看家本领,案件办不好,一切都无从谈起。

第三,把问题抓准。检察工作是一项法律性与政策性、理论性与实践性、专业性与社会性都非常强的工作。做好检察工作既要有政治头脑,还要有专业水平;既要学会运用政治眼光审时度势,又要学会运用专业水平处理案件;既要会宏观管理,还要会微观治理;既要会发现问题还要会解决问题。而要做到这些,必须十分重视调查研究。各级院领导特别是省市院领导干部,不能满足于在单位听取汇报,困在会议室里、办公桌前,要走出去、沉下来,真正把情况摸准吃透,抓住问题,抓准问题,破解难题,推动工作。要抽出时间到下级院、到基层一线调研,与下边的同志们座谈交流,掌握工作动态,了解存在问题,研究推动工作的思路,集中破解难题的智慧。要切实做到对苗头性问题能及时发现,对倾向性问题能跟踪解决,对个性问题能依法妥善处理,对普遍性问题能整体破解。只有这样,我们指导工作才有针对性,才能避免"瞎指挥"、说空话。

第四,把工作做细。"天下难事,必做于易;天下大事,必做于细"。要把工作做细,笔者考虑主要从三个方面入手。一要抓重点。就全省工作而言,今后一个时期,就是按照我省检察工作"十二五"规划,突出抓好服务科学发展、提升法律监督水平、转变检察工作方式、加强群众工作、加强检察队伍建设和基层基础建设等五个方面的工作。从当前看,就是要紧紧围绕省委提出的"三化"协调科学发展核心任务和持续求进总基调,坚持"科学发展、遵循规律、转变方式、提升水平"检察工作主线,切实做好各项法律监督工作,实现全省政法工作会议提出的"一个中心、五个确保"目标。各地也要根据高检院、省院要求，结合地方实际，明确当前和今后一个时期的重点工作，突出抓实抓好、抓出成效。二要抓具体。各级院、各部门都要有一本明白账：自己的优势有哪些、问题是什么，要心中有数；改进的方向在哪里、人员怎么调配使用、工作怎么抓，要重点解决的问题是什么，要胸有成竹。要坚持各司其职。县区院、市分院和省院要分别履行好自己的职责、办好自己的案件、解决好自己的问题，一级是一级的责任，既不能矛盾上交，也不能问题下放，该是谁的责任就由谁来负责承担。面对困难，要不等不靠，善于创造性地开展工作，问题解决了、困难克服了，就是负责任，就体现了抓具体。要加强对下指导。既要有宏观指导又要有具体指导，既要重视一般指导又要重视深层次指导，既要抓类案指导又要抓个案指导。要在帮助下级院排除办案干扰、促进依法公正办案方面发挥更直接、更具体的作用。下级院请示汇报案件，上级院要有明确意见。拿出的意见不能模棱两可，让下级院无所适从。指导工作做细了就体现了抓具体。要重视借鉴互补。对辖区内的苗头性问题、倾向性问题以及错案、违法违纪等严重个性问题，上级院要及时通报，要注意总结经验推广借鉴；各级院横向之间也要采取形式多样的沟通交流，取长补短、共同提高。抓好经验推广、抓好优势互补就是抓具体。三要抓落实。领导干部重在实干，抓好工作重在落实。对于年初安排的工作任务，要采取分解立项、督导检查、通报督促、考核评价等多种方法，做到有部署、有检查、有落实，确保取得扎扎实实的效果。

第五，把队伍带强。检察机关要培养三支基本队伍：一支是善于攻坚、敢打硬仗的侦查队伍，一支是察微析疑、能言善辩的公诉队伍，一支是有思想观点、能办文办会办事的综合队伍。这是一个检察院赖以安身立命的重要支撑，也是每一位领导干部带强队伍、抓好工作的重要方向。作为检察长，不仅在于你个人能力有多么强，重要的是你能不能把队伍带强。具体来讲，笔者感到带强队伍起码要达到这么四条标准。一要有顶尖人才。要有一批能办大案、能打硬仗、能文能武、能言善辩,业务精、能力强、作风实、形象好,"拿得出、叫得响"的业务尖子。二整体素质要高。队伍政治素质过硬、作风纪律严明、知识结构合理、学历层次较高、社会形象良好。三干事氛围要浓。领导班子作风正派、凝聚力强、处事公道、善于协调、保障有力,同志们能够一心一意干工作,风气正、人心齐。四发展后劲要足。检察人员年龄梯次搭配合理,新老衔接紧,人才不断档,能够形成科学发展、可持续发展的良好势头。领导同志尤其是一把手,一定要有这样的意识、这样的标准、这样的境界,为官一任,就要对这个地方、这个单位负起责任,把队伍带出水平、带出层次、带出形象,干出一番事业,为当地经济社会发展、社会和谐稳定和人民安居乐业作出扎扎实实的贡献,在社会上留下良好的形象和口碑。

(五)敢于担当责任

敢于担当责任,这既是我国自古以来一种薪火相传的民族精神,又是仁人志士以天下为己任、赤胆报国的高尚情怀,更是一种"为天地立心,为人民立命"的强烈责任感。这种责任意识是为人之本、为官之德、成才之道、成事之基,是我们履职尽责的内在动力和前提条件。温家宝总理曾告诫党员干部要"事不避难,敢于担当,奋勇向前"。习近平同志也指出:看一个领导干部,很重要的是看有没有责任感,有没有担当的精神。我们每一位党员干部、人民检察官,都要始终牢记自己的职责,强化敢于担当的意识,提高能够担当的水平,在敢于担当中前行,在善于担当中奉献,在持续担当中成就事业、彰显价值。

当前社会上有这么一种说法,如今党员干部的工作态度可以分为三种:一种是把工作当事业,通过努力工作实现为国分忧、为民谋利的理想抱负;一种是把工作当职业,工作是为了养家糊口,是谋生之道,安身之术、立命之所;还有一种是把工作当副业,心思和精力都放在本职之外,工作仅仅是一个招牌。我们不妨以此为镜,揽镜自照，看看自己属于哪一种人。最近，《人民网》曾做过一次网上调查，问及"哪些行为对党员干部群体形象损害最为严重"一题，70%的人选择了"欺上瞒下、八面玲珑"，60%的人选择了"形象工程、政绩工程"，55%的人选择了"高高在上、脱离群众"，32%的人选择了"明哲保身、碌碌无为"。这些数字反映出不少同志为民意识、责任意识和担当意识的缺失，给我们党员干部敲响了警钟。笔者手头还有个资料，总结刻画了当前存在于少数领导干部身上的"五有五无"现象，非常形象，也很有针对性。一是有心做官，无心做事。有的为了个人进步削尖脑袋，一旦当了官便慵懒散漫，敷衍了事，当一天和尚撞一天钟，满足于不出事、不出局。二是有心揽权，无心担责。有的对有利益的事往前拱，喜欢争我高你低；对有责任的事往后缩，不敢面对矛盾和问题，大事干不了，难事不敢干，小事不愿干，甘于守摊子、保位子。三是有心"作秀"，无心问效。有的爱搞文过饰非，爱玩花拳绣腿，不按规律办事，乱提口号，乱铺摊子，追求轰动，不问实效。四是有心浮夸，无心实干。有的空话说得比谁都溜，大话说得比谁都真，总结写得天花乱坠，汇报说得天衣无缝，就是看不到实绩、收不到实效。五是有心唯上，无心唯下。有的只重对上负责不重对下负责，平时高高在上、脱离群众，对基层冷暖漠不关心，对群众疾苦熟视无睹，与同志们的距离越拉越远。客观地说，这些情况检察机关也不同程度地存在。

  敢于担当是一种责任，是一种境界，是一种精神，更是一种重要的领导素质，体现出党员干部的内在修为。作为一名党员领导干部，要能够处事不惊、胸有成竹，坦然面对困难和挫折；要增强发展意识、干事勇气和履职胆识，切实做到敢担当、能担当；要提倡实事求是、雷厉风行、敢于担当的工作作风，积极争做攻坚克难的"推土机"式的干部；在急难险重面前，要想在前头、站在前头、干在前头，沉着应对，理智周全地平衡好各方面关系，组织推动好工作开展。

  一要甘于无私奉献。无私奉献是领导干部的人品修养，无私奉献也是领导干部的崇高职责。领导就意味着责任,意味着奉献,意味着义务。要在奉献中勤奋工作、积累经验,要在奉献中锤炼意志、历练才干,要做到心里始终装着人民,想着人民,要尽心尽力、尽职尽责地执好法、办好案,守护好公平正义。

二要直面急难险重。领导干部要敢于面对各种急难险重的任务和问题。对工作中遇到的新情况、新问题,要迎难而上、敢于接招;对问题不能怕字当头,对矛盾不能绕道行驶,见风浪不能退避三舍,见焦点不能隐身藏匿,要敢于直面矛盾,善于身先士卒,遇到问题要敢于挺身而出。

三要勇于破解难题。能否破解工作难题,能否解决好别人解决不了的问题,是衡量一名领导干部党性觉悟高低、能力强弱的重要标准;敢不敢直面矛盾、破解难题,是一个领导干部事业心、责任感强弱的具体表现。作为领导干部要注重深入实际、调查研究,广泛征求意见,集中大家智慧,形成破解难题的合力。破解难题不能光靠老经验、老办法、老套路,必须解放思想、勇于开拓创新,用发展的眼光来认识、分析和把握问题,善于创造性地提出解决问题的新思路、新举措、新办法。

四要善于克服困难。客观地讲,近几年间,执法办案、基层基础建设和队伍管理中,大事多、新事多、急事多、难事多。要千方百计、想方设法克服解决,困难不上交、不平推、不下转,做到"少找领导、多想办法"。要对困难有一个正确认识,一定意义上讲,困难也是个好事,它可以磨炼意志,增长才干。困难预示着成绩,困难越大,战胜之后所取得的成绩也就越大。

五要能够同甘共苦。同甘共苦是党的优良传统,是领导干部真抓实干表率作用的重要体现,是凝聚合力、推动工作的强大动力。实践表明,一个单位执法办案的力度效果如何,干警队伍精神面貌怎样,在社会上的口碑形象好坏,与这个单位的班子特别是一把手的工作作风密切相关。领导干部当然需要宏观管理、宏观指导,但不能让同志们有高高在上的"隔膜感"、"畏惧感",要在执法办案中、在各种管理工作中,真正撇开面子、放下架子、蹲下身子,与下属、与一线干警商讨工作,研究问题,平等平和地沟通交流,甚至在一些关键时刻与同志们一起摸爬滚打,让大家真正感受到领导的心与大家在一起,用实实在在的行动确立领导权威,树立领导形象。李瑞环同志曾说过:领导的威望从哪里来? 靠上级封不出来,靠权力压不出来,靠自己吹不出来,靠耍小聪明骗不出来。只有靠真心实意地、尽心竭力地、坚持不懈地为群众办实事,才能逐步树立起来。同甘共苦是我们团结同志、增进和谐、克服困难、推动工作的重要法宝,是领导干部担当责任的具体实践,我们一定要牢记在心,一以贯之地坚持下去。

(六)遵守党纪国法

薄熙来事件,在国内外产生的震动的确不小。有人说他用错了人,有人说他用错了权力,但不管怎么说,王立军的案件一出,调查程序一启动,再大的权力也摆不平已经铸就的错误。王立军事件,在让我们惊愕、震动之余,更应当进行深刻的对照反思、剖析警醒。国无法不治,民无法不立。任何公民和组织必须崇尚和遵守法律,这是现代法治社会的基本要求。作为一名共产党员,尤其是党员领导干部,更要时时处处模范遵守国家法律、遵守党的纪律,这既是党章的规定,更是中央的要求。

遵守党纪国法,是做到忠诚为民的基本保障。在我们这样一个有着几千年人治传统的国家,要在短时间内根除传统思想的影响,并非易事。一有机会,少数人心目中的特权思想、人治观念、官本位思维就会跳出来作怪。为了"提高效率",应该履行的程序就被省略;为了"跨越发展",法律法规的"红线"就视而不见。更有甚者,有的人手中有了权力,法治原则就成了"对人不对己"的约束,就有了挑战法律的资格,甚至产生"刑不上大夫"的侥幸。这样就必然违背民主法治,必然侵犯人民权益,必然背离为人民服务的宗旨。

遵守党纪国法,是民意所在、大势所趋。我们一定要认识到,"法律面前人人平等"真的已经不是一句空话。至少如果你是一名官员,千万别指望你有可能成为它的例外。依法依规使用你的权力,比想方设法营造对你的保护网,要可靠得多。从严治党是大趋势,绝非口号。不仅党的事业要求从严治党,中国的民意也要求执政党这样做。这个要求的力量很强大,它的履行过程会"不惜代价",因为没有哪一个人的重要性,会超过人民支持并相信党的重要性。

　　遵守党纪国法,是党员干部成长进步的最有力"护身符"。我们必须深刻认识到,民主监督在中国权力运行体系中的成长不可避免。我们党长期执政的过程,必然也是自我约束和受社会约束不断增强的过程。不从严治党,我们没有出路。心存侥幸,是战略上的愚蠢;目无法纪,是自我毁灭的捷径。遵守党纪国法,领导干部必须身体力行,跟不上这个大趋势的人,最终会淘汰出局。

关于改进文风问题

2012年11月,党的十八大再次提出下决心改进文风会风。12月,习总书记主持召开中央政治局会议,审议通过改进工作作风、密切联系群众的八项规定,改进文风是其中一个重要内容。人民日报最近连续发表文章和评论,论述正学风、改文风、转作风问题,随之在全党全社会引起强烈共鸣。日前,河南省委省政府印发《贯彻落实中央改进工作作风、密切联系群众的若干意见》,从七个方面做出二十项具体规定,其中三个方面直接涉及文风问题。"两高"也做出了相关安排。文风问题为什么显得如此重要,其实质是什么,人民群众热议和关注之中又透射出怎样的期许,对于这些问题,本文谈一些认识和体会。

一、文章与文风

中国是个"文章大国",自古就有"以文治国,文治守成"的传统,历代统治者都是以武开国、以文治国,把文章作为治国理政的重要手段。比如,毛泽东一生每遇关键时刻就要作诗、写文章,靠文章引领思想、推行政策、治理国家。他的一篇关于三个世界的文章改变了世界格局。基辛格在哈佛大学的一篇长达383页的毕业论文使他由一个学生成为知名的外交战略专家。校方认为他的论文极尽考究,严密论证且无懈可击,论文的观点是:外交不能脱离武力和强权的现实而单独起舞,维护稳定是外交的唯一目的,搞意识形态和道义扩张只会威胁稳定。世界稳定的基础是势力平衡,特别是中美苏的三角平衡。所以,对文章的作用不能低估。

首先,什么是文章?文章就是把要说的话或要表达的思想、观点用文字表达出来,并按照表达的思想、阐述的主张和提出的要求让读者和听众去思维、去理解、去接受、去落实、去执行。文章是号召、是倡导、是动员、是影响,不是无病呻吟,也不是空洞说教。每一个人生活在这个世界上,活跃在社会这个人群里,都离不开说话和交流。讲话和文章,包括著作、论文、发言、汇报、调研报告、法律文书制作等都是文章的范畴。运用文字和文章表达自己的思想、主张和要求,是人生的一门必修课。换句话说,人生有三门课,其中一门就是如何用文字、文章清晰准确地表达自己的思想、主张和要求,另外两门是如何讲、如何做,"说、写、做"这三门课都是我们的人生必修课。

作为一个领导要体现自己的领导意图,提出一种要求,落实一项决策,抓好一项工作,都需要运用文章和讲话的方式表达出来,而会不会表达,表达的程度如何,表达的准确程度至关重要。会不会讲和写,不仅是讲话水平问题,更是领导水平问题。写文章不仅是每个人的必修课,更是每个领导同志的必修课,这门功课必须做好。李瑞环同志在退休后出版的第四本书《看法与说法》中讲,群众看干部就是两条:一是你怎么干事,二是你怎么说话。这里的"说"当然包括写和讲,"干事"就是做。对检察机关来讲,就是执法办案。省院蔡宁检察长提出要着力打造三支队伍:能打善战的侦查队伍、能言善辩的公诉队伍、能说会写的综合文秘队伍,实质上讲的也是说、写、做。笔者认为人生有"五级跳":想法、看法、说法、办法、做法。人与人之间之所以有差距,就在于这五级跳跳得好不好、跳得快不快。第一跳:就是要有想法,善于学习思考,善于研究问题,通过学习思考和研究,形成自己认识世界、认识事物的思想和观点。有思想有观点的人,往往是高人、是高手。李瑞环说,沉在会里、应酬之中,处于浮躁、喧哗状态不能沉下心来、扑下身子深入思考问题,这是很危险的。第二跳:从有想法到有看法,看法的形成有一个过程,即由浅入深、由一方面到更多方面。不断追求事物本质的看法,对于训练思维能力、提高理论水平,搞好工作有极其重要的意义。把自己的想法变成认识事物、认识世界的看法,形成自己的思路。这是学识,这是智慧。第三跳:说法,把自己的想法和看法运用语言和文章准确客观有效地表达出来。说法是看法的表达,在坚持准确的前提下,力求通俗、简洁、鲜明、生动和富有个性。有自己的看法又能准确表达出来的人是水平、是能力。第四跳:把想法、看法、说法变成办法。这是领头人、是引领者。第五跳:把办法变成做法。无论是别人教的办法,还是自己思考的办法,一旦变成做法、变成现实成效,那将是一个人做人做事的最高境界。这是实干家、是成功者。一个人能力的高低、差别,就在于自己到底处于哪一级跳上,或者说能够完成几级跳。一个人说话、做事、写文章,实际上是一个人的水平问题。不学习就不会有想法,不思考就不会有看法,不会表态就不会有说法,不研究就不会有办法,不务实就不会有做法。笔者信奉几句话:纸质阅读,深度思考,用心说话,用劲工作,简单生活。如果能做到这些,一个人说话做事,为人处世,肯定会与众不同。作为我这个阶段的人,可以说阅人无数(观人四法:讲信用、无官话、有条理、少大话),对一些问题的看法感同身受,讲话引用几个新名词会信手拈来,改个稿子、写个文章也会得心应手。但是,真正能够表达出深刻地思想和观点,善于揭示出问题的实质和症结,及时提出解决问题的办法和思路恐怕不是一篇行云流水的文章和一通口若悬河的讲话都能解决的。

其次,什么是文风?文风就是文章体现出的风格和风气,一般来讲,不同时期的文章会折射出当时社会的风气、普遍性趋势和社会印痕。重视文风是中国文化特有的现象。中国古人早就意识到了这一点,所谓"世道既变,文亦因之",讲的就是这个道理。先秦时期是百家争鸣的时代,理论思维异常发达,哲学思想空前活跃,各派学说竞相登场,为了阐述自己的主张,各家学派都注重论证,深入说理,形成了这一时期独特的说理式的文风。比如,《论语》平实质朴,《孟子》笔力雄健,《老子》清远深邃,《庄子》汪洋恣肆,《墨子》朴实无华,诸子散文成就了中国文学史、思想史的一段黄金时期,是那个时期竞争、开放时代风尚的真实记录。而两晋南北朝时期是中国历史上少有的"清谈时代",浮靡轻艳、华而不实是这个时代普遍的社会风气。门阀士族创作骈体文成为一种风尚,讲究辞藻、讲究用典、讲究形式是这个时期特有的文风。这种空洞无物的文风恰好成为那个时代的印证。在我国的"文化大革命"时期,大字报满天飞,大批判文章处处皆是,文章就是口号,文风就是批判。笔者也是一个受害者,只会写批判文章,写政论文章,不会写文学作品。

文风常常和思想解放运动关系密切,甚至可以领时代风气之先。历史上,但凡重大社会变化时期,文风总是不可避免地成为那个时期的重大问题;而每一次文风问题的解决,又总是不可避免地给那个时代带来新的进步。魏晋时期,曹操用自己简朴、洒脱的文章风格做表率,一度有力地遏制了浮华做作的文风,开创了一种简约、率真的新风尚,鲁迅称他为"改造文章的祖师"。唐代安史之乱后,一些著名知识分子比较盛衰之理,在积极倡导维护中央集权的同时,开展以推行新文风为主旨的古文运动,强调文章要达到"经世致用"的境界,韩愈、柳宗元便是其中杰出的代表。唐代的文风建设,在历史上写下了精彩的一页。

党的历史上第一次成功的思想解放运动是延安整风,这次整风就是从整顿"三风"开始的。毛泽东同志对党八股进行了淋漓尽致的嘲讽和批判,同时提出要创造人民大众喜闻乐见的、具有中国作风和中国气派的马克思主义新文风。在这方面,毛泽东同志以他自己的实践树立了学习的榜样。翻开《毛泽东选集》,鲜明质朴的风格扑面而来,生动活泼的语言满纸皆是,深刻的思想满载哲学精髓,而深入浅出的论述又让人茅塞顿开,掩卷称是。改革开放以后,我们党一直关注文风问题。邓小平历来注重务实,反对不实之风,倡导开短会、讲短话、讲实话、讲新话。他多次强调:"我们开会,作报告,作决议以及做任何工作,都为的是解决问题。"江泽民同志一再强调要纠正不良文风,指出有些文章翻来覆去老是那么几句套话,有的哗众取宠,乱造概念,词句离奇,使人看不懂,这种不良文风应加以纠正。胡锦涛同志多次强调大兴求真务实之风,下决心从文山会海中摆脱出来。以习近平为总书记的新一届党中央,在改文风方面带来了一缕清风。习近平同志上任以后的每一次讲话,都给人一种如沐春风、清心革面、沁人肺腑、醍醐灌顶的感觉。

最后,什么是文气?人有气质,文有文气。写文章的风格以及体现出的文风往往与个人性格习惯有关,它体现出的那种灵魂、魄力和魅力就是文气。人的气质不仅仅是体现在长相和外表,不仅仅体现在天生丽质。单纯的高富帅、白富美、甜素纯不是气质,有知识、有内涵、有修养才是气质。同样,文章的气质也不是体现在稿子讲得多长,文章多么气势、多么恢弘,语言多么优美、多么华丽。它是讲话者、为文者那种从骨子里透射出的个性化印记,它是文章的魄力、灵魂和魅力以及给听众、读者带来的那种感召力、影响力、凝聚力和冲击力。文章没有风格、没有气质,就像人没有个性、没有魅力、没有灵魂一样的可怕。最近笔者看了一本书叫《邓小平时代》,作者傅高义对毛泽东和邓小平有一个比较:毛泽东喜欢谈哲学,谈历史,他的文章和文风充满着哲学思想,充满着历史典故,充满着文学色彩。比如他的《论十大关系》,通篇充满辩证法。在对外交往谈话中,他一般不谈具体事,只谈宏观战略,从历史典故、哲学思想、人文历史的大道理中表达自己对内政外交的看法,表达中国的声音,体现的是帝王之相;而邓小平则喜欢单刀直入,就事论事,语言朴实辛辣,掷地有声。他们两个的文风都很有个性和特点。敢上九天揽月,敢下五洋捉鳖;数风流人物,还看今朝,是一种气势磅礴;向雷锋同志学习,为人民服务,要把黄河的事情办好,是一种掷地有声。发展是硬道理;贫穷不是社会主义；解放思想、实事求是；黑猫白猫捉住老鼠就是好猫；摸着石头过河；允许一部分人先富起来，阐明的是朴实无华的真理。前些天看了一篇国际问题专家写的文章，标题是《半岛问题给四国说四句话》，内容是：朝鲜不要误判形势，美国不要火上浇油，韩国不要错失焦点，日本不要趁火打劫。这篇文章简明扼要，直来直去，没有拐弯抹角，没有翻来覆去，抓住关键，点中要害，这样的文章让人看了很过瘾。这就是文气，也就是文章体现出的灵魂、魄力和魅力。

历史一再证明，文章也好，文风也好，文气也好，从来不只是怎么写、写什么、怎么讲、讲什么的问题。就国家而言，文风问题的提出和解决，是一个国家、民族、政党面貌焕然一新的一个明显标志，也是一个国家、民族、政党的事业进步的生动展示。就一个单位而言，文风正，工作就会求真求实，就会讲效率、讲效果，就有利于各项工作的开展。文风不正，就会追求形式做表面文章，不顾实际不求实效，不仅损害讲话者、为文者自身形象，而且也会耗费大量时间和精力，耽误工作，耽误问题的及时解决，严重影响工作成效。作为一个干部，文章文风是自己的招牌，因此不能仅仅将文章视为写材料、写稿子。写材料、写稿子的过程本身就是出思想出观点，谋划工作思路，研究解决问题，推动工作开展的过程。在这个过程中，我们会通过写和说提升水平、增强能力、增长见识、完善自我。检察机关职责的政治性、专业性对文风有更高的要求。检察机关对文风问题应当有足够的重视，对改进文风应当有切实有力的措施，在改进文风上要有明显的效果。

二、不良文风的表现

改进文风绝不是一个口号，也绝不是要求一下就能够立即解决和改进的。纠正不良文风是一项长期任务，不可能一蹴而就，一劳永逸。新一届中央政治局之所以倡导全党要大力改进文风，就在于当前不少党政机关文风上存在的问题仍然突出，习近平同志将这些问题归纳为"长、空、假"。长:有意无意地将文章、讲话添枝加叶,短话长说,看似面面俱到,实则离题万里。空:空话、套话多,照抄照搬多,讲话稿大同小异,语言上下雷同,没有针对性,既不触及实际问题,也不回答群众关切,如同镜中之花,没味、没用,没可听性。假:夸大其词,文过饰非。不顾客观情况,刻意掩盖存在的问题,堆砌辞藻,词语生涩,让人听不懂、看不明、猜不透。造成这种现象的实质,其实是为文者、讲话者内心浮躁、浮漂和敷衍。笔者去年在中央党校学习时,中央国家机关工委对84个中央国家机关问卷调查,有79%的人认为"现在不少会议讲话内容枯燥,容易使人昏昏欲睡"。这从一个侧面说明,目前机关干部对改进会风、文风有强烈的要求。当前,不良文风是一个普遍问题,这些问题可以归纳为八个方面。

第一,无病呻吟。这种讲话、这种文章是一种表演式的宣传,说些假大空白话,让媒体报道宣传,以为领导重视,态度积极。这也是表态式的讲话和文章,纯粹是一个表态性的举动,可说可不说。还有些文章,纯粹是无病呻吟,无病而治。大家都明白的道理,大家都有的常识,还要大讲特讲,高谈阔论。有些纯粹是在"赚稿费",比如有一个《关于盐的论文》,讨论"盐"的存在形态,他煞有介事地列举了四种观点:第一种观点,盐是无色透明、固体;第二种观点,盐是白色透明、固体,有咸味;第三种观点,盐原是液体,后经物理变化成为固体,但是经加水后仍能变成液体,加水后又由咸变淡;第四种观点,液体、固体都对,只是在不同条件、不同环境下会有变化。最后笔者同意某种观点。这种文章就是典型的无病呻吟,毫无实际意义。

第二,空洞说教。写文章、做讲话不是立足于指导工作,解决问题,立足于讲清道理,以理服人,而是僵硬的灌输甚至以势压人,听者、读者非常反感,非常痛苦;有的讲话、文章,从形势到任务,从国内到国外,从大陆法系到英美法系,500字能说明的问题非要写到1000字,40分钟能讲清楚的内容要讲1小时,云里雾里,洋洋洒洒,五味俱全,纯粹是大道理、宣洋文章,"文化大革命"期间的文章大都如此。

第三，闭门造车。当前有这么几种现象相信大家会有同感：高速公路越修越多、越来越快了，但到基层调查研究少了；信息通信技术发达了，但与人民群众面对面的机会少了；办公自动化水平提高了，但办事效率并没有明显提高；文凭学识上去了，但做群众工作的能力小了；一些干部官做大了、权力大了，但与人民群众打交道的本事却下来了；写的文章多了，但关注老百姓少了；讲的文章长了，但解决人民群众实际问题的办法少了。尤其是一些年轻人，可以说是"居庙堂之高，却离群众至远"，讲得了外语，却讲不了群众语言。这些情况造成领导干部同基层、同人民群众之间有距离感，一些同志满足于对下级工作情况的一般了解，掌握基层情况不深不透，做起文章缺少针对性。有的同志写文章，无论是给领导起草讲话稿，还是汇报工作的发言，往往在网上东抄西摘，七拼八凑，没有基层情况，不能提出问题，没有思想观点，没有工作措施，没有自己的特色。有的将别人的材料改头换面，稍加增删即拼凑出新文章。这些文章，对上，不能为上级机关或者领导同志提供可供参考、有价值的信息；对下，让人感觉如雾里看花，不知所云，听起来似曾相识，干起来无从下手。文章、讲话没有针对性，不解决问题，基层同志不爱看、不爱听，也起不到推动工作、解决问题的实质性作用。

第四，网络依赖。这些年互联网发展很快，为大家的工作、学习和生活提供了很大便利。但也出现了一个问题，一些好的传统、好的做法被逐渐丢弃。记读书笔记、随手剪贴资料的习惯没有了，看到好的语句随手记下来的习惯没有了，用的时候从网上找、到网上查。习惯于网络上寻找资源、模板和公式，写出的文章越来越没有自我，甚至越来越丧失自我。据心理医生和专家研究，东方人特别是中国人，生理心理特点和历史传统决定了书本典籍是知识传承的最佳载体，纸质阅读仍然是获取知识、丰富学识的主渠道。互联网是近些年来的新兴事物，上网浏览资讯信息的确方便，但这种方式与纸质阅读从知识获取效果上讲差距较大，往往使我们成为浮光掠影、浅尝辄止的

"知道分子"。要真正成为富有内涵、学识广博的知识分子,仅仅依赖网络是不行的,必须纸质阅读、静心阅读、深度阅读。知识,不是单纯"知道",它不仅是要知道,而且要透彻认识、深入理解、学以致用,这才是知识。

第五,缺乏特色。一些同志文笔不错,但写出的文章总是没有特点,看了几遍还形不成印象,究其原因,在于这些同志缺乏艰苦思索的精神,不善于在理解领会上级精神上下工夫,不善于在上下结合点上动脑子,不善于在解决问题上想办法,不懂得在个性化语言上辟蹊径。这样的文章只能是不加分析地照搬照抄,通篇只会讲上级的话,讲别人的话,就是没有自己的思想和观点,没有解决实际问题的办法。基层同志批评这种文章是"常说的老话多,正确的废话多,漂亮的空话多,严谨的套话多"。现在,为什么一些干部讲话人们不爱听?一是旧,没有信息量。捕捉不到新思想,了解不到新情况,触及不到新问题,领略不到新思路,感受不到新办法,总是在说老话,举老的例子,老生常谈,甚至比听众知道的还要少,就像局外人给当事者讲故事,但听者不好意思捅破,只好耐着性子听,而说者滔滔不绝,陶醉其中。二是浅。讲话抓不住关键,把不住要领,说不出道理,讲不出门道,听的人只能是昏昏欲睡。毛泽东同志在延安时就给这种人画像:墙上芦苇头重脚轻根底浅,山间竹笋嘴尖皮厚腹中空。三是虚,没有新意。一些同志讲话写文章没有自己的思想,没有活的东西,没有实的措施,没有解决问题的办法,缺乏吸引力,缺乏实践性,缺乏可操作性。

第六,心态浮躁。现在有一种现象,大多数人不愿从事文字工作,认为做文章是个辛苦活,出力不讨好。有些年轻同志即使从事了文字工作,却很少下工夫研究材料、研究文字写作,或者不能静下心来学习,不注意日常积累,肚里没有东西,临时抱佛脚,更不用说满腹经纶了。其结果是写的文章,看起来洋洋洒洒,大一套小一,大标题套小标题,但缺少思想,没有观点,逻辑不严谨,语言不流畅。既没质量,也没味道;既不实用,也没价值。

第七,语言乏味。一个单位,年轻人一般学历层次较高,但是做起文章,大多语言不生动、不鲜活,不会使用群众语言,不善于把专业术语、法律用语转换成老百姓听得懂、容易接受的通俗语言。这个情况比较突出。一篇文章、一个讲话,颠来倒去,总就是那几个名词,带有一些书生气、学生腔,这样的语言,不可能写出好的文章,体现不出大机关的水平,起不到解决问题的作用。年龄大的同志,经验丰富但精力不足,眼光思维容易受限,不善于接受新思想、新观点、新事物,写起文章往往没有生机与活力,讲起话来不生动、不鲜活。一些领导讲话,始终就是那个老面孔、不新,语言不实。

第八,工夫不到。各个单位包括市检察院,每年都会印发很多文件材料,客观上讲是工作需要,大家也很辛苦,但实事求是地讲,确实存在精品不够多的问题。究其原因,有工作忙、材料多,疲于应付的因素,但学习不刻苦、基本素养不到、研究问题不深、掌握情况不透、信息量不大是主要原因。同时还与深入调研不够、个人基本功底不扎实、文字表达能力不强、缺乏提炼、挖掘不深、视野不宽、站位不高、深入思考不够有很大关系。其实,讲话写文章是一个人综合素养的体现,是工作作风的体现,是领导能力、领导水平的体现,是务实重干与否的体现。没有耕耘就没有收获,写好文章、讲好话的前提,一定是不断学习、不断提高、埋头苦干的过程。一个同志能不能写出好文章,一个领导能不能把话讲好,在很大程度上能看出他是不是在不断学习,不断提高,不断接受新的东西。

三、应当提倡的文风

谈了什么是文风、不良文风的表现,那么应当提倡什么样的文风?在这方面毛泽东同志做出了榜样,他强调,"文章和文件都应当具有这样三种性质:准确性、鲜明性和生动性"。习近平同志针对文风存在问题,提出要在"短、实、新"上下工夫,力求简短精练,符合实际,富有新意。这是对全党的要求,是我们努力的方向。最近,《人民日报》在"人民论坛"上发表短评强调,转变文风应"言之十有",即言之有己、有信、有情、有理、有神、有趣、有典、有势、有约、有用。这个评论讲得非常好。就司法机关而言,需要把握好以下几点。

第一,好的文风必须讲实话、讲真话。

文章贵在言之有物,切忌空谈。毛泽东同志说过:一个人不讲真话建立不起信任。鲁迅提出写文章要"有真意,去粉饰,少做作,勿卖弄"。范文澜有句名言:"板凳需坐十年冷,文章不写半句空。"说的就是这个道理。1958年的浮夸之风,"文化大革命"时期的极"左"之风,延安整风前的"党八股",都使我国文风受到很大影响,大家不敢说真实话、说心里话。现在一些人写讲话稿仍有这些毛病,比如动辄爱用"高屋建瓴、思想深邃、内涵丰富、博大精深"等貌似宏大的语言,如果不深入阐述,注重说理,都是语言上假大空的表现。"立言以诚"是为文的根本,实话实说,直陈肺腑,是一种品德,也是一种责任,这样的文章才有真情实感,也更能打动人。讲实话、讲真话、讲短话,就是要有一说一、有二说二,是则是,非则非,不夸大成绩,不掩饰问题;能讲一不讲二,要做专家不做教授;要讲符合实际的话不讲空洞无物的话,讲有感而发的话不讲无病呻吟的话,讲反映自己真实判断的话不讲照本宣科的话。一位领导同志说:"我们要学会用心说话,用劲工作。"笔者听后很受启发。毛泽东同志讲话形象、真实、生动、实在。他笔下的愚公、白求恩、张思德,活灵活现。他在《纪念白求恩》一文中说:"一个人能力有大小,但只要有这点精神,就是一个高尚的人,一个纯粹的人,一个有道德的人,一个脱离了低级趣味的人,一个有益于人民的人。"让人动情,给人真实,激人奋进,洗人肺腑。这些今天仍记忆犹新,就是因为这些主人公在大家的心灵深处产生过激烈震荡,所以讲出的话饱含深情,富于哲理,能深深植入人民心里,引起共鸣。这就是用心在说话。基辛格评价邓小平的南方谈话是:他的文章产生了神话般的意义,他的讲话成了中国20年政治经济政策的蓝本。前外交部长黄华评价邓小平时说,他能很好地抓住主要问题,深刻理解,直击问题实质,果断并直截了当地做出判断和决定。

作为中共第三代领导集体核心成员,李瑞环同志是邓小平同志改革开放政策的坚定支持者,他的作风文风与邓小平一脉相承,同样喜欢讲真话说实话。有一次在外地视察,有人说现在话不好讲,李瑞环说有什么不好讲,只要讲实话就不难。他从政几十年,讲的话都是大白话,真实亲切,朴实感人,充满哲理。1990年2月28日,他在同津冀鲁三省市党委负责同志座谈时说:"我们的权力是人民给的,人民给我们权力不是为了别的,就是要我们为他们办实事,帮助他们解决实际问题。如果我们又要掌权,又不为群众办实事,那还不如让人民另请高明。"2000年9月11日,他在听取山东省委省政府工作汇报、谈到党群干群关系时严肃指出:"对共产党的领导干部来说,心里没有群众,就是忘本;对群众的疾苦漠不关心,就是变质;滥用手中的权力欺压群众,就是对共产党的背叛。"

习近平同志在十八大记者会上说:"我们的人民热爱生活,期盼有更好的教育、更稳定的工作、更满意的收入、更可靠的社会保障、更高的医疗卫生服务、更舒适的居住条件、更优美的环境,期盼着孩子们能成长得更好、工作得更好、生活得更好。人民对美好生活的向往,就是我们的奋斗目标。"这些话实实在在、情真意切,字字句句牵动老百姓的喜怒哀乐,真诚朴实,印象至深。他关于"中国梦"、"官商交往要相敬如宾,不要勾肩搭背"、"不能为一己之私把亚洲乃至世界搞乱"、"鞋是否合适脚知道"等说法,或生动形象,或斩钉截铁,或霸气十足,体现出一个领导人的真实和真诚,耐人寻味。

第二,好的文风必须讲思想、讲深度。

思想性是文章的灵魂。没有灵魂的文章是摆设。俗话说,大学要有大师,医院要有名医,单位要有一个好领导,同样,文章要有思想、有观点。人云亦云,人家说什么你重复什么,人家讲什么你重申什么,这样的文章讲话没有任何意义。清代著名学者刘熙载认为"文以识为主",就是说文章的好坏首先在于其思想性的深浅。讲话和写文章如果没有思想的深度、哲理的启迪,严密地逻辑思维,无论辞藻多么华丽,技巧多么高超,文笔多么流畅,描绘多么细腻动人,都如同白开水一杯,淡而无味。有思想有价值的文章,会让人过目不忘、终生受益。韩国总统朴槿惠很喜欢中国哲学,她曾在一篇文章中写道:"在我最困难的时期,使我重新找回内心平静生命灯塔的,是中国著名学者冯友兰的著作《中国哲学简史》,其蕴含了让我变得正直和战胜这个混乱世界的智慧和教诲。"其中该书引自《论语·卫灵公》"躬自厚而薄责于人,则远怨矣"这句话,体现出的思想观点,更是给她留下了深刻印象。可见,文章、讲话的思想性何等重要。

　　文章的思想性需要挖掘,挖掘才能有深度、出新意。毛泽东同志在《反对党八股》中讲道:"我看重要的文章不妨看它十多遍,认真地加以删改,然后发表。文章是客观事物的反映,而事物是曲折复杂的,必须反复研究,才能反映恰当。"思想如何挖掘呢?挖掘文章的思想性,就是要善于把本质的东西揭示出来,把阐述的问题剖析透彻,把辩证的哲理表达清楚,把具体的问题概括起来,把相关的措施明确提出来。1978年发表的《实践是检验真理的唯一标准》这篇文章,就是经过反复推敲、十易其稿,经胡耀邦同志最后审定的,掀起了全国性的真理标准问题大讨论,冲破了"两个凡是"思想束缚,奠定了十一届三中全会的思想理论基础,吹响了改革开放冲锋号,对国家发展、民族复兴产生了空前深远的历史影响。这篇文章的思想性之深刻,影响之大,意义之深远,是几十年来少有的。

　　第三,好的文风必须讲问题、讲办法。

　　马克思说:"问题就是时代的声音。"陈云同志讲过,"文章都是围绕问题展开的。文章影响力的大小,根本就在于是不是真正抓住了问题,是不是针对普遍存在的问题去写的"。一篇文章只有抓住问题、抓准问题,写出来的东西才有意义,才会对解决问题有所帮助。问题越尖锐,文章就越实,起的作用就会越大。历史上的一些伟人就是善于发现问题、研究问题,才影响了历史发展,也成就了自己辉煌的人生。许多好的文章,就是抓住了时代的矛盾,反映了社会的需求和人民的呼声,才流传百世。

文章是不是反映问题,问题抓得准不准,能不能提出切实可行的办法,既是一个文风问题,又是衡量领导机关、领导干部水平能力的重要标准。讲话做文章,都是为了解决问题。办法从哪里来?只能从调查研究中来,从群众的实践和创造中来。胸有成竹才能出口成章,找准症结才能对症下药,源于实践才能指导实践。毛泽东同志的许多文章都是针对实际问题、为了解决问题而作,不管什么时候读起来,都会让人感觉到醍醐灌顶、发人深省。1930年,针对党内一些同志"红旗到底打得多久"的疑虑,他撰写《星星之火,可以燎原》,纠正一度甚嚣尘上的悲观思想;1938年撰写《论持久战》,批驳"亡国论"和"速胜论",提出持久抗战,最终胜利属于中国人民的指导思想;抗战时期,撰写的《论反对日本帝国主义的策略》,解决了党内在统一战线上的关门主义倾向;1941年撰写的《改造我们的学习》,解决了党内长期存在的理论脱离实际的问题。这是我们应该认真学习的。邓小平同志一生都在解决问题,他说:"我从来没有上过大学,但我一生都在上大学,一生都在解决问题。"他从不高谈阔论,一次在联合国大会上纵论三个世界理论,仍旧是毛泽东的思想。他的重点是如何将理论加以落实,如何用自己的务实理论来影响社会,推动进步。当前,我国经济社会科学发展也面临不少亟待解决的问题,检察机关要发挥职能,为大局保驾护航。同时,我们自身科学发展也面临不少具体问题,依法治国力度的不断加大,国家司法改革深入推进,尤其是刑诉法、民诉法集中较大幅度的修改完善,实践中一些困难问题必将进一步凸显。我们一定要高度重视调查研究,充分深入掌握情况,不回避矛盾问题,敢于担当,破解难题,扎扎实实推动检察工作顺利开展。

第四,好的文风必须讲简约、讲短话。

"简约是智慧的灵魂,冗长是肤浅的藻饰。"只言片语,可以掷地有声;三五百字,亦能打动人心。我国最早的文献汇编《尚书》中的文章都不长,最早的诗歌汇编《诗经》中的篇目也很短。讲修身、齐家、治国、平天下的《大学》仅1052字。儒家经典的《中庸》含标点符号也只有4281字。《论语》都是一篇篇比较短小精悍的文章,然而表达出来的道理和意蕴却是非常深厚的。毛泽东为人民英雄纪念碑起草的碑文,只有114个字,却反映了一部中国近代史。1975年,四届全国人大一次会议,邓小平同志为周恩来同志起草的工作报告只用了5000字,反响却非同一般。习近平同志在十八大新一届中常委记者会上的讲话只有1500多字,在十二届人大闭幕会上的讲话也只有3000字。惜墨如金,我们实在是应该好好学一学。

米淘三遍沙粒少,文改数遍质量高;千锤百炼出好钢,再三修改出华章。古人说,文章的最高境界是"删繁就简三秋树",深秋的树,经过数度秋风,干净得只剩下枝枝杈杈。我们要有这样的标准,有足够的耐心,做文章力求简短精练、要言不烦,能够三言两语说清楚的事情绝不拖泥带水,能够用短小篇幅阐明的道理绝不绕弯子。要认识到,没有入木三分的分析力,深刻准确的判断力,简洁生动的表达力,很难达到"立片言以居要,收千里于方寸"的境界。

第五,好的文风必须讲群众性语言、个性化语言、耳目一新的语言。

机关公文要求准确,法律文书要求规范,但也有一个语言表达方式的问题。讲话写文章是为了阐明观点、传播思想,要能打动人、说服人、影响人,首先要让人愿意读愿意听。有人曾经形容一些领导讲话是:与新社会群体搭话,搭不上去;与困难群体对话,对不下去;与青年学生说话,说不进去;与老同志谈话,给顶了回去。不全是文章不深刻,而是语言表达方式存在障碍,受众不感兴趣、听不进去的问题。时代在进步,环境在变化,要求在提高。讲话、写文章不仅要思想好,又要表达好,善于用群众性语言、个性化语言、耳目一新的语言沟通交流,拉近距离,才会有好的效果。这才是大家认可的好文风。讲话写文章要多用平实质朴的群众语言,特别是那些群众听得懂、能理解的语言,看似通俗,往往蕴含着耀眼的思想火花,比那些文绉绉的书面语言、纯理论语言和官样文章更受欢迎。在这方面,毛泽东同志就很注重用群众语言来写文章,许多大道理在他的笔下让人一听就懂。郭沫若曾由衷地感慨,"思想内容很艰深的东西,到了毛主席的笔下和嘴里,就变得非常容易懂"。

讲话写文章要多用个性化语言,用鲜活生动的语言,深入浅出地阐述深刻理论,给人留下深刻印象。华中科技大学校长李培根2010年在本科生毕业典礼的演讲,2000余字把4年间的国家大事、学校大事、身边人物、网络热词融合一起,没有官话、套话、大话,富有个性、生动活泼,真情溢于言表,贴近社会现实,贴近学生生活,受到学子们的热捧,16分钟被掌声打断30次,全场7700余名学子起立高喊"根叔"!其中几句话印象深刻:道德要有底线,欲望要有上线,人生要有标线。

讲话写文章还要多用新颖性语言。所说的新颖性,并不是要去刻意求新,甚至搞文字游戏,而是有新的视野、新的角度、新的表达。有话则长,无话则短,说新话,不说老话旧话。

总之,好的文风必须讲实话讲真话,好的文风必须讲思想讲深度,好的文风必须讲问题讲办法,好的文风必须讲简约讲短话,好的文风必须讲群众性、个性化语言。好的文风是思想的引领,是能力的体现,是素质的养成,是品牌的确立,是境界的提升,是我们每一位同志努力的方向。

改进文风,领导机关、领导干部要起带头作用,这既是一种责任,也是党性原则的要求。我们要在端正学风中改进文风,要在转变作风中改进文风,要在密切联系群众中改进文风,要在改革会风中改进文风,要在完善制度中改进文风。

文风如一面镜子,文章上的穿靴戴帽,空洞无物,照见的是思想作风上的慵懒;文章上的空话套话,矫情做作,照见的是党性修养的不足。改文风实质是改思想作风和工作作风,是党性的净化和提升。心如日月,文章方有日月之光;心系群众,文风才能质朴感人;躬身履职,文风才能体现为民。我们要身体力行,真正在改进文风上做出努力、取得进步。

冤假错案的成因与防范研究

严防冤假错案是司法机关的永恒追求,更是一个起码要求和底线标准。近几年,全国相继曝光多起冤错案件,引起社会广泛关注,中央领导高度重视,主要领导先后作出批示、提出具体要求。因此,如何在司法实践中做到执法观念不脱离群众,执法行为不伤害群众,执法结果不冤错群众,是所有司法工作人员应当深刻思考的问题。尤其是做到执法结果不冤错群众,是所有司法工作者特别是刑事司法人员应当坚守的一个底线、一条红线。做到这一点,就需要对冤假错案的概念、危害、成因进行深入研究,努力找到切实可行的防范措施。

一、冤假错案的界定

冤假错案是人们对错案的一种通俗表述,不管冤案还是假案,其实质都属于错案。主流观点认为,刑事错案是政法机关在执法办案中,对事实证据认定错误或者适用法律错误,导致错误追诉或错误定罪量刑的案件。当然,错案不仅仅限于冤案、假案,还包括相当数量的疑错案件,这是错案的三种基本表现形式。司法实践中,足以引发社会对司法公正根本质疑、能够产生巨大辐射效应的错案,主要是冤案。冤案,顾名思义,就是司法机关捕错了人、诉错了人、判错了人,通俗地讲,就是张冠李戴、冤枉无辜。疑错案件是指犯罪事实不清、证据不足,按照疑罪从无原则,依法不能认定有罪,但司法机关错误追诉或定罪判刑的案件。典型的冤案有湖北佘祥林案、河南赵作海案、浙江叔侄强奸杀人等,而胥敬祥案、李怀亮案则是典型的疑错案件。

这些冤错案件有五个方面特点。(1) 多为重罪重刑。罪名上主要为故意杀人、故意伤害、强奸和抢劫罪等,其中以故意杀人罪居多;量刑上多数为死缓。(2) 多是事实认定、证据审查判断错误。(3) 多是发现和纠正很难。要么是真凶出现,要么是亡者归来,要么因被告人及其亲属锲而不舍、多年申诉上访,要么是司法机关主动发现纠正。但不管哪种情况,难度都很大。(4) 羁押时间相对较长。多数冤错案件从案发到依法纠正,都经历了较长时间,有的甚至长达十几年。纠正时有的正在服刑,有的已服刑完毕,有的已被冤杀。魏清安、滕兴善已被执行死刑,佘祥林关押12年,赵作海关押11年。(5) 大多是证据先天不足,自始争议较大。历经屡次退查问题无法解决,侦诉审认识不一、无法达成共识,案件起诉困难久押不决,或反复发回重审,或留有余地下判。这类案件多数经过五六次或七八次裁定和判决。

二、冤假错案的危害

冤假错案的影响决不限于个案,对社会生活方方面面所产生的危害不容低估。冤假错案的危害至少包括三个层面。

(一) 严重伤害案件当事人和关联群体

一个冤假错案会毁掉一个人的一生、毁掉一个家庭,是任何赔偿、补偿都无法弥补的。而那些冤杀的案件,人头落地,更没有任何挽回余地。据统计,目前已经发现的错案中至少有4起已经被执行死刑。法国著名律师勒内·弗洛里奥说过这样一段话:"请不要以为一位行为端正的好父亲、好丈夫、好公民,就一辈子不会与当地的法官打交道。实际上,即使是最诚实、最受尊敬的人,也有可能成为司法部门的受害者。""您常常以为,凭借自己的身份和行为会得到声誉、业绩、关系与交往方面的保护,您坚信只有那些地位卑微和粗鲁的人,那些命运糟糕的人才可能碰上司法错误,比如码头工或是牧羊人,那就大错特错了。司法错误不分青红皂白地打击着各种人,既有权贵,也有平民。"这段话至少有以下两点警示。一是作为直接掌管国家司法权力的政法干警、办案人员,一定要高度审慎地对待每一起案件,严防冤错案件、不能罪及无辜。二是即使作为司法人员,也不要心存侥幸,如果司法机关不能有效防范冤错案件,都有可能成为司法错误的受害者。另外,冤案形成的同时,真正的凶犯逍遥法外,这对被害人是一种极大的不公正,对社会也是潜在的威胁。在佘祥林案中,不仅无辜者承受十多年的冤狱之痛,那名沉尸水库的无名女子,身份到现在仍然是个谜,真凶至今逍遥法外。浙江叔侄强奸杀人案,真凶勾海峰漏网后又杀害了一名女大学生。美国著名的冤案"朱莉·雷谋杀案",无辜者获刑 65 年,而真凶在漏网之后又强奸、杀害了至少 3 个孩子。正如《你好,真相!》一书的主编特蕾莎所言:"每监禁一个无辜者就意味着放任一个罪犯逍遥法外,犯下更多罪行!"冤假错案不仅给当事人造成无法弥补的伤害,冤错案件的制造者最终也必然要付出惨重的代价。赵作海案 6 名实施刑讯逼供的公安民警被追究刑事责任;河北李久明案 7 名违法办案的公安民警被追究刑事责任。在中央政法委出台的《关于切实防止冤假错案的规定》中,明确要求"法官、检察官、人民警察在职责范围内对办案质量终身负责"。这意味着,十几、二十几年前的一个工作疏漏可能就是让政法工作人员锒铛入狱的定时炸弹。

(二)严重伤害公众法治信仰和司法公信力

在老百姓的观念中,司法就应当绝对正确、绝对公正。因此,冤错案件一旦发生,哪怕只是个案,都会极大地动摇公众对司法公正的信心。这些冤错案件相对于全国每年 88 万余起刑事案件,虽然所占比例微乎其微,但杀伤力巨大。在网上搜索关键词"张辉、张高平案"

有 100 多万条搜索结果,像这样的冤错案件信息,网上随便一搜就上百万,跟帖数量和浏览量更是个天文数字。网上的评论 90% 以上都是对政法机关的批评和指责。而搜索"全国模范检察官"、"全国模范法官",全部结果也只有几十万个,跟帖评论和浏览量更是寥寥无几,一正一反,对比悬殊。此外,国内外的一些敌对势力也经常抓住一些司法个案大肆炒作,将个别问题扩大化、简单问题复杂化、一般问题政治化,进而对我国的社会主义司法制度恶意攻击。可以说,对于政法工作而言,冤假错案是对司法信誉的最大破坏,是司法公信力的头号敌人。

(三)严重伤害政权形象和执政基础

十八大报告明确提出"三清"的廉政建设目标,即干部清正、政府清廉、政治清明。古今中外凡是政治清明的社会,司法领域必然是"是非明断、公理昭然、冤狱不兴"。司法领域冤假错案频发往往也是国家治理失效的直接体现。特别是在社会矛盾凸显的历史变革期,冤假错案发生后,公众抨击的对象并不会止步于司法机关,司法领域的冤错个案很容易发酵成为政治事件,甚至成为重大历史事件的导火索。托克维尔曾说过:"如果司法成为公正的对立面,不能防止恶,却常常阻止善,在形形色色的愤怒情绪爆发之际,一个孤立的事件也会诱发一场猛烈的风暴。"1789 年,轰轰烈烈的法国大革命就从攻占关押罪犯的巴士底狱开始,路易十六也成为法国历史上唯一一个被处死的国王。在我国历史上,一些著名的冤案甚至成为了一个王朝、一个时代兴衰更替的标志性事件。南宋抗金名将岳飞背负"莫须有"罪名含冤而死,抗金北伐、收复中原的大业从此付诸东流。400 多年后,抗清名将袁崇焕被以汉奸罪凌迟处死,预示着中原王朝的又一次覆灭。在革命战争年代也有过这样的教训。袁文才和王佐是井冈山革命根据地的创立者之一,袁文才曾担任过湘赣边界苏维埃政府主席,后来二人被冤杀。袁文才和王佐的两支部队从此消亡,井冈山根据地随之沦陷。此后,红军部队曾数次力图恢复,均未奏效。

当然,从正面看,冤假错案的集中纠正也是社会文明和法治进步的体现,往往预示着一个全新时代的开启。"四人帮"被粉碎后就有两大问题亟待解决:一个是"两个凡是",一个是如山的冤假错案。为了破除"两个凡是"的思想禁锢,开展了真理标准的大讨论。与此同时,中央开始大规模平反冤假错案。截至 1982 年,全国共复查各类问题案件涉及 500 多万人,平反知识分子冤假错案 158 万件,平反干部、群众 300 多万名。可以说,没有成千上万蒙冤干部群众的平反,就不可能出现十一届三中全会后拨乱反正、改革开放的全新局面。

从近年来发现的冤错案件看,大都发生在十多年前,但发现和纠正却主要集中在最近几年,特别是在"两个证据规定"出台和新刑诉法修改前后。这些案件能够被发现和纠正,本身就是法治进步的体现。美国作为法治国家的样板,同样有错案发生,20 世纪 90 年代开展"无辜者运动"以来,通过 DNA 技术,全美已有 1000 多名蒙冤入狱者被释放,但也有不少无辜者已被处决。英国是世界上最早建立现代司法体系的国家,但也同样经历过错案丛生的阶段,一些经典冤错案件因有力推动该国司法改革而载入法学史册。如阿道夫·贝尔错案促使英国于 1907 年通过《刑事上诉法》,创建了刑事上诉制度;蒂莫西·伊文思等三起错案直接推动了英国死刑制度的废除;麦克斯维尔·康菲特错案促使英国于 1984 年出台《警察与刑事证据法》,对侦查活动进行全面规范和限制。在我国,深圳的孙志刚案导致了收容审查制度的废止,赵作海案直接催生了"两个证据规定",一系列司法实践问题倒逼了刑诉法的修改。所以说,解决问题的过程也是一个社会进步的过程。但能不能把负面因素变为正面因素,关键要看政法机关对冤假错案危害的认识深不深、问题抓得准不准、改进的措施实不实。如果不能发现问题或者漠视问题,不仅错案纠正不了,发生问题的病灶也除不掉,冤错案件也会规律性地一再发生。

三、冤假错案的成因

有错案就有反思。近些年,有不少探究错案产生原因的外文书籍译成中文、引入国内,其中,影响较大的有《你好,真相!》《冤案何以发生》《错案》《美国八大冤假错案》《陪审团睡了》《专横的正义》等,这些著述以实证为主,提出了不少有见地的观点。比如弗洛里奥指出:"公正审判极难实现。即使你是最认真、最审慎的法官,也可能被外界因素欺骗。残缺信息、可疑证据、伪造书证、虚假证言、顶罪被告人、错误鉴定、恶意诬陷和马虎法官,都可能导致错案。"哈佛教授艾伦德·肖维茨根据多年刑辩经验,提炼出英美法系催生错案的 13 条"刑事司法潜规则"。美国俄亥俄州检察总长佩特罗在《冤案何以发生》一书中,结合自身经历,总结提出导致错案的八大错误信条。《你好,真相!》一书以艺术的形式和故事的题材,非常直观地讲述了过去几十年发生于美国的 48 起冤案,其中 13 名无辜者因莫须有的罪名共在狱中服刑 203 年,中间有 71 年是被监禁在死刑牢房中,有的甚至一度就要被送进毒气室执行死刑。书中一名无辜者史密斯说:"被错判感觉就像被活埋,我撕心裂肺地呼救,却没有人听得见。我的孩子和家庭同样因我的错案而备受煎熬。我不认为我还会有再次相信司法系统的一天。"国内不少学者津津乐道的控辩交易制度,在美国很多冤案中扮演了并不光彩的角色。如舍曼·汤森案,汤森服刑十年后真凶被抓获,检察官却向汤森提出一个交易:"如果他不要求再审和起诉国家,他的刑期就会减至已服刑的十年,可以马上获得自由。"汤森为了与病危的 87 岁老母早日见面,只好接受交易。这个决定使他陪伴母亲度过了生命中最后 5 个月,而他从未犯下的罪行却仍然记录在档案上。对国外冤错案件的了解,不仅有利于我们更加理性地看待西方国家的司法制度,而且可以促使我们真正立足于我国司法现实去研究、解决问题。

2013 年 5 月,最高法院副院长沈德咏在《我们应当如何防范冤假错案》一文中,直言不讳地指出,"冤假错案的发生原因很多,故意陷人入罪者有之,认识错误者有之,能力不强者有之,技术落后者有之。在当今中国政治清明、能力增强、技术进步的社会条件下,因上述原因导致的冤假错案概率越来越小。纵观已发现和披露的案件,冤假错案的形成主要与司法作风不正、工作马虎、责任心不强以及追求不正确的政绩观有很大关系"。中国人民大学何家弘教授也认为"由供到证的侦查模式、先入为主的片面取证、违反规律的限期破案、科学证据的不当解读、屡禁不止的刑讯逼供、徒有虚名的相互制约、骑虎难下的超期羁押、放弃原则的遵从民意、形同虚设的法庭审判、证据不足的疑罪从轻"等十个方面问题,是导致冤错案件发生的重要原因。结合多年司法实践经验,特别是通过深入研究近年来相继曝光的多起重大冤错案例,笔者把冤错案件的成因概括为四个"仍不到位"。

(一)司法理念的转变仍不到位

卢梭说:"法律不是铭刻在大理石上,也不是铭刻在铜表上,而是铭刻在人民内心。"伯尔曼也曾说过:"法律必须被信仰,否则它将形同虚设。"对法律的信仰,不仅体现在具体条文上,更重要的是体现在法律精神和司法理念上。这对于普通民众如此,对于执法者意义尤为重要。但在司法实践中,虽然反复强调理念、观念的重要性,效果仍不尽如人意,这在各个诉讼环节均有所表现:侦查机关先入为主,主观臆断,偏重口供,偏重有罪证据;公诉机关偏重指控犯罪,客观性义务担当不够,监督职责缺失;审判机关裁判中立、疑罪从无原则贯彻不彻底,疑点利益归于被告人的观念确立不牢固。具体讲,一些侦查机关为了如期破案,一经排查确定犯罪嫌疑人,便从思想上认定此人就是作案人,把工夫下在逼取口供上,忽视、放松了对其他证据的收集固定工作,于是出现了逼供诱供、制造假证、隐匿无罪证据等现象。而检察机关则过分依赖和信任侦查机关,仅仅把自己定位于指控犯罪的角色,对违法取证问题监督不力,对案件存在的各种疑点不能认真核查，甘愿充当"二传手"，致使瑕疵案件诉至法院。从已发现的冤错案件看，这些案件起诉时都存在重大疑点，有的被告人伤痕明显、有重大刑讯逼供嫌疑，但检察机关却不查处纠正、不做非法证据排除，而是让侦查机关出具一纸说明草率了事，导致审查把关失效。法院审理案件时，特别是一些疑难复杂敏感案件，考虑综合因素多、考虑协调意见多，明知达不到证明标准，也不敢下决心拍板。近年来发现的冤错案件，绝大多数在一、二审时发现了重大疑点，最后却没有按疑罪从无原则宣告无罪，而是留有余地降格处刑，埋下冤错隐患。近段时期，最高法院有关领导通过讲话、发表文章，传递出一些明确信号，要求审判人员转变理念，切实做到"疑罪从无"，甚至提出"宁可错放，不可错杀"的要求。这也倒逼公安、检察机关适应新的形势，在认定刑事案件特别是重死刑案件上，坚持最高标准和最严要求，合理怀疑不能排除，就坚决不能带病侦结、带病批捕、带病起诉。理念问题事关执法作风，事关案件质量，事关人权保障，司法理念转变不到位是产生冤错案件的重要成因。

（二）办案层级之间的把关仍不到位

办案层级之间的把关仍不到位，表现在四个方面。首先，公安机关存在"小马拉大车"的情况。特别是有的地方警务改革"撤局改所"，受办案力量限制，刑事案件甚至命案都是由一线的队所等基层单位主办，基层单位受能力水平、经验技术所限，客观上难以很好承担起要求较高的刑事案件特别是重死刑案件办理责任，这种情况下，案件质量出现问题就在所难免。另外，侦诉之间的衔接配合缺乏制度规范，一些很好的制度得不到有效落实，比如侦查终结会商制度、受理前审查制度、命案省辖市侦诉直接衔接制度、检察机关提前介入侦查制度等。其次，检察机关内部把关失灵。一些分管领导不听案件汇报，部门负责人签发法律文书随意性强，对承办人提出的意见审查不严，该向上级请示汇报的案件违反规定不请示、不汇报，造成问题累积、诉讼困难，甚至出现冤错案件。有的是下级正确意见不被上级采纳,如浙江叔侄强奸杀人案,由于该案在许多重要细节上两人供述不能相互印证,且两人供述与犯罪现场的客观情况不能吻合,承办人认为该案事实不清、证据不足,应作出不批捕决定,处长同意承办人意见,报请检察长审批时,检察长提请检察长办公会集体讨论,最后作出逮捕决定。再次,法院审级之间的监督不力。近些年发现的冤错案件,基本是一审以所谓的"基本事实清楚,基本证据充分"为由下判,二审法院要么草率地维持,要么滥用发回重审权将疑难案件矛盾下放,要么留有余地判处埋下错案隐患,就是不敢按照无罪推定、疑罪从无原则改判无罪,二审审级监督没有发挥出应有的作用。最后,相关部门协调案件职能发挥失当。这些年冤错案件的发生,不少存在相关部门协调因素,个别案件甚至是强行拍板所致,赵作海案的出现便在一定程度上与此相关。

(三)干警责任意识的强化仍不到位

这些年我国司法人员的学历层次、能力水平得到明显提升,从个体素质上讲,无论是解读、适用法律的能力,文字能力,审查判断证据、认定事实的能力,还是对刑事政策的把握能力等,都不存在大的问题。通过分析出现的冤错案件,当前的突出问题是少数办案人员责任心不强,作风不严谨,办案草率。一些同志办案时粗枝大叶、工作不细致,侦查取证不规范、不及时、不全面,该取的证据不取,该作的鉴定不作,取到的证据不注意固定、完善和保管。实践中,不少案件甚至是重大案件的物证因保管不善而丢失、灭失,给案件正常诉讼造成被动;审查案件不深入、不具体,只进行粗略的审查,忽视对案件细节的分析,问题不能及时发现,或者发现了问题却不作深入细致的查究,疑点不排除、瑕疵不消除,涉嫌非法的证据不调查;有的对被告人提出的无罪理由、无罪线索不作核实,汇报案件时不全面、不细致,不把疑问讲清;有的部门负责人明知案件疑问没有解决,不报领导审核或提交集体研究,直接签发法律文书,致使案件带病起诉、草率下判。最高检在剖析浙江叔侄强奸杀人案时,提到了一个重要细节:被害人到杭州后曾用张高平的手机给朋友打了一个电话,这说明打这个电话的时候被害人还活着,再对比被告人离开杭州的时间,就可以推算出被告人有无作案时间。但这份笔录字迹十分潦草,侦查人员把"1"写成了一个点,从公诉人、辩护人到法官都把"凌晨1点31分"误读为"凌晨1点3分"。"写得潦草,看得糊涂",平白无故地给被告人增加了28分钟的作案时间。该误读从一审一直持续到二审、再审,直到最高检复查剖析该案时才发现问题。

（四）对客观因素影响的应对仍不到位

客观地讲,当前社会公众法治意识、依法维权意识还不够强,群众信访不信法,一些本应由法律解决的问题不适当地转移给党委、政府。特别是重死刑命案的处理上,法律的导向、司法的倾向与根深蒂固的传统观念不相适应,减少死刑、控制死刑、少杀慎杀的刑事政策深入人心尚待时日,社会舆论特别是网络媒体对司法活动非理性、非依法的持续关注和炒作,尤其是遇到重大疑难具有社会影响的案件,司法机关往往会受到来自社会各界的巨大压力,有地方领导的指示、双方当事人上访、媒体舆论炒作等,公安机关被要求限期破案,检察院、法院要快捕快诉快判,此种情况下,案件质量难以得到有效保证。因此,外界压力的影响、司法环境不理想,是冤错案件发生的重要外部因素。

四、冤假错案的防范

作为司法工作人员,如何贯彻落实好中央领导的指示和要求,守住防止冤假错案的底线,笔者认为应该做到"三要",即法治思维要树牢、有效措施要落实、责任意识要增强。

（一）法治思维要树牢

思维方式决定行为方式。政治家要学会政治思维,科学家要学会逻辑思维,艺术家要学会形象思维,建筑学家要学会空间思维,法律工作者则必须学会法治思维。法治思维要求把法治作为判断是非和处理事务的标准。与法治思维相关的还有人治思维、道德思维、政治思维和经济思维。在培养法治思维的过程中,法律工作者必须反对人治思维,但要充分吸收道德思维、政治思维、经济思维的合理成分。可以说,会道德思维,能够分清善与恶;会政治思维,能够权衡利与弊;会经济思维,能够明白得与失;会法治思维,则能够辨别是与非。在不同的领域,法治思维有不同的侧重点。在刑事诉讼领域,树立法治思维,应当处理好四对关系。

一是"疑罪从无"和"疑罪从轻"的关系。罪与非罪的问题,只存在有无的判断,不存在轻重的考量。只有罪重与罪轻无法确定时,才可以适用"疑罪从轻"。很多错案之所以发生,就是在"有与无"判断的罪与非罪问题上,做起了"轻与重"的评价。二是"法律效果"、"社会效果"和"政治效果"的关系。"三个效果"之间存在一个层次问题,认定是否发生犯罪、犯罪系何人所为,只存在法律效果的评判,不存在社会效果的考量。不能用社会效果去评价定案问题。三是"承办人自主判断"与"内部层级审批把关"的关系。在一些错案中会发现,案件承办人的正确意见没有被采纳,而是被上级领导以行政权威的方式强行掩盖了疑点,最终导致错案发生。正确处理两者关系,应当确立层级负责体制,承办人独立对案件事实、证据和法律适用负责,部门负责人对承办人提出的关键性问题、部门处理意见负责,主管领导对部门负责人提出的问题和审批意见负责,检委会和审委会对重大复杂疑难案件的最终处理决定负责,一级承担一级的责任,既反对不作为,又不能脱离事实、证据乱作为。四是"依法独立办案"与"接受外部监督"的关系。处理好两者关系,关键要做到"三个理性看待"。一要理性看待党委对政法工作的领导。党委相关部门领导政法工作,要做到"整体工作总揽而不包办,业务工作指导而不陷入,具体案件协调而不拍板,协管干部到位而不越位,事务处理沟通而不擅断",这五句话既合乎法治精神,又符合党领导政法工作的组织原则。二要理性看待上级审判机关的对下监督。上下级审判机关是监督与被监督的关系,这一点区别于上下检察院之间是领导与被领导的关系,也有别于上下级公安机关之间的领导指挥关系。目前,审判机关内部的案件请示汇报制度,使二审变一审,上下级监督作用难以发挥。三要理性看待民意。坚持"三不"原则,即办案不要被信访所挟持、不要被舆论所左右、不要被利益所驱动。

(二)有效措施要落实

防止冤假错案是司法机关的共同责任,在执法、司法的操作层面防止冤假错案,应当从以下六个方面做起。

一是侦查活动要合法规范,违法办案要坚决杜绝。防止冤错案件"一审是基础,二审是关键;证据是核心,侦查是根本"。侦查质量是整个案件质量的基础,而要提高侦查质量,除了人员素质、侦查技术、物资装备这些客观因素外,最关键、最迫切、最现实的是要做到规范执法。近年来,我国执法办案的制度环境发生了很大变化,规范执法的要求越来越高。2010年"两个证据规定"出台,2012年刑诉法又大幅度修改。"两高"关于刑诉法的解释和公安部办理刑事案件程序规定随之作出重大调整,人民检察院刑事诉讼规则从468条增加到708条;最高人民法院的刑诉法解释从367条增加到548条;公安机关办理刑事案件程序规定也从原来的355条增加到376条,修改内容涉及300余项。这些规定是司法机关执法办案必须遵守的法定准则,其中的命令性、禁止性规定更是不能逾越的红线,越过这条红线,侦查活动就会脱轨,取得的证据就不合法,就可能造成冤假错案。

二是收集证据要客观全面,移送证据要完整齐备。侦查机关全面移送证据是检察机关、审判机关正确认定案件的基础。在侦查环节,案件侦破过程就是侦查人员亲身经历、感受案件的过程,对案件事实的内心确信程度最强。在检察、审判环节,对案件的认识主要建立在侦查人员提供的证据材料之上。如果证据材料移送不全,就会产生两种后果:要么产生认识分歧,该定案的不能定案;要么问题被掩盖,导致冤假错案。所以,收集证据一定要着眼于案件全部事实,力求全面。收集到的证据一定要全面完整移送,不能人为删减。有一起故意杀人申诉案件,被告人因杀害自己的妻子被判处死缓,一进监狱便开始申诉,至今已经服刑十多年。案发时,被告人7岁的孩子就在现场的隔壁房间,而且房间的门没有关。公安机关在现场勘查时曾询问过这个孩子,他说杀死其母亲的是两个外地口音的人。而这份材料既没有随案移送,公安机关也没有做进一步调查排除,直到检察机关复查案件时,才在公安机关内卷中发现这份材料。当被问及不移送原因时,办案人员讲了两个理由:一是与案件事实有矛盾,二是小孩的话不可信。实践中还发现,有的公安机关办理命案时,对现场遗留有多人DNA物质的,鉴定意见与嫌疑人或被害人一致就移送、不一致就不移送,非常随意地排除了其他人作案可能性,给案件埋下很大隐患。

三是侦查力量要统筹整合,侦查检察要紧密衔接。刑事侦查涉及方方面面,重大命案办理更是一个系统工程,刑侦、技侦、治安、网监等各个方面都会有所涉及,一个派出所、一个基层公安局客观上没有条件、也不可能把案件办好。因此,要根据案件性质和办理难度明确侦查主体,避免小马拉大车,更不能向下推卸责任。这是确保案件质量的根本。同时,侦查、检察要紧密衔接,如检察机关提前介入侦查、出席重大命案现场、案件受理前审查、重大案件侦查终结会商等行之有效的制度,应切实予以落实。

四是办案机关要各负其责,法律监督要加大力度。公检法之间是"分工负责、互相配合、互相制约"的关系,这三个关系的基础是分工负责。我国立法之所以划定不同的诉讼阶段,也是要通过后置程序对前置程序的监督制约,保证办案质量、维护司法公正。从侦查、起诉到审判,从一审、二审到死刑复核,在层层递进的诉讼进程中,司法机关掌握的定案标准应该越来越严格。检察机关对自身职能定位要有清醒认识。其首先是法律监督机关,决不能把自己当事人化,简单等同于诉讼中的控方,而必须坚守客观公正的立场,履行好监督职责。人民法院在整个诉讼中处于终局地位,是防止冤假错案的最后一道防线,这个防线守不住就会最终酿成错案。要守住这个最后防线,就要坚持审判中立,客观公正地裁决案件。对定罪证据不足的"疑错案件",应当坚持疑罪从无。当然,考虑到办案的社会效果,检察机关提出撤诉的应当准许,但不能降格作出"留有余地"的判决。对定罪证据确实、充分,但量刑证据存疑的案件特别是死刑案件,在量刑时要作出有利于被告人的处罚。

五是无罪辩解要客观看待,辩护意见要高度重视。从已经发现的错案看,辩护人在诉讼过程中都作了无罪辩护,但在当时都没有受到重视,甚至被认为是无理狡辩。在张辉、张高平一案中,张辉在一审法庭上就提出"没有杀人的时间",张高平也辩解说"到杭州后,我把手机借给被害人打电话,从杭州到上海的时间可以推算出来,希望法庭认真推算一下",辩护人还出具了张高平的手机通话记录,如果办案机关把通话时间与二张到达上海的时间认真核对一下,不难发现二张确实没有作案时间。但办案机关不仅没有认真推算,还把辩护人出具的这份证据作为非法证据给排除了,失去了一次避免错案的机会。在佘祥林杀妻案中,有几个村民反映曾在案发后见过佘祥林的妻子,但这几个村民竟然被关押,佘祥林的母亲替儿子申冤也被关押了9个月。新刑诉法强化了辩护权,要求办案机关在侦查终结、审查逮捕、审查起诉、死刑复核时都要听取辩护人的意见,这给了司法机关一个兼听则明、防错纠错的机会。应当充分重视辩护制度的作用,切实保障辩护人的执业权利,共同守住防止冤假错案这个底线。

六是遗留问题要妥善解决,错案隐患要及时消除。以某一案件大省为例,该省的命案质量经历了一个曲折提升的过程。自公安机关提出"命案必破"要求以来,该省命案侦破率连续多年全国领先,但是受各种因素影响,不少已经侦破的案件滞留在侦查、起诉或审判环节无法正常诉讼。这种现象自2003年左右开始显现,到2006年全省出现了多起诉讼困难命案积压问题。这些案件如果处理不好,很容易形成新的冤假错案。为妥善处理这类案件,公检法三家积极组织协调,出台了办理死刑案件的一系列操作规程,先后开展了多次专项清理活动,成立专门的疑难案件处理小组进行集中审查处理。通过努力,全省的案件质量得以明显提高。由此可见,"隐患险于明火、防范胜于救灾",及时发现并妥善解决遗留问题,建立健全长效的冤错案件预防机制极其重要。

(三)责任意识要增强

认真分析这些冤错案件就会发现,很多案件不是办案人员能力水平问题,也不是案情疑难复杂、难以取证,但办案人员对案件存在的问题也都很清楚,却仍然带病起诉、判决。究其根由,这是责任心、责任意识的问题。解决责任心不强的问题,既要靠外部监督,也要靠自身修为,笔者认为关键要在以下三个方面下工夫。

首先,加强约束,做到"三律"。一要严格自律。做好官要有官德,做好人要有道德。马克斯·韦伯认为有两种职业,职业道德对于职业起到非常重要的作用,一个是医生,另一个就是法律工作者。一个缺乏自律精神的人,很难成为一个合格的官员,也不可能成为一个忠诚、为民、公正、廉洁的执法者。二要遵守纪律。三要敬畏法律。敬畏法律就要把法律作为权威,而不是当做工具。法律工具主义将执法、司法机关定位于社会治理工具,定位成所谓的"枪杆子"、"刀把子"。符合管理要求的便依法而治,不符合要求的便降低标准应付。大多数冤错案件背后都有法律工具主义的影子。司法工作者只有真正敬畏法律,彻底瓦解法律工具主义,才能根除冤错案件发生的土壤。

其次,明确定位,当好"三个角色"。对于执法司法活动的组织者、领导者,要发挥好领导同志的示范带头作用,关键要扮演好三种角色。一要敢于担当急难险重,当好"消防员"。二要善于处理疑难杂症,当好"老中医"。三要及时有效纠偏防错,当好"坐标线"。

最后，提升境界，过好"三种生活"。司法工作者特别是司法机关的领导，在扮演好"三种角色"的同时，还要学会过好三种生活。一是世俗生活。不管一个人的社会地位怎样，财富多少、职务多高，都要亲手料理一下家庭俗务，操心一下柴米油盐，和家人其乐融融共享天伦之乐，这时我们的心才能真正沉下来、静下来，才能真实感受到做人的幸福和踏实。二是职业生活。社会上有无数种职业，特别是当今时代，可供选择的空间更加广阔。但不管选择什么职业，都要干一行爱一行，把工作当成自己的事业用心经营，只要在自己的岗位上持之以恒地付出了，相信一定会有非常美好的前景。在一篇题为《事业·职业·副业》的文章中，将工作态度分为三种：一种是把工作当成事业，另一种是把工作当作职业，还有一种是把工作当成副业。把工作当成事业，人见人敬；把工作当成职业，人见人爱；把工作当成副业，人见人恶。三是精神生活。一个人必须要有追求、有理想，不能一味追求物质、讲究享受。古人云："人生当以积学为先，重学、善学、勤学，无有不进者。"要不断净化自己的心灵，做到清心寡欲，把握住操守，耐得住寂寞，抵得住诱惑，管得住小节，做自己精神家园的"守荒者"，坚定地走好自己"简单"的做人做事之路。

加快法治中国建设的若干问题

十八大报告从党和国家全局、从中国特色社会主义事业长远发展的战略高度,提出了一系列新的理论、新的论述、新的思想、新的部署。作为一名检察官,学习胡锦涛同志的十八大报告,我们最为关注的是报告中字里行间所体现出的法治精神。在这篇主题鲜明、内容厚重、思想深邃、精彩纷呈的报告中,通篇渗透着法治的精神、闪耀着法治的曙光、折射出法治的光芒。

一、法治建设的有关论述

十八大报告确立的重大理论观点、重大战略思想、重大工作部署,为全党提出了宏伟的奋斗目标,指明了前进方向。报告通篇体现了法治精神,其中包含了丰富的法治新观点、新论述。这些观点和论述清楚表明,法治建设在实现全面建成小康社会的伟大征程中将发挥更加重要、更加关键的作用。

第一,首次确立依法治国新16字方针。党的十一届三中全会提出"有法可依、有法必依、执法必严、违法必究"的社会主义法治建设16字方针。十八大报告在此基础上又提出"科学立法、严格执法、公正司法、全民守法"新16字方针。新16字方针的确立,标志着我国法治建设进入了一个新的阶段。

第二,更加突出民主法治人权的重要地位。报告提出"人民民主不断扩大,民主制度更加完善,民主形式更加丰富,人民积极性、主动性、创造性进一步发挥。依法治国基本方略全面落实,法治政府基本建成,司法公信力不断提高,人权得到切实尊重和保障"。这是在党的十六大、十七大确立的全面建设小康社会目标基础上,根据近年来我国经济社会发展实际,对小康社会内涵的进一步丰富和发展,也是我们全面建成小康社会的重要目标之一。

第三,"法治保障"首次写入社会管理大政方针。十七大报告就明确提出要"建立健全党委领导、政府负责、社会协同、公众参与的社会管理格局",2011年2月,胡锦涛总书记在省部级主要领导干部社会管理及其创新专题研讨班上,阐述了加强和创新社会管理的重要性和紧迫性。十八大报告进一步指出,要"更加注重发挥法治在国家治理和社会管理中的重要作用"、"加快形成党委领导、政府负责、社会协同、公众参与、法治保障的社会管理体制"。强调社会管理的法治化,这在提法上是一个很大的进步。

第四,司法改革任务进一步深化。2008年12月,中央从优化司法职权配置、落实宽严相济刑事政策、加强政法队伍建设和加强政法经费保障四个方面,提出了60项改革任务。目前,这60项改革任务基本完成。在此基础上,十八大报告要求"进一步推进司法体制改革,坚持和完善中国特色社会主义司法制度,确保审判机关、检察机关依法独立公正行使审判权、检察权"。这预示着,今后依法治国的力度将会加大,司法改革的步伐将会加快,依法办事的程度将会更高。

第五,强调转变领导干部思维方式执政方式。十八大报告提出,要"提高领导干部运用法治思维和法治方式深化改革、推动发展、化解矛盾、维护稳定能力",同时,要求各级政府"要确保决策权、执行权、监督权既相互制约又相互协调,确保国家机关按照法定权限和程序行使权力"。这是十八大报告中的一个突出亮点,目的就是要把领导干部习惯的行政思维、人治思维转变为法治思维,要学会运用法治思维和法治方式依法执政、管理社会。在党的代表大会上对领导干部提出这样的要求尚属首次。

第六,首次提出加强法律监督。"建立健全权力运行制约和监督体系","加强党内监督、民主监督、法律监督、舆论监督,让人民监督权力,让权力在阳光下运行"。在公众参与热情高涨、新兴媒体快速发展的背景下,更应该重视法律监督的作用,运用法治思维和法治方式制约公权力,纠正违法行为,惩治职务犯罪。十八大报告在重申党内监督、民主监督、舆论监督的同时,特别强调了法律监督。这在党代会的报告中提出尚属首次。

第七,首倡的24字核心价值观凸显法治内容。2006年十六届六中全会提出"社会主义核心价值体系",基本内容包括马克思主义指导思想,中国特色社会主义共同理想,以爱国主义为核心的民族精神和以改革创新为核心的时代精神,社会主义荣辱观等四个方面。十八大报告明确提出"三个倡导",其中"富强、民主、文明、和谐"、"自由、平等、公正、法治"、"爱岗、敬业、诚信、友善"24字核心价值观是社会主义核心价值体系内核的最高抽象,也是对社会主义核心价值观的首次概括,法治在其中占据重要位置。

第八,突出强调政法工作的职责使命。报告提出要"加强和改进党对政法工作的领导,加强政法队伍建设,切实肩负起中国特色社会主义事业建设者、捍卫者的职责使命",同时指出政法机关要切实做到严格规范公正文明执法,要把维护公平正义、促进社会和谐作为新的历史条件下夺取中国特色社会主义新胜利的基本要求。在党的代表大会上,对政法工作历史使命的表述尚属首次。

第九,首次提出干部清正、政府清廉、政治清明。报告提出要坚决查处大案要案,着力解决发生在群众身边的腐败问题;要全面推进惩治和预防腐败体系建设,强调健全反腐败法律制度,加强反腐败国际合作等。在反腐倡廉问题上,首次提出干部清正、政府清廉、政治清明。

二、法治建设的时代意义

十八大报告关于法治的上述若干重要论述,将依法治国方略提到了一个更高的高度,也为推进包括人民检察事业在内的法治事业提供了重要的理论支撑和不竭动力,不少方面具有划时代的意义。我们要认识到,法治本身就是生产力,它在大国崛起、民族复兴中具有非同凡响的作用。大国崛起、民族复兴的历程,不仅是经济成长、科技创新、军事强大的历程,更是确立法治理念、建设法治国家的历程。一个大国的崛起、民族的复兴,必须是伴随着法治的进步和文明的进程。有专家认为,大国崛起的标准有五个,但法治标准是最根本的。具体来说:

一是经济标准。大国要在全球经济格局中占有重要地位。有观点认为就经济的"量"而言,大国的经济地位可用四个"百分之五"来说明:GDP占全球百分之五以上,年均发展速度达到百分之五以上,外贸总额占全球百分之五以上,外汇储备占全球百分之五以上;就经济的"质"而言,大国是具有经济穿透力的国家,具有左右世界经济走势的能力。大国的经济与世界经济一荣俱荣,一损俱损。二是政治标准。首先,大国是对世界局势有重要的影响力。它的影响既能够实施自己的战略意图,也能遏制违反自己意图的主张。大国有能力在世界上说"不"。其次,大国要为全球稳定与发展承担重大责任,当国家间纷争或全球性事件出现时,大国往往被他国寄予希望。此时大国不能失语,大国无权沉默。最后,大国是在国际事务中居于领袖地位的国家,能够为全球制订游戏规则。三是军事标准,国家军事实力的现代标准,在海湾战争后发生了根本变化。科技取代了常规,质量取代了规模;大国要有打赢立体化、信息化战争的能力;大国在先进武器上要有杀手锏,有战略威慑力,不战则已,战则必胜。四是文化标准,即文化吸引力和渗透力。大国之"大",不仅在于经济穿透力、政治影响力、军事威慑力,还在于文化的吸引力和渗透力,即所谓"软实力"。大国要有被人向往的文化,这种"被向往"是大国在人们心灵上的标准,其被向往的内容有:道德水准、价值趋向、生活方式等。五是法治标准,即法治的规范程度及约束力。法治的本质在于为人的行为提供一种行为规范和激励模式。好的法律制度可以限制公权力的行使,规范公民的行为,提供激励,彰显美德,保障和发挥个体创造力;一个真正的大国莫不以其创新性法律制度作为其根本保障,其以稳定性、连续性、前瞻性、恢复性及公正性为标志。

改革开放30多年来,中国取得了举世瞩目的成就。尤其是过去10年,创造了无数"第一"。中国年均增长10.7%,远高于世界经济年均3.9%的增速;人均GDP由1135美元提高到5432美元,年均增长10.1%;城镇居民平均收入从2001年的约827美元增至2011年的约3711美元;10年来,对外贸易成长近6倍,出口排名世界第一;2008年金融海啸后,大陆更成为全球经济成长的最大贡献来源,和美国并列为G2,GDP总量成长3倍,从世界第六大经济体跃升为仅次于美国的第二大经济体,综合国力不断提升,影响力与日俱增。从政治上,中国的话语权越来越有份量;在国际事务中,中国不仅敢于说不,而且敢于承担责任和义务,大国的风范和气度日益显现;军事上,实力在不断增强,战略威慑力不断提高,遏制世界大战、打赢局部战争的能力进一步增强;文化上,中华民族的文化软实力也不断增强。民主法治建设步伐加快,人权保障更加有力,社会正走向稳定和谐。这是大国崛起、民族复兴的重要过程,也是全面建成小康社会的重要积累。改革开放的实践表明,同样的国土面积、同样的中国人在不同的国家治理框架下就会创造出不同的经济和社会财富。而法治恰恰是国家治理的科学,也是国家治理的艺术,更是国家治理的方略。用上述五个标准衡量我国的成就会更加自信,包括对道路的自信、理论的自信和制度的自信。作为一个司法工作者还有对法治的自信。

法治是一个国家走向民主、富强、文明、和谐的制度支撑,是一个国家迈向世界大国,实现大国崛起、走向强盛的制度保障。历史上大国崛起的生动事例很好地诠释了这个论断。

15世纪,谁征服了海洋谁就是大国强国;21世纪谁的法治文明程度高,谁在国际上就会有更多的话语权。15世纪九个公认的大国相继崛起:葡萄牙、西班牙、荷兰、英国、法国、德国、日本、俄国(苏联)和美国。它们的崛起,殖民统治和武力征伐只是表面现象,根本原因在于它们创造了让世界面貌为之大变的法律制度。葡萄牙、西班牙最早结束了中世纪的封建制度,形成了统一的民族国家体制,借助国家力量征服了海洋。在那个时代,征服海洋就意味着征服世界。然而,由于这两个国家没有产生更具持久性的法律制度,其国运并未长久。有着"海上马车夫"之称的荷兰在17世纪成为大国,归因于形成了主宰世界的三大法律制度,即航海规则、贸易规则和金融法律制度,贡献了格劳秀斯这一个大的法律思想家以及国际法;"日不落帝国"英国之所以成为大国,在于其形成了尊重产权和个人自由、体现法治精神的英美法系;德国之所以成为大国,是因其贡献了影响世界至今仍产生重要影响的民法典和挽救资本主义的社会保障制度;法国之所以成为大国,在于贡献了人权保障的思想和理念,解决了国家与个人关系的协调问题;日本之所以成为大国,是因其怀着"求知于世界"的维新纲领,成功汇通东西文明,建立了具有儒家思想特点的政治法律制度;俄国和苏联之所以成为大国,是因对资本主义制度的改革和全新的社会主义制度的创立;美国之所以在20世纪中后叶,在与原苏联长达半个世纪太空竞争中最终成为主宰太空的霸主,并至今长期保持超级大国地位,归因于其完善了以主权在民、司法审查、总统制、分权制衡为内容的一整套宪政民主制度。

大国崛起的实践表明,没有法治作支撑,依靠一时的经济繁荣和军事强大,不可能永远立于世界民族之林,也不可能久经不衰地坐拥世界大国之位。基辛格曾说过,几乎所有帝国都是靠武力建立的,然而没有一个能够靠武力延续下去,若要长久统治世界,必须靠秩序、靠法治。中国目前处于发展与转型的重要战略机遇期,大国崛起的经验值得我们认真反思。既然大国崛起主要依靠的是包括法律在内的制度因素,那么我们在大国化进程中也要更多关注法律制度的设计和安排,要使法治的阳光不仅照耀到经济领域,还要照耀到政治领域、文化领域、社会领域乃至生态领域。十八大报告指出,要"以科学发展为主题,全面推进经济建设、政治建设、文化建设、社会建设、生态文明建设,实现以人为本、全面协调可持续的科学发展"。这表明中国大国梦想的实现,必然以这五大建设的全面法治化为支撑,实现法治创新和法治文明。只有沿着这样的执政理念奋勇前行,中国走向世界大国、实现中华民族伟大复兴的梦想一定不会遥远。

第一,法治是建立健全社会主义市场经济体制,实现经济又好又快发展的制度保障。市场经济与法治之间具有一种天然的亲和性:一方面,市场经济为法治的生成与壮大提供丰厚的土壤,为国家推进政治体制改革提供动力与资源;另一方面,法治为市场经济的发展铺平道路,并不断为其拓展生存与发展的现实空间;如果失去了法治的依托与制度性保障,市场经济只会走向畸形和变异,而永远不会走向成熟。从这个意义上说,市场经济就是法治经济,法治是建立健全社会主义市场经济体制、推动实现经济又好又快发展的重要制度保障。

第二,法治是民主政治建设和政治体制改革的重要内容。改革开放之后,我国在大力推进经济体制改革的同时,也在大力推进政治体制的改革,以打破制约经济发展的体制机制性障碍并取得了显著成果,成功开辟和坚持了中国特色社会主义政治发展道路。十八大将加快推进社会主义民主政治制度化、规范化、程序化,从各层次、各领域扩大公民有序政治参与,实现国家各项工作法治化作为政治体制改革的重要目标,并指出要更加注重改进党的领导方式和执政方式,更加注重健全民主制度、丰富民主形式,更加注重发挥法治在国家治理和社会管理中的重要作用。可以说,没有民主作为基础的法治可能沦为专制,没有法治作为保障的民主可能成为暴民政治。法治和民主共生共存的关系决定了政治体制改革的方向,也是政治体制改革实现的目标。

第三,法治是深化文化发展、实现文化繁荣的重要推动。文化是民族的血脉，是人民的精神家园。文化实力和竞争力是国家富强、民族振兴的主要标志。我们党在总结过去经验教训的基础上，近年来，大力加强了文化建设，党的十七届六中全会通过了《中共中央关于深化文化体制改革、推动社会主义文化大发展大繁荣若干重大问题的决定》。十八大报告强调，文化改革发展既要深化文化体制改革，又要倡导和培育社会主义核心价值观，在"富强、民主、文明、和谐"、"自由、平等、公正、法治"、"爱国、敬业、诚信、友善"24字核心价值观中，法治成为了重要的组成部分。在增强文化整体实力和竞争力过程中，必须依靠法治进一步完善。文化建设作为五位一体总布局中的重要组成部分，其繁荣发展同样离不开法治的推动与保障。

　　第四，法治是维护社会稳定、推进社会管理的有力保障。加强社会建设必须加强法治，法治不仅是社会管理的重要手段，也是社会管理的重要保障。社会管理必须在法律的框架下推进，在法治的轨道上前进，这是我们党的共识。从党的十七大以来，"党委领导、政府负责、社会协同、公众参与"的社会管理格局已经初步形成，这次十八大报告在这个基础上增加了"法治保障"的表述，并且将其定位为社会管理体制的重要组成部分，足见对法治的重视程度。事实上，没有法治保障的社会管理体制是不完整的，也无法有效发挥作用。需要指出，我们长期强调法律维护社会稳定的作用，尤其把法律当作维护社会秩序的工具。其实，维护稳定和秩序只是法律功能的一部分，除此以外，法律更为根本和重要的功能在于协调利益、制约权力。也就是说，法律既是"稳定器"，更是"协调器"。特别是我国的改革目前已经进入攻坚阶段，社会正处于快速转型期，整个社会系统不断地变动、分解和重组，产生了不同的利益群体，形成了多元化的利益格局。在此背景下，不同利益群体之间的矛盾大量出现，各类纠纷与冲突层出不穷，而法律作为所有社会规范中最具明确性、确定性和强制性的规范，是解决社会矛盾、保障社会公平、维护社会稳定的最有效手段。因此，运用法律手段治理社会，更能够妥善地处理各种社会关系、调整各种利益关系、解决各类社会矛盾,才能创造出良好、公平的社会环境,才能为国家的富强与民族的复兴打下坚实的基础。

第五,法治是推进生态文明建设,推进人与自然和谐相处的基本途经。纵观人类历史,尤其是近当代史,我们可以看出,国家强大、民族复兴,绝不是一个单纯的经济概念,而是包括经济发展在内的社会全面进步,是物质文明、精神文明、政治文明和生态文明的并驾齐驱,其最终目的是社会各个层面获得全面提升,从而变得更加自由和符合人性,并进而实现"人的全面发展"。改革开放30多年来,我国的经济建设取得了举世瞩目的成就,但有些地方、有些行业的发展,是以牺牲生态、环境、资源为代价的,我们面临着资源约束趋紧、环境污染严重、生态系统退化的严峻形势。为了遏制这一状况,我国相继制定出台了环境保护法、森林法、草原法等有关生态环境的法律法规,但在贯彻执行方面还存在一些执法不严、部门保护、地方保护等问题。十八大报告将大力推进生态文明建设作为五大建设之一予以安排部署,并强调指出"保护生态环境必须依靠制度",这就为今后运用法治手段推进生态文明建设提供了很好的历史机遇。可以预见,我国未来生态文明建设将会有大的跨越式发展,一个生产空间集约高效、生活空间宜居适度、生态空间山清水秀的天蓝、地绿、水净的美好家园和美丽中国将展现在世界面前。

三、法治建设的重中之重

(一)执政党要依法执政

依法执政是指执政党依据宪法和法律取得和行使执政权,并接受宪法和法律监督的执政方式。依法执政属于政党文明范畴,是政党文明发展到一定历史阶段的当然要求和必然结果,是政党政治的一种表现形式。依法执政意味着党通过制定大政方针、提出立法建议、推荐重要干部等执政权力的行使,使党的主张经过法定程序变成国家意志,支持和保证人大、政府、司法机关依法履行职能,不断推进国家经济、政治、文化、社会生活的法制化、规范化,从制度上、法律上保证党的路线方针政策的贯彻实施,使这种制度和法律不因领导人的改变而改变,不因领导人的看法和注意力的改变而改变,最终实现党的正确领导。依法执政的核心内容是执政权的依法确立、依法行使和依法制约。其核心要求是实现执政党的领导法律化。作为执政党来讲,依法执政的问题解决好了,我们法治建设的核心就抓住了,法治建设的步伐就加快了,国家发展就有了法治保证。

(二) 政府要依法施政

政府依法施政是依法治国和建设法治政府的核心和关键,是政府机关发挥职能作用必须遵守的客观规律,是政府贯彻执行法律的基本保障,是树立和保持法律权威和政府权威的重要前提,更是监督控制政府权力的有力手段。近现代法治实践告诉我们,法治的意义在于有效地控制和约束国家权力,其功能首先是"治官",防止行政权力膨胀和越轨,保证其在有序规范的轨道上行使,避免权力滥用。据统计,我国法律约有80%是规范政府机关的行政执法行为,可见依法施政在当代中国尤显重要。依法施政至少应把握以下几点:要合法施政、合理施政;施政的程序要正当、要高效、要便民;要确保施政的诚信度、廉洁度,同时还要做到权责统一。要通过坚定不移地坚持依法施政,健全完善一整套依法施政的制度和体制,推动我国文明、廉洁、勤政、务实、高效法治政府的建设步伐。

(三) 司法机关要公正司法

当前,司法工作存在诸多问题、困难和挑战,主要表现在司法体制的设置不够科学,难以摆脱体制外的因素和地方利益的影响和制约;一些地方司法保障明显不足,严重影响了司法机关特别是基层司法工作的依法开展;司法有时会受到干扰,依法独立公正地行使审判权和检察权还欠缺制度和程序上的保障;司法不公问题依然存在,司法监督有待完善,内部监督有待加强、外部监督需要规范。这些问题的存在,不仅制约了司法职能的有效发挥,影响了司法的公平和正义,而且也消弱了司法权威。司法作为社会公平正义的最后一道防线,一旦出现信任危机,后果将是上诉、申诉和缠诉,难以排遣的社会矛盾将成为社会不稳定、不安定、不和谐的隐患。因此,推进法治建设必须切实维护司法的公正和权威。司法公正和权威体现的是党的执政权威和国家的法治权威,司法机关越是忠于和服从法律,越是能够依法独立地适用法律和不折不扣地执行法律,就越能坚持并体现党的领导和依法执政,就越有利于权力的良性运作和社会和谐。所以,要尊重和保障司法机关依法独立行使职权,排除行政机关、社会团体和个人的干预,避免和减少以言代法、以权压法、徇私枉法,切实维护司法的权威和公信力。

(四)领导干部要会法治思维

人治思维模式的一个最大特征是"运动思维"、"战役思维"、"发动思维"和拍脑袋思维,这种思维的后果是破坏制度的连续性和稳定性,是以不稳定的个人意志来实现既定的管理目标;"法治思维"则注重规则和制度,注重连续性和积累性,并表现为一贯性。法治思维是制度思维,人治思维是制度破坏性思维。一个人治思维模式主导的国家肯定不是法治国家。十八大报告明确提出领导干部要有法治思维。要形成法治思维模式,至少应当做到以下四个方面。一是心中有法。具备起码的和必要的宪法和刑法、行政法、民商法等法律常识,学会在宪法和法律范围内活动。二是办合法事。一言一行都要以是否合法作为先导程序预先评估,合法的就去办,不合法的就不去办,牢记任何组织或者个人不超越法律、不要特权。三是遵纪守法。即使办理的事情合乎法律法规,在办理过程中也必须遵循规矩,确保程序公正。四是行权依法。论人说事,观察事物,一切都以法律为衡量和评判的准绳。尤其是司法机关的领导干部,更应该带头遵循法治、崇尚法治,自觉运用法治思维和法治方式深化改革、推动发展、化解矛盾、维护稳定。这既是我们的职责所在,更是我们肩负的重大政治责任和社会责任。

公诉辩论要做到五个有　牢记四句话

一、公诉辩论要做到五个有

一要有理有据。有"理"就是要有理论依据,要把法理体现在辩论全程,有"据"就是要有事实根据,要围绕辩题预设的事实进行辩论。论辩中的每一个观点、乃至每一句话,都要有扎实的理论、准确的法律政策、确凿的事实作为依据,脱离这些依据就如同无根之木、无源之水,立论站不住脚,反驳软弱无力,让听者不明所以、不知所云。

二要有力有节。论辩赛气势很重要。观点一定要鲜明、论据要有说服力、语言要有冲击力,不能模棱两可,含糊不清。同时,也要注意语言分寸,要有节制,不能说过头的话,不能发表苛刻的言论,尤其是违背事实、违反法律、悖逆法理、攻击人身的话一定不能说。

三要有板有眼。论辩过程一定要突出重点,抓住关键,防止面面俱到。如果不分主次,平铺直叙,眉毛胡子一把抓,就会显得没有章法,没有起伏,缺乏亮点,很难给人留下深刻印象,自然也就取得不了好的论辩效果。

四要有进有退。"进"就是要进攻,要善于抓住对方的弱点和纰漏有力进攻;"退"不是退让,而是回避,对己方不利的地方要回避,不要让对方牵着鼻子走。对己有利的地方要敢于进攻,不利的地方要巧妙回避，能攻能守才能游刃有余。

五要有虚有实。"虚"是指案件背后的理论问题，"实"是指案件事实本身。主持人已经把案例介绍得很清楚了，论辩中就不要过多重复案例，这样不仅浪费有限的发言时间，而且显得没有说服力，没有高度。一场好的论辩赛，不能仅仅停留在事实之辩、法律政策之辩这一较低层面之上，要学会上升到理论之辩、价值之辩的层面上。只有"虚"、"实"结合，由"实"到"虚"，由"虚"及"实"，大家听起来才有味道、才有可听性。

二、做好法庭辩论，大家还要牢记四句话

一要学理论，用理论指导公诉工作，指导出庭工作。以这次辩论活动看，这几个辩题出得都很好，好就好在几道题背后都有理论问题，涉及教唆犯、帮助犯、间接正犯、片面共犯、不能犯、认识错误、程序正义等理论，既涉及实体法，也涉及程序法。选手们看起来是在争辩案件事实和定性，实际上是在进行理论上的较量。我们在法庭上辩论也是一样，如果不具备扎实的理论功底，或者说对基本理论认识不够、理解不透、运用不力，辩论就会苍白无力，让人感到乏味。在提问环节，我没问几位选手案例本身的问题，重点问了案例带出来的理论问题，就是想看看大家的理论功底和运用理论解决问题的能力，从几位的表现和平时研究案件掌握的情况看，大家在这方面都有很大的提升空间。

二要善表达，用逻辑思维指导法庭辩论。法庭辩论实际上就是逻辑论辩过程，逻辑思维和逻辑表达尤为重要。如果不会运用逻辑思维和逻辑语言进行论辩，必然会纰漏频出，一旦被对方抓住漏洞，就容易陷入被动。在法庭上要遵循一条重要的逻辑规则，就是要先立后破、先论证后反驳。第一个阶段，先把自己的观点立起来，阐述清楚；第二阶段，要把关键问题提出来，为下阶段打下良好基础；第三个阶段，要把对方的错误指出来，从反面论证自己的观点。一句话概括,就是"论点要立起来、问题要提出来、错误要指出来"。只有这样,才能做到逻辑严密,一环扣一环,环环相扣,出庭效果才会好。

三要重论证,用事实说明自己的观点,用理论武装自己的观点。庭审中,控、辩双方谁能更有力、有效的运用证据,谁能更准确、恰当的援引法律条文,证实自己的诉讼主张并被法院采纳,谁就能掌握庭审中的主动权。在庭审辩论环节,不能单纯阐述自己的观点、也不能单纯驳斥对方的观点,不能简单重复案情就案说案,也不要仅仅纠结于法律条文的适用,要围绕诉讼目的进行全面论证。另外,还要注意法庭用语,辩论不是吵架,一定不能把法庭辩论当成是吵架,或者让旁听的人感觉是在吵架,不要用攻击性语言,力争做到语言优美,富有哲理,富有逻辑,耐人寻味。

四要抓关键,防止面面俱到。如果选手拿到辩题后,首先考虑这个案件的关键点是什么,这个案件背后的理论问题是什么,要运用什么理论来指导辩论,在辩论过程中,重点抓住关键问题,抓住对方的关键错误,有针对性的予以论证和反驳,效果会更好一点。法庭辩论和论辩赛一样,不能什么问题都想辩赢,什么时候都想占上风,要有所取舍。这里有一个原则,对辩方提出的一些细枝末节的质疑,不影响实质性问题的时候,可以不予回答;但当对方对控方的基本观点提出质疑,涉及罪与非罪、此罪彼罪、轻刑重刑等原则性问题时一定不能让步,必须予以有力回复。

运用法治思维和群众观点引领政法工作

政法工作十分重要，做好政法工作十分不易，历届党和国家领导人都高度重视。习近平同志就做好新形势下政法工作作出重要指示，强调政法机关在保障人民安居乐业、服务经济发展、维护国家安全和社会稳定中具有十分重要的作用，要求政法战线的同志们全面贯彻落实党的十八大精神，坚持依法治国基本方略，以党和国家工作大局为重，以最广大人民利益为念，切实肩负起中国特色社会主义事业建设者、捍卫者的职责使命。孟建柱同志指出："党委政法委是党委领导和管理政法工作的职能部门，是实现党对政法工作领导的重要组织形式。要进一步明确党委政法委的职能定位，创新党委政法委的领导方式，提升协调解决事关政法工作全局的重大问题的能力，提升领导政法工作的科学化、法治化水平。要进一步理顺党委政法委与政法各单位的关系，支持审判机关、检察机关依法独立公正行使审判权、检察权，支持政法各单位依照宪法和法律独立负责、协调一致地开展工作，履行好党和人民赋予的职责使命。"

落实好中央要求，做好政法工作，各级政法委书记肩上的担子很重。作为政法委书记，第一，由于领导和协调的是政法工作，而政法工作的一个基本要求就是强调法治思维、依法办事。第二，由于政法工作是面向群众、服务群众的工作，必须强调树立群众观点、增强服务观念。第三，由于政法工作接触的阴暗面较多，面对的矛盾点也较多,一个时期、一个阶段面临的突出问题也很多,我们必须学会解决问题,化解矛盾,勇于担当。

一、要学会法治思维

习近平同志最近多次强调,要实现中华民族的伟大复兴、实现中国梦,向全党再一次明确了坚持中国特色社会主义道路的决心和信心。有专家认为,中华民族的复兴、实现大国的崛起、实现中国梦,不但要把经济搞上去,也不只是建设一个军事强国,而是综合实力的极大增强,包括建设一个法治国家。

中国的改革正步入深水区、进入攻坚期。矛盾凸显如何妥善处理,利益多元如何实现公平,整个社会如何成功实现转型和发展?大国崛起的经验给了我们重要启示,我们必须加快建设法治国家。这里有一个重要方面就是用法治思维认识问题、用法治方式解决问题。领导干部在处理各项工作时,必须首先自问:法律对此是如何规定的,这样做合不合法,怎样做才合法?因为,我们的各项工作必须在宪法和法律范围内开展。不管是土地征收、房屋拆迁,还是资源开发、矛盾调处,领导干部都要学会用法治思维思考问题,以法治方式定分止争,断事评案。把解决各种利益矛盾纳入法治的框架内,达到"并育而不相害"、"并行而不相悖",这是维护改革发展稳定大局的切实保障,也是实现中华民族伟大复兴、实现中国梦必须的条件和过程。

那么,什么是法治思维?法治思维是一种价值观,是一种方法论,是一种科学的理性思维。这种思维要求把法治作为判断是非和处理事务的标准,是运用法律规范、法律原则、法律精神和法律逻辑对所遇到的和所要处理的问题,进行分析、判断、推理并形成结论和决定的理性认识过程,其核心是合法与非法的预判,把合法性作为分析问题、处理问题的前提。法治思维的确立和信仰,是一个艰难的过程,对于有五千年人治传统的中国更是如此。法治思维作为一种制度思维,它与人治思维、道德思维、政治思维、经济思维有显著不同。

会道德思维,可以分清善与恶;会政治思维,可以权衡利与弊;会经济思维,可以明白得与失;会法治思维,可以辨别是与非。一个人,一位领导干部,能做到这四点,那将会尽善尽美、进入境界。但在当下,培养法治思维乃当务之急。提高领导干部运用法治思维和法治方式深化改革、推动发展、化解矛盾、维护稳定的能力,是党的十八大提出的明确要求。这就意味着,在进一步深化改革、促进发展的过程中,我们必须摒弃陈旧过时的思想观念,不仅要有道德思维、政治思维,更要学会法治思维。在这样一个大的背景下,强调政法领导干部学会法治思维就显得异常重要,对各级政法委书记来讲更是刻不容缓。

学会法治思维,一要掌握基本法律知识。政法工作是一项专业性很强的工作,客观上要求我们必须熟悉法律、钻研业务,我们不苛求大家都成为专家,但至少不能是门外汉。工作中,要着重学法,要了解宪法、刑法、民法、行政法、经济法等主要法律的基本内容。重点掌握与履行职责密切相关的法律法规,如人民警察法、法官法、检察官法、公务员法等知识。作为政法领导干部,不学法、不懂法或满足于对专业知识的一知半解,是难以胜任工作的。这方面我们有现实教训。前年,笔者代表省委政法委、省检察院带队到商丘就赵作海错案进行责任查究,当年主持案件协调会的市领导已经退休,人在国外,听到这个事情,在电话中很沉痛地说:"我不是学法律的,我学的是煤矿和矿山机电。现在看来政法委书记一定要懂法、一定要熟悉业务,无论是对我们自己、还是对案件当事人都是负责任的。"笔者相信这些话是发自肺腑的,对我们应该有所启发。

二要接受宪法法律约束。习近平总书记在主持中央政治局第四次集体学习时指出,要坚持依法治国、依法执政、依法行政共同推进,坚持法治国家、法治政府和法治社会一体化建设,各级领导干部要带头依法办事,带头遵守法律。这既是中央的明确要求,也是宪法法律的明文规定。做到遵守法律、依法办事,就不能以言代法、以权压法、徇私枉法,就要学会运用法治思维的标尺规范各项决策管理行为,尤其是与人民群众切身利益相关的事务,更需要坚持依法解决。事实证明,用法治思维化解纠纷,用法治方式解决问题,更有利于增进社会谅解、促进社会和谐。

三要崇尚法治基本精神。没有对法治信仰的心理基础,任何社会都不可能迈进法治的门槛。建设法治社会,必须建立法律至高无上的权威,使法律成为人们的信仰。对我们领导干部而言,依法办事、公正执法,不仅需要知识、观念,更需要信仰。近段时期以来,浙江张高平、张辉叔侄强奸杀人案等数起冤假错案相继曝光,在社会上产生强烈反响。中央对此高度重视,习近平总书记作出重要批示,要求政法系统在履职过程中要"坚守防止冤假错案底线,严格遵守法律程序制度,建立健全互相配合、依法制约的体制机制,严防冤假错案发生,切实维护人民群众合法权益和司法权威"。中央政法委召开全体会议,专题学习贯彻习总书记重要批示精神。孟建柱同志强调指出,要"切实增强防止冤假错案的责任感、使命感,切实纠正冤假错案。特别要下决心转变执法理念,严格遵守法律程序制度,完善互相配合、依法制约的体制机制,着力提升能力素质,坚守防止冤假错案的底线"。最高人民检察院召开全国检察机关电视电话会议,学习领会、传达贯彻中央要求。这些新精神、新要求针对性很强,作为政法委书记更要以更高的站位看待这个问题,落实这些要求,要真正从内心崇尚法治的基本精神,要自觉坚定地按照法律规定用权履职、推动工作,要深刻汲取商丘赵作海冤案和平顶山李怀亮强奸杀人案件被判无罪的惨痛教训,对事实证据差距较大、政法部门存在严重认识分歧的案件,特别是重死刑案件,协调这些案件时,一定要把思想和行动统一到中央要求上来,不能拍脑袋、拍胸脯决定案件,不能凭经验领导政法工作,不能靠行政手段管理政法工作,不能犯人治思维的老毛病。在领导管理政法工作上,有一位老领导曾谈到这样一个体会,他说引领政法工作要做到"整体工作总揽而不包办,业务工作指导而不陷入,具体案件协调而不拍板,协管干部到位而不越位,事务处理沟通而不擅断",笔者觉得这五句话很有深意、很有智慧,也合乎法治精神,大家要静心体会、认真借鉴,审慎把握好"党领导政法工作"和"保证检察权、审判权依法独立公正行使"之间的平衡,推动实现二者和谐运转和良性互动。

四要尊重部门意见和程序规则。作为政法委书记,一方面要把握好政法工作大方向,另一方面具体工作、具体案件要尊重政法部门的意见,政法部门合理建议要采纳。省级政法委做得非常好。同时,要尊重法定程序依法办事。是否尊重程序规则也是检验我们是否有特权思想的试金石。实体公正和程序公正是法治的两大要件。随着依法治国的不断推进,人民群众对公平正义的要求不断提高,不仅要求实体公正,而且更加注重程序公正。三大诉讼法对程序都有明确规定,无论是惩处犯罪,还是调处纠纷、化解矛盾,都要依照法律规定的权限和程序行使权力、开展工作,真正做到懂程序、讲程序、按程序办事,使权力运行更加规范有序。同时,还要注意将自己的一言一行置于法律的约束之中和广大群众的监督之下,发挥好示范表率作用。

我们一定要认识到,法治建设是一个国家走向现代化的重要标志,法治思维是高素质国民的重要体现。领导干部坚持依法办事,群众懂得依法维权,让法治思维深入人心,融入社会生活的方方面面,中国的改革发展才能走得更稳、更实,各项事业才能健康有序地向前推进。

二、要强化群众观点

党的十八大更加强调宗旨意识、强化群众观点、坚持群众路线。新一届中央政治局履职伊始就审议通过改进工作作风、密切联系群众的八项规定,省委省政府紧接着又出台7条20项贯彻落实意见,中央政法委和"两高"也提出了具体要求。根据中央决定,2012年下半年，以为民、务实、清廉为主要内容的党的群众路线教育实践活动将自上而下分批推进。人民日报、光明日报、解放日报、法制日报多家媒体相继刊发相关文章。坚持群众路线、强化群众观点，再次成为全党全社会关注和热议的焦点。

实事求是地讲，这些年我们党在密切联系群众上做得不够，包括政法机关在内，都需要反躬自省。具体讲，有三个方面值得我们注意。一是作风浮漂。我们有些同志讲话、作报告、写文章，大话空话套话连篇，不知所云；甘当"甩手掌柜"和"二传手"，文件层层批转，讲话坐而论道；工作浮漂，上情不明，下情不清；报喜不报忧，讲成绩夸夸其谈，讲问题一带而过；工作作风懒散，缺乏激情、缺乏创新。二是解决问题的力度不够，导致一些问题长期得不到解决，一些案件长期挂着拖着。李怀亮案件就是因为解决问题的力度不够，长期拖着酿成了羁押十三年被判无罪的恶果。三是工作方法不当，在处理问题的过程中，又造成了新的次生矛盾和再生问题。究其原因，就是缺乏扎实的工作作风，缺乏求真务实的工作态度，缺乏解决问题的能力和办法。

群众观点是毛泽东思想的重要组成部分，是我们党的事业、各项工作不断推向前进的力量源泉。强化群众观念、重视群众工作是我们做好一切工作的法宝，更是政法工作必不可少的工作方法。作为政法机关，尤其是政法委书记和政法领导干部，群众观点强不强，群众路线坚持得好不好，宗旨意识树得牢不牢，领导作用的发挥就会不一样，执法办案的效果就会迥然不同，人民群众对我们的看法和评价就会有天壤之别。

强化群众观念，一要真心尊重群众。应该如何看待群众，如何看待民情民意，如何解决好人民群众最关心的问题，我们应当认真思考。这个问题解决不好，我们的群众工作就永远做不好，我们的工作水平就难以有真正提高。树立群众观念就要首先尊重群众，尊重民情，尊重民意，尊重案件当事人。

二要虚心对待群众。内乡县衙有一副很著名的对联:"得一官不荣,失一官不辱,勿说一官无用,地方全靠一官;吃百姓之饭,穿百姓之衣,莫道百姓可欺,自己也是百姓。"为官者要摆正官与民的关系,从中找准自己的坐标,正确对待自己,正确对待群众。古人尚且如此强调为官之道,我们政法领导干部更应该在群众面前虚怀若谷,注意向群众学习,提高群众工作水平。笔者曾在中央党校《学习时报》上发表了一篇文章,谈到了当前政法干部在坚持群众观点、群众路线上存在的几个问题:一是感情淡漠,二是履职懈怠,三执法不公,四是与民争利,五是违法违纪。这些问题究竟存在与否,在多大程度上存在,要引起重视、认真反思、切实解决。

三要诚心服务群众。"政之要在乎民心"、"得民心者得天下"。我们党诞生、发展、壮大的历史,是不断获得人民信任、拥护和支持的历史。建国60多年特别是改革开放30多年来,我们党团结和依靠人民群众,取得了举世公认的非凡成就,人民群众付出的牺牲、心血、劳动和智慧我们应当时刻铭记。政法机关服务群众,尤其是对那些告状求助的群众,要认真落实政法领导干部日常接访、点名接访、信访督查专员、领导包案、处理重大疑难信访案件公开审查等制度,做到让人民群众有话能说,有冤能伸,有委屈能表达,充分保障人民群众享有的合法权益。要更好地贯彻专群结合的工作方针,最大限度地拓宽司法公开渠道、扩大公开内容,破除司法神秘化,让老百姓真正了解政法机关的工作,关心支持政法工作,把依靠人民群众、服务人民群众贯穿于政法工作的全过程。要引导人民群众逐步养成遵纪守法的习惯,尊重法律,维护法律,依法诉求,依法维权。

四要用心保护群众。有专家认为,建设法治社会、和谐社会,应建立三个机制:利益平衡机制,解决好分配不公问题;利益诉求机制,解决好执法公正问题;利益表达机制,解决好公民参政议政问题。政法工作首先就是要解决好公民诉求问题,运用法治手段保护好公民合法权益不受侵犯。全省政法机关,尤其是政法领导干部,践行执法为民要求,就要以人民群众平安需求为导向,通过平安河南建设,紧紧抓住影响社会和谐稳定的源头性问题,紧紧抓住影响群众安全感的突出治安问题,加大矛盾纠纷排查化解力度,加大对严重刑事犯罪的防范打击力度,不断提升人民群众的安全感和满意度。要以维护社会公平正义为目标,通过法治河南建设,规范执法司法行为,切实维护群众合法权益,努力让人民群众从每一次执法活动中、从每一个司法案件中感受到公平正义。在这个问题上,笔者认为有几条必须抓好:第一条把影响人民群众安全感的突出问题解决好,如打击"两抢一盗"等多发性侵财犯罪等;第二条把影响公共安全的问题解决好,如打击非法集资、食品安全犯罪等,不能因公共安全问题到处冒烟,不能因为我们工作没做到家或工作失误,让人民群众没有安全感;第三条把信访稳定的苗头性问题防范好、化解好,防止出现群体性案事件、个人极端事件,影响稳定;第四条要指导政法部门把案件办好,不能出现重大冤假错案,不能出现被大肆炒作的恶性事件;第五条把政法队伍管理好,不能出现有影响的重大违法违纪案事件,损害政法队伍形象。

三、要勇于解决问题

无论是学会法治思维,还是坚持群众观点,最终还是要落脚于解决问题、破解难题。当前,从大的方面看,河南省发展面临的形势仍然极为复杂,加快转变经济发展方式的任务艰巨;社会结构深刻变化,社会管理面临新课题;人民内部矛盾凸显、刑事犯罪高发、对敌斗争复杂的基本格局没有变化,经济社会生活中的不稳定、不确定因素明显增多。从政法机关面临的形势看,随着民主法治和经济社会建设深入推进,公众法治意识、权利意识、监督意识不断增强,整个社会环境日益开放、透明,社会各界和新闻媒体特别是网络媒体对政法工作的关注度不断提高,对执法办案的要求标准越来越严。从政法机关担负的任务看,以下焦点问题更加凸显、亟待解决。一是境内外敌对势力的西化分化和渗透捣乱破坏活动进一步加剧,要严密监控。二是信访维稳形势依然严峻。各种涉法涉诉案事件居高不下,怎样改进涉法涉诉信访工作,引导这些问题在法治轨道内妥善解决,根本改变当事人"信访不信法"的局面,要认真思考和对待。三是严重影响社会稳定的突出问题依然不少。各种突发性群体事件、非法集资、食品药品安全、安全生产事故、军转干部问题、民办教师问题、法轮功全能神邪教问题,所有这些都对社会稳定造成了严重影响,要认真加以解决。四是疑难复杂案件、久押不决案件长期得不到处理,给社会稳定带来很大隐患。这些滞留在不同诉讼环节上的案件,急需妥善消化和处理。五是执法办案要求越来越高。一批新的法律、司法解释的颁布实施,政法部门还存在很多不适应的方面,尤其是新刑诉法确立的二审案件开庭审理、非法证据排除等制度,对办案力量和司法理念提出了新的挑战需要加以应对。六是政法工作的不少方面成为网络媒体炒作的焦点。尤其是政法干警严重违法违纪案事件、一些重死刑案件和社会关注度高的敏感案件,一旦被炒作,不仅误导处置和处理,而且还严重损害政法机关形象,败坏党和政府的声誉。在这种情况下,如何引导和应对,尤其是在政法部门之间存在认识分歧时,如何协调立场审慎发声,避免不当炒作误导公众、影响司法,值得研究。七是如何建立有效防范冤错案件的制度机制,避免司法悲剧再度发生,进一步提升司法公信力和司法满意度,更是一个带有根本性的问题。总之,政法机关保障经济平稳较快发展的任务越来越艰巨,建设平安河南、法治河南的责任越来越大,政法领导干部,特别是政法委书记肩上的担子越来越重。

要解决这些焦点问题需做到以下四方面。

一要勇于担当。政法工作的特殊性决定了司法人员要敢于直面各种重大突发、敏感棘手、疑难复杂的任务和问题。对工作中遇到的新情况、新问题,要迎难而上、敢于接招;对问题不能怕字当头,对矛盾不能绕道行驶,见焦点不能隐身藏匿,要敢于触及矛盾,勇于挺身而出。这既是一种精神,也是一种责任,更是成事之基、为官之德,是我们履职尽责的内在动力和前提条件。为官一任,要解决一批问题才行。习近平同志指出:"看一个领导干部,很重要的是看有没有责任感,有没有担当的精神。"作为政法领导干部,要坚决克服少数人身上存在的"有心做官、无心做事;有心揽权、无心担责;有心作秀、无心问效;有心浮夸、无心实干;有心唯上、无心唯下"的"五有五无"现象,牢记自己的本分义务,强化勇于担当的责任意识,在担当中奉献,在担当中前行,在担当中成就事业,在担当中彰显价值。

二要研究情况。毛泽东同志是调查研究的倡导者和探索者。1930年5月,他在《反对本本主义》一书中明确指出:共产党的正确而不动摇的斗争策略,绝不是少数人坐在房子里能够产生的,它是要在群众的斗争过程中产生的,这就是说要在实践经验中产生。我们需要时时了解社会情况、时时进行社会调查。他说"你对于某个问题没有调查,就停止你对某个问题的发言权,即使对那个问题发言也是瞎说一顿,不能解决问题,我停止你的发言权,有什么不公道呢?许多同志都整天地闭着眼睛在那里瞎说,这是共产党员的耻辱。"他还指出:"做领导工作的人迈开你的双脚,到你的工作范围的各部分各地方去走走,学孔夫子的'每事问'。调查就是'十月怀胎',解决问题就是'一朝分娩',调查就是解决问题。"胡锦涛同志在十七届六中全会上向全党提出要求开展调查研究,习近平同志多次强调加强调查研究。中央领导同志如此重视调查研究,就是因为调查研究是我们党治国理政的基本功,也是我们领导干部做好工作的基本功。客观地讲,这方面我们做得还很不够。政法工作的政策性、实践性和专业性都很强,案件的大头在基层、队伍的大头在基层、问题也多出在基层,这就要求我们更要深入基层调查研究,不能满足于在机关听取汇报,困在会议室里、办公桌前,要走出去、沉下来、蹲得住,真正了解办案一线的同志在想什么、干什么,有什么困惑,有什么难题,我们的领导工作到底存在什么问题,真正把情况摸准吃透,使安排部署的工作更具有针对性、指导性和可操作性。满仓书记到政法委工作时间不长，但走基层搞调研力度很大，情况摸得很透，讲话、部署工作很有针对性。蔡宁检察长上任时间不长，走完了全省所有县区院，掌握的情况比我们都多。我们都要向他们学习。

三要解决问题。领导干部的主要职责就是发现问题、解决问题。李瑞环说，沉在会里、应酬之中，处于浮躁、喧哗状态不能塌下心来，扑下身子深入思考问题，这是很危险的。衡量一个领导干部政绩观的重要标准，就是看他是不是在认真地做事、用心地工作。干工作有私心杂念不行，不琢磨问题、不研究问题更不行。客观地讲，政法工作现阶段任务很具体、很艰巨、很繁重，尤其是近几年，信访维稳、执法办案、队伍管理和基层基础建设中，大事多、新事多、急事多、难事多。对于这些问题，要善于把握规律、抓住关键，做到苗头性问题及时发现，倾向性问题跟踪解决，个性问题依法妥善处理，普遍性问题能整体破解，使政法工作始终保持一种良性发展态势。

四要作风扎实。实践表明，一个地方执法办案的力度效果如何，社会治安状况如何，政法机关在社会上的口碑形象怎样，不但与这个地方政法各部门班子的工作作风密切相关，更与党委政法委特别是政法委书记领导核心作用发挥程度有关。领导干部当然需要宏观管理、宏观指导，但决不能让基层干警有高高在上的"隔膜感"、"畏惧感"，工作中，要真正撇开面子、放下架子、蹲下身子，与政法部门的班子成员、一线干警打成一片，平等平和地沟通交流、征求意见、研究工作，让他们真正感受到领导的心与大家在一起，准确领会上级抓工作的方向和思路，上下协调合拍共振，齐心协力推动工作。

解决"四风"问题　当好四种角色

一、要深刻认识"四风"问题的实质和危害

形式主义、官僚主义、享乐主义和奢靡之风这"四风"是当前群众深恶痛绝、反映最强烈的问题，也是损害党群干群关系的重要根源。正像习近平同志强调的那样"作风上的问题绝对不是小事"、"如果任由这些问题蔓延开来，后果不堪设想，那就有可能发生毛泽东同志所形象比喻的'霸王别姬'了"。"四风"问题本质上看，它们是党员干部的政治立场问题，是群众观点问题，是思想路线问题，是工作作风问题。

首先，"四风"问题是一个政治立场问题。因为我们党根植于群众，代表人民群众的利益。如果一个党员领导干部脱离了群众，不能够站在人民群众的立场上说话、做事，那就说明你没有站在人民群众的立场上，没有站在党的立场上，这就是一个立场问题，当然也是宗旨信念问题。

其次，"四风"问题是一个群众观点问题。无论形式主义、官僚主义，还是享乐主义和奢靡之风，一个共同特征就是脱离群众，忘记公仆身份、追求享乐。没有尊重群众、没有把群众放在心中最高位置，从思想上、行动上自觉不自觉的背离了群众意志、抛弃了群众观点。

再次，"四风"问题是一个思想路线问题。群众路线是我们党的工作路线,而实事求是是我们党的思想路线。一切从实际出发,理论联系实际,实事求是,在实践中检验真理和发展真理,是我党历代领导人始终坚持和高度重视的思想路线。如果我们在思想上形式主义、官僚主义、享乐主义、奢靡之风盛行,就说明我们没有遵循实事求是的思想路线,就没有坚持真理、发展真理这样一个精神。1977年邓小平同志在正式复出的十一届三中全会上强调说:"我认为,毛泽东同志倡导的做法,群众路线和实事求是这两条是最根本的东西。群众路线和实事求是特别重要。"作为党的思想路线,实事求是的重要意义已经为全党所公认。但是,真正做到实事求是,既有水平问题、作风问题,还有认识问题、勇气问题,但实质上是一个党员领导干部的思想路线问题,敢不敢坚持实事求是联系群众,敢不敢践行实事求是联系群众,能不能塌下心来、扑下身子,深入到一线、深入到基础、深入到群众和实际工作中去,作艰苦细致的调查研究,真正在掌握实情、解决问题上下工夫,这是检验我们是不是有坚持思想路线的一个重要标志,党员领导干部如果在作风上出了问题,存在着严重的"四风"问题,那就说明我们在贯彻执行党的思想路线上出了问题,在坚持实事求是上出了问题。

最后,"四风"问题还是一个工作作风问题。工作作风是党的作风建设的重要内容,好的工作作风就是务实重干、少说多干。邓小平同志说:"世界上的事情都是干出来的,不干,半点马克思主义都没有。"他还多次强调,要"少讲空话,多干实事"。习近平同志反复重申"空谈误国,实干兴邦"。这都是在倡导一种过硬的真抓实做的工作作风。"四风"对社会风气、社会心态、社会价值观有极大杀伤力。工作作风决定履职状态,关系事业成败。一个地方、一个部门的工作,成在干部作风,败也在干部作风。解决"四风"问题首先要从改进工作作风做起,要把中央的路线方针政策、上级的工作部署同本单位本部门的实际科学地、具体地结合起来,认真履职、踏实干事。

"四风"问题的危害非常严重。我们常说这样一句话,医生最怕误诊,法官最怕误判,检察官最怕误诉,记者最怕误报,球员最怕误传,而官员最怕误国,害的是党,误的是国,伤的是民。如果一个党员干部身上存在严重的"四风"问题,他就会严重的害党,严重的误国,严重的伤民。所以说,我们要认识四风的危害性,只有认识到"四风"的危害性,我们才能有铲除"四风"的紧迫感和责任心。

二、解决"四风"问题要做到"三不",即"不脱离、不伤害、不冤错"

我们每一名同志在这次教育实践活动中都要从自身做起,从自身找问题。如果认为自己没有问题,只是别人有问题,那也是问题。如果有问题不解决或不能得到根本解决,那更是问题。我们要从自身做起,从解决自身的问题入手,这样教育实践活动才能扎实推进。首先我们要对照检查自己:执法作风有无脱离群众的地方,如何才能做到执法作风不脱离群众,你思想上有无群众观点,有无群众路线,这使笔者想起范仲淹年少时的一个历史传说。范仲淹小时候找一个算命先生给自己算命,他问你看我长大能不能当宰相,算命先生没说话。范仲淹很聪明,他知道先生不想回答这个问题。他又问,你算一算我能不能当医生,算命先生点点头说,你可以当医生,并且你可以当一个很好的医生。范仲淹很高兴。他问为什么我问能否当宰相的时候你不回答,我问能否当医生的时候你却回答我能当一个很好的医生,算命先生却反问他"为什么你的理想差距这么大呢"?范仲淹无语。这时算命先生回答了范仲淹刚才的问题,"我之所以没回答你的第一个问题,只回答了第二个问题,是因为你只有先当好一个良医,才具备当良相的素质和条件。你小小年纪就想当宰相是不可能的,而你想当好一个医生,说明你想给老百姓看病,想给老百姓办事,你有这种念头、这种精神、这种追求,那么我相信你在当好良医的基础上就能当好良相"。这个故事告诉我们,人一定要有群众观点,无论你立志做大官,还是立志做大事,都要先从老百姓出发,从维护老百姓的利益出发,从维护老百姓的合法权益出发,为老百姓办事,在这个基础上,你才能真正做大事。如果没有这个基础,只想做大官,是不现实的。即使做了大官,也最终会被老百姓赶下台。我们做检察工作同样如此,一定要公正执法、为民执法,切实做到"三个不"。

一是执法作风不脱离群众。具体到检察机关,年初笔者代表河南省院党组向高检院领导汇报群众工作时,把当前背离群众路线的突出问题归纳为四个方面:感情淡漠、履职懈怠、与民争利、违法违纪,这些都是客观存在的。检察工作具有高度专业性,检察官必须精通法律,熟练掌握专业技能,善于运用法律思维审查处理案件,这是毋庸置疑的。但需要注意的是,强调检察工作的专业化并不等于忽视社会化,不意味着排斥群众参与、搞关门办案。因为只有民众才是公平正义的最终评判者。司法的公信力不可能凭空而来,司法认同也不是仅靠检察机关自己认为严格依法就能实现得了,还必须得到群众的认可。执法办案一旦忽视了社情民意、背离了群众路线,就会失去群众基础,执法就会变得软弱、苍白和无力。值得注意的是,近年来在强调专业化的同时,检察工作的社会化有淡化趋势,司法人员的群众观点有淡化趋向。当前一些现象值得反思:有的同志文凭高了,学识上去了,但做群众工作的能力却降低了;在执法过程中,我们考虑法律效果的同时,是不是考虑到了办案的社会效果;为什么司法人员的一些案件处理结果老百姓不认可,讲不通,这与司法人员的工作方式方法是不是有关系,是不是司法人员的工作在方法上没有得到老百姓的认可和接受。这些问题的出现都是司法脱离群众的表现。检察工作应当是专业化与社会化的辩证统一。检察工作既不能脱离事实、超越法律,非理性地依从"社情民意",也不能在追求专业化的过程中,脱离群众、脱离社会,单纯地走"精英主义"道路。强调执法作风不脱离群众,并不是要搞庸俗的大众司法和"舆论审判",也不能简单等同于当事人中心主义,而是要求司法人员进一步增强群众观念和宗旨意识,贯彻专门机关和群众路线相结合的方针,防止脱离群众孤立办案、封闭办案。笔者考虑做到不脱离群众至少应从四个方面下工夫:执法如何更好地有效地体现民意、保护民权、维护民利、改善民生。这四个方面要统筹考虑,如果在这四个方面出了问题,说明司法人员的执法作风脱离了群众。

二是执法过程不伤害群众。检察机关的执法行为具有强制性和裁量性,无论是强制措施的适用,还是作出立案不立案、起诉不起诉、抗诉不抗诉等司法决定,都直接涉及相关人员的重大利益。如果执法行为不规范就会伤害当事人,不文明同样会伤害他们,不平和、不公平同样也会伤害他们。表面看起来你伤害的是一个当事人,但是这一个人背后有多少人,他的家人亲戚、朋友同学、战友熟人、他的上级下级等,实际上司法人员一个不当的执法行为伤害的将是一批人。所以,执法一定要规范,遵守严格的法律程序,要文明不要刑讯逼供,不要伤害当事人包括被告人的尊严。强调执法行为不伤害群众,首先,要严格遵守法定程序。法律规定的办案程序在司法公权和公民私权之间划定了一条不可逾越的红线。司法人员越过了这条红线,就进入了不该进入的私权领域,就会构成司法侵权。因此,检察机关自身务必严格遵守办案程序规定,严格遵守法定办案时限,依法准确规范适用强制措施,特别要坚决杜绝刑讯逼供等严重侵犯人权的违法行为。同时要切实履行法律监督职责,对于其他执法司法机关的违法行为要依法监督、善于监督,注重监督实效。其次,要依法平等保护诉讼参与人合法权益。决不能在解决问题的过程中,因为我们执法行为的不当派生出新的矛盾,或者说次生矛盾。比如因为抗诉不当而产生的矛盾就是次生矛盾。执法是在解决问题,而绝不能在解决问题的同时又派生出新的矛盾。执法办案中,要以平等谦和而不是高高在上的冷漠态度对待人民群众,多一点耐心,少一点粗暴;多一点对话,少一点训导;多一点沟通,少一点误解;多一点平等相待,少一点居高临下,设身处地的考虑当事人的感受以及实际困难,尽可能地给予司法支持和人文关怀,尽可能减少因执法方式不当给群众造成的伤害。现在的社会比较浮躁,司法人员有些人的心态也很浮躁,包括一些检察干警。浮躁表现为多个方面。一个是对待自己的进步问题上浮躁。工作没几年就想解决副科,副科解决了又想解决正科,一旦解决不了就心浮气躁,正科解决了就想解决副处。想进步是一个正常的心态,但不能因为想进步就心态浮躁不能踏实工作。另一个是一些人办案浮躁,法律文书不好好斟酌,证据不好好推敲,程序不严格遵守,矛盾不认真化解,这都是心态浮躁的表现。赫拉克利特说过:"一个人不能两次踏进同一条河流。"司法人员在有限的时间内一定要好好地工作、好好地学习。

三是执法结果不冤错群众。习近平同志针对全国先后曝光的几起冤错命案批示强调,要"坚守防止冤假错案底线,严防冤假错案发生,切实维护人民群众合法权益和司法权威"。他还要求"努力让人民群众在每一个司法案件中感受到公平正义"。这就给司法人员的执法办案提出了最低也是最高的标准和要求。冤错案件不仅极大地损害司法公信力和人民群众对法治的信仰,也给当事人造成了灭顶之灾。虽然任何完善的司法制度都不可能完全避免冤错案件发生,但严防冤错案件应当成为司法机关和每一个执法办案人员的不懈追求和重大责任。严防冤错案件也是检察工作贯彻群众路线的底线。所谓"底线",就是不能随意突破的最后防线,守住了这个防线,才能让人民群众心里踏实,才能维护司法权威,才能给社会和人民各界一个满意的交代。一次,我和一个医生交流,我问他最多的时候一天看过多少个病号,他说有一天我看了60个病号,我说你能不能想象到我最多的一天看了多少个案件材料,他说他想象不到,我告诉他我有一天看80个案件材料,都需要我签字。我对他说你看的60个病人,你可能有诊断错的,但是你的用药绝对不会治死病人,因为门诊一般不会是大病,而我如果有一个案件看错了,对我这一天来讲,我是错了八十分之一,但对这个当事人来讲那是百分之百的伤害。我的这个说法,他很赞赏。笔者想说明的是无论司法人员办多少案件,都要认认真真,不要让一起案件出现冤错。这是司法人员的目标,也是要求,更是责任。

三、领导干部要解决"四风"问题须当好四种角色

领导干部既是教育实践活动的组织者、推动者、监督者,更是活动的参与者,在党风锤炼中要起到重要的示范引领作用。在解决"四风"问题上,领导干部关键是要当好"四种角色"。

一要敢于担当急难险重,当好"消防队"。所谓"急事难事看担当"。就是看一个党员干部在急难险重的情况下能不能扛得住,在顺境中,在平常的时候,每一个人都表现得很好,看不出差距,关键时候才能看出差距有多大。可以说敢于担当是一种责任,是一种境界,是一种精神,更是一种重要的领导素质,笔者手机上有一条短信:一个人是不是男人,不是看他长得多帅,多么有钱,多有地位,首先看是不是敢于担当责任。引用过来,一个党员干部不是看你职位有多高,不是看你权力有多大,也不是你多么有金钱,而是看你在急难险重的情况下有没有担当,这体现出一个党员干部的内在修为。敢于担当,首先,要勇于"挑担子"。挑担子就是要承担责任。在大事面前,新事、急事、难事面前,要千方百计、想方设法克服解决,做到困难不上交、不平推、不下转,做到"少找领导、多想办法"。困难预示着成绩,困难越大,战胜之后所取得的成绩也就越大。什么是成功?成功就是站起来的次数比倒下的次数多一次。成绩是什么?成绩就是解决困难的力度比别人更大一些、效果明显一些。所以说,不怕有困难,不怕有问题,关键是把困难克服掉,把问题解决掉。其次,要善于"下决心"。下决心就是做决策。能否破解难题,能否解决好别人解决不了的问题,是衡量一名领导干部党性觉悟高低、能力强弱的重要标准。领导干部在重大疑难问题上做到正确决策,必须深入实际、实地调研,广泛征求意见、集中群众智慧,不能光靠老经验、老办法、老套路,要学会用实事求是、与时俱进的眼光来认识、分析和把握问题,创造

性地提出解决问题的新思路、新举措和新办法。现在这一代人分为三类：一类是思想太保守，传统的东西太多，新生事物不接受，创新的东西不接受，这样落后于时代；第二类人是思想太解放，新生事物接受得太多，传统的好作风都丢得差不多了；还有一类人，其脑子里既保留了好的传统和精神，也吸收了新的事物，这是最难得的，如果将两者很好地融合在一起，这些人就会成大器，就会更成功。为什么要求领导干部要善于下决心，就是有些事情大家都下不了决心的时候，领导干部要下决心，大家都处理不了的问题，领导干部能够处理，这就是领导作用的发挥。如果别人下不了决心你也下不了，别人处理不了的问题你也处理不了，那你就不要当领导干部，你就是普通群众。最后，要当好"消防队"。大灾大难当头，最先到达现场、出现在群众身边的往往是消防人员，此时他们就是老百姓的"主心骨"。一事当前，领导干部要能够作这样的"主心骨"、敢于担当"消防队"的责任，这样的领导干部群众才支持、才拥护。如果领导干部见了问题就躲、见了困难就绕，上行下效，问题不但不会解决，还会越积越多、越积越大。

二要善于处理疑难杂症，当好"老中医"。领导干部能力的核心在于解决问题，是否有作为、有建树，最终也反映在解决问题、特别是破解难题上。教育实践活动的总要求是"照镜子、正衣冠、洗洗澡、治治病"，这4句话归纳起来就是要发现问题、研究问题和解决问题。如果一个领导干部在其位不谋其政，不想、不敢、不会创造条件解决问题、破解难题，满足于当"传声筒"、"收发员"，"得罪人"的事不干，"讨人嫌"的话不说，只要不出事，宁愿不做事，浑浑噩噩，遇到难题应付推诿，那么他所主管的领域，肯定是形式主义大行其道，作风浮漂，工作难以深入、无法推动。对于难题越是回避，就越是会陷入被动，听任问题发展，疑难杂症就会越积越多。但是，工作中一定要敢于碰硬、直面矛盾，特别是敢于正视那些社会高度关注、矛盾交织重叠、反复多次根除不了的热点焦点问题，要学会当"老中医"，想尽千方百计攻克它难题、解决它问题。这体现出一位领导干部的勇气和担当。有些西医解决不了的问题，老中医能够解决，所以要善于解决问题，不要有问题、有难题就去找领导，让领导去解决，自己不敢正视矛盾，不会解决疑难杂症，这样永远不会提高。司法人员要想有担当，要干成事情，办好案件，必须不断地学习提高，要有自己的真本事。不写几缸墨水，就没有王羲之的《兰亭集序》。在浙江绍兴有一个兰亭公园，里面写有兰亭集序，是王羲之的书法，最后落款王羲之的"之"字没有上面的一点，这个字下面放了几个大缸，里面是墨水，意思是说自己的字还没有写好，自己的墨水不够多，所以不敢把这个点写上去，告诫后人不用几缸的墨水，是不可能写出好的书法的。每一个人都应当反省自己，墨水用够了吗？要有担当、能够履好职、解决好疑难杂症，就要有墨水、有工夫、有本事、有才干。

　　三要及时有效纠偏防错，当好"坐标线"。这是考验领导干部政治素质、业务能力和和领导水平的重要方面。"纠偏"就是要对下属的工作思路、工作部署有一个整体掌控，对于不符合大政方针、上级决策的思路提法要及时进行矫正，对没有找准上级关注点、偏离聚焦点的工作安排要能够敏锐指出、督促纠正，确保自己从事的工作和分管的工作始终与大局"合拍共振"。"防错"对于检察机关领导干部而言，重要的就是准确把握执法办案的关键环节和敏感节点，严防冤假错案，把问题解决在源头，把错误降至最低，确保案件办准办好。不仅是领导干部要及时纠偏防错，每个同志也存在这个问题，晚上睡觉前要思考，今天领导交办的事情做好没有，自己的案件办好没有，没有的话，第二天要加以改进保证做得更好，这本身也是在纠偏；这个案件办的有瑕疵甚至有失误，下一个案件要认真办好，避免错误再现，这本身也是在防错。

　　四要简单安排衣食住行，当好"守荒者"。以前经常讲当拓荒者，当第一个开垦荒地的人，焦裕禄也说"吃别人嚼过的馍没有味道"，意思就是要当开荒者。那么，现在笔者要问司法人员能不能在做开荒者的同时做一个守荒者,当有很多人离开这块净土的时候,能不能始终如一地守住自己这块净土、守着自己的精神家园。为官做人笔者提倡简单生活。简单是一种清醒,是一种彻悟,是一种睿智,也是一种境界。一个人要学会过好三种生活。第一种是世俗生活。不管你的社会地位怎样,财富多少、职务多高、社会知名度多广,都要亲手料理一下家庭俗务,操心一下柴米油盐,和家人其乐融融共享天伦之乐,这时我们的心才能真正沉下来、静下来,才能真实感受到做人的幸福和踏实。现在微博上在传一篇文章《不要打扰别人的幸福》,笔者看了之后感悟很深,其中讲到有个清洁工,她丈夫给她送饭,在大街上两个人一块吃饭,一口菜两个人相互谦让,十分恩爱,这时过来一个人说,一口菜有什么可让的,还以为是多么好的美食呢,本来十分幸福的两个人听后立即表现得很尴尬。这个小故事说明了什么?说明幸福不是财富有多少、地位有多高、权力有多大,幸福是一种感受。第二种是职业生活。常言说"在商言商",社会上有无数种职业,特别是当今这个时代,可供选择的空间更加广阔。但不管你选择什么职业,都要干一行爱一行,把工作当成自己的事业用心经营,只要你在这个岗位上持之以恒地付出了,相信一定会有非常美好的前景。当了检察官就要一心一意地做好检察工作。第三种是精神生活。一个人必须要有追求、有理想,不能一味追求物质、讲究享受。要能够不断净化自己的心灵,做到清心寡欲,以平凡之心做人、平静之心处事、平常之心看待人生。领导干部只有不断化繁为简,经常告诫剖析自己,甘于做自己精神家园的"守荒者",才能把握住操守,耐得住寂寞,抵得住诱惑,管得着小节,才不会因风浪骤起而迷失方向,更不会因诱惑纷呈而生发非分之想,从而走好自己"简单"的为官为检做人之路。

办案中的事实证据审查与法律原则把握

一、反腐查案的事实证据把握

证据是诉讼的基础,是案件的灵魂,办案就是用证据来证明事实。刑事诉讼程序对证据都有严格的规定,纪检监察机关查办案件也有相应的证据要求。由于不同程序对公民权利限制程度的差异,在各个程序中对证据的规定也不尽相同,其中刑事诉讼程序要求最为严格。纪检监察机关查办的案件,相当一部分要移送司法程序,两者联系衔接非常紧密。纪检监察环节的取证情况直接影响着案件能否顺利进入刑事诉讼。所以,司法人员不仅要严格遵守纪检监察环节的取证要求,还要熟悉刑事诉讼的证据标准,尽可能按照刑事诉讼的要求查明事实、调查取证。这里,笔者结合办案实践,主要探讨五个方面的问题。

(一) 对证据如何认识

《中国共产党纪律检查机关案件检查工作条例》和《监察机关调查处理政纪案件办法》给出的定义是"证明案件真实情况的一切事实",同时规定"证据应经过鉴别属实,才能作为定案的根据"。这与修改前的刑事诉讼法表述基本一致。2013年颁布实施的新刑事诉讼法将证据的概念修改为"可以用于证明案件事实的材料",用"材料"取代"事实",就意味着从法律层面承认了证据有真假之分。也就是说,无论是纪检监察机关,还是检察机关,在办案中获取的证据不一定都是反映案件真实情况的事实,只是证明案件事实的材料,是真是假有待查证落实。这一表述是比较客观的,也有利于准确把握证据的实质。作为刑事定案证据要具备三个基本属性,即客观性、关联性、合法性,也就是大家所熟知的"证据三性"。客观性是指证据内容必须真实,必须符合情理,符合事物发生、发展和变化的一般规律;关联性是指证据与案件的待证事实之间存在客观的联系;合法性,是指证据形式和取证程序必须符合法定要求。

刑事证据的法定形式有8种:(1)物证;(2)书证;(3)证人证言;(4)被害人陈述;(5)犯罪嫌疑人、被告人供述和辩解;(6)鉴定意见;(7)勘验、检查、辨认、侦查实验等笔录;(8)视听资料、电子数据。按照学理分类主要有以下四类。一是原始证据与传来证据。根据证据材料的来源,凡是直接来源于案件事实的证据叫做原始证据,也称第一手材料;不是直接来源于案件事实,而是从间接来源获得的证据,称为传来证据,比如书证的复印件、从别人口中听说的案件情况等。原始证据的效力要优于传来证据。二是直接证据与间接证据。根据证据与待证事实的证明关系,凡是可以单独直接证明待证事实的证据,属于直接证据。常见的有嫌疑人供述、目击证人证言、犯罪过程的录音录像等。凡是必须与其他证据相结合才能证明待证事实的证据,是间接证据,物证、书证等客观性证据大多属于间接证据。一般情况下,直接证据的证明力强于间接证据,但直接证据多为言词证据,可变性强,容易失真,现在司法机关办理案件越来越重视间接证据的作用。三是言词证据与实物证据。根据证据的表现形式,凡是通过人的陈述,即以言词作为表现形式的证据,是言词证据。凡是以物品的性质或外部形态、存在状况以及其内容表现证据价值的证据,是实物证据。物证、书证、勘验、检查笔录均属此列。四是有罪证据与无罪证据。凡是可以肯定实施犯罪行为以及证明犯罪情节轻重的证据,是有罪证据。比如自首和坦白虽然是从轻处理的依据，但也是有罪证据。凡是可以证明犯罪事实不存在，或否定犯罪嫌疑人、被告人实施犯罪行为的证据，是无罪证据。刑事诉讼证据的分类，同样适用于纪检监察机关的证据种类把握。

（二）"一对一"受贿案件证据如何把握

行受贿过程大多是在受贿人与行贿人之间单独完成，所以经常出现行贿、受贿证据"一对一"的情况，这种案件即便"供证一致"，如果没有外围间接证据印证，一旦翻供或翻证，极易形成疑案、悬案。

审查"一对一"受贿案件，除一般性证据要求外，还要注意把握以下四个方面。

一是反映认罪过程的谈话笔录是否齐全。实践中，不少案件只有被调查人全面认罪的谈话笔录，虽然这样的笔录有好几份，但内容大致相同，思想转变过程、辩解情况都没有体现，让人感觉被调查人一到案就和盘托出、全无顾忌。其客观性让人不敢轻易相信。有的案件虽然形成了笔录，但以保密为由不移送相关材料，造成检察人员不敢确信其真实性。被调查人到案后，一般都有一个从不供到供、从少供到多供、从笼统讲到具体交代的过程，这符合办案规律。谈话笔录要完整、客观地反映这个过程，从而有利于后续办案人员鉴别、采信证据，形成更强的内心确信。

二是关键直接证据是否多重固定。多媒体固证、多重固证是防止翻供、制服翻供的有效手段。办理重大疑难案件，进行同步录音录像、让被调查人亲笔书写供词，非常必要。需要注意的是，无论谈话笔录还是同步录音录像或亲笔供词，反映的都是被调查人陈述情况，内容上要基本一致，具体细节可有差异，但不能存在实质性矛盾。当然，笔录与亲笔供词完全一致也会令人生疑。但是，谈话笔录的书面记载与录音录像必须同步一致。否则，非但不能固定证据，还会起到相反作用。比如，有一个受贿案件，受贿人在纪委和侦查阶段一直作有罪供述，笔录记述的也非常完整、规范，到了公诉环节嫌疑人开始翻供，理由是刑讯逼供，辩解说笔录都是提前做好的。公诉人查看同步录音录像时发现，笔录内容与录像反映的情况确实不一致，问得多答得少，很多关键问题都是讯问人员连问带答，嫌疑人只是模糊的点头答应是不是、有没有，结果这份有罪供述没有被采信，导致受贿罪无法认定，仅以巨额财产来源不明罪定罪处罚。

三是赃款赃物来源、去向等外围证据是否查实。任何行受贿案件都有两条贯穿始终的主线：一是请托与谋利，二是贿款来源与流向。这两条主线运行留下的痕迹就是证据，这些证据收集到位了，案件也就定扎实了。但目前对第二条主线往往重视不够。纪委查案模式一般是"由供到证"，虽然也做一定的外围工作，但主要是立足于谈。这种模式对认罪态度好的案件比较有效，但对那些对抗心理严重的被调查人来说，由于缺少足够的外围证据，调查谈话往往推进得十分艰难，甚至陷入僵局，形成难办的"夹生案"。受法定讯问时间限制，检察机关一般更加注重接触受贿人之前的初查，基本上是"由证到供、证供互动"。外围搞扎实了，储备了足够的"弹药"，再接触受贿人，从而确保在 12 小时或 24 小时内突破案件。此外，赃款、赃物的转移使用还可能涉及受贿人的亲属、情人等关系密切的人，衍生出"掩饰、隐瞒犯罪所得"等关联犯罪。这样顺藤摸瓜，不仅能获取大量间接证据锁定主案，而且有利于形成对受贿人的心理威慑，从而突破获取口供。

四是翻供翻证的案件是否有再生证据。受贿案件有个特点，一有风吹草动行、受贿双方就急于串供封口、转移赃物或退回赃款、疏通说情，从而产生再生证据。再生证据具有反证性，通过其反证作用可以证明有罪证据的真实性。再生证据主要产生于五个环节：（1）串供、订立攻守同盟；（2）隐匿、销毁证据；（3）转移赃款、赃物；（4）收买、威胁证人；（5）找人运作开脱（如原铁道部政治部主任何洪达被查办后，刘志军授意丁书苗花钱捞人，结果不仅人没捞出，丁书苗还被刘琳等人骗走 4000 余万元）。在"一对一"受贿案件中，再生证据不仅能使原本比较单薄的原生证据形成完整的证据锁链，而且能直观反映行为人犯罪后的态度和表现。及时获取这方面的证据，既有利于定案，也有助于准确量刑。这类案件最容易出现问题的就是只获取行受贿双方言词证据和口供的案件。如李某受贿32万元案。在办案实践中，为什么经常会出现纪委、检察两家认定数额之间的差距，除了法律界限的把握严格程度不一之外，一个重要的原因就是证据，只有行受贿双方的言词证据，没有外围证据，到检察环节后，一旦一方翻供或翻证，就出现一对一局面，证实不了案件事实。

（三）纪检监察证据与刑事诉讼如何衔接

纪检监察和检察机关分别在不同层面肩负着反腐败任务。无论哪个层面，都离不开查明案件事实的证据。追究违纪行为，要靠纪检监察证据；追究职务犯罪，靠的是刑事证据。一般两者不能互相代替，特别是纪检监察环节的言词证据一般不能直接进入诉讼程序。纪检监察证据与刑事诉讼的衔接，就显得特别重要。

要注意区分以下两种情况。第一，客观证据一般可以直接作为诉讼证据。新刑诉法规定，行政机关在行政执法和查办案件过程中收集的物证、书证、视听资料、电子数据等证据材料，在刑事诉讼中可以作为证据使用。高检院刑事诉讼规则规定，行政机关在行政执法和查办案件过程中收集的鉴定意见、勘验、检查笔录，经人民检察院审查符合法定要求的，也可以作为证据使用。同时要求，上述客观性证据应当以该行政机关名义移送。这就要求司法人员在执纪办案中手续要规范，对于客观性证据材料，收集提取时一定要使用监察厅、监察局的手续，并以监察机关名义移送司法机关，这样从形式上、程序上才符合法律规定。要提醒大家的是，监察机关调取的物证、书证等客观性证据可以作为诉讼证据，但并不必然会成为定案根据，这些证据材料还需要经过法定程序审查，符合法定证据要求的才能作为定罪量刑的依据。"两高三部"颁布的"两个证据规定"要求，对物证、书证的来源及收集过程有疑问，不能作出合理解释的，该物证、书证不能作为定案根据。因此，调取物证、书证一定要严格遵守法定的程序,并且附有相应的提取笔录,笔录内容要能清楚地反映证据来源、调取人员和调取程序,否则由于来源不清,证据就可能被排除。

第二,言词证据通常要进行证据转化。供述、证言等言词性证据一般不能直接作为诉讼证据使用,必须经过法定程序转化才能作为定案根据。刑事诉讼规则规定,人民检察院办理直接受理立案侦查的案件,对于有关机关在行政执法和查办案件过程中收集的涉案人员供述或者相关人员的证言、陈述,应当重新收集。如果确实无法重新收集,经审查符合法定要求的,可以作为证据使用,包括四种情形:(1)路途遥远;(2)死亡;(3)失踪;(4)丧失作证能力。言词证据的转化衔接,大致有以下三种情况。第一种情况是被调查人在纪检监察阶段亲笔书写的供词、证词。对亲笔供词、证词,如果经过审查属于真实意思表示,具有客观性和关联性,在让其本人确认签字之后,就完成了证据转化。第二种情况是调查笔录。对于这种情况实践中有不同做法,一是重新讯问;二是让犯罪嫌疑人看笔录或者向他宣读笔录,如果确认属实,本人签字确认,就完成了证据转化。司法人员通常采取第一种做法,特别是本人供述、行贿人证言等关键证据一定要重新讯问。第三种情况是存在"四种法定情形"无法重新收集的言词证据。这类言词证据能否作为诉讼证据,除了看证据本身是否客观外,还要看有没有证据证明确实属于"无法重新收集",也就是说,是不是无法重新收集,办案机关要能拿出证据作出令人信服的证明。此外,纪委属于党的组织并非法律意义上的行政执法机关,为避免给后续诉讼造成麻烦,执纪期间的谈话记录要使用监察厅(局)的笔录纸,讯问人员要以监察厅局工作人员的名义出现,这样证据的转换、使用才于法有据。还有一个问题,笔者还没有考虑清楚。就是纪检监察机关的询问笔录,经检察机关依法提取、确认后,是作为书证适用,还是作为言词证据适用,有待研究。但有一点可以确认,它有重要的参考价值。

(四)如何认定非法证据

为进一步遏制刑讯逼供等非法取证行为,新刑诉法明确规定"不得强迫任何人证实自己有罪","公诉案件中被告人有罪的举证责任由人民检察院承担",并用"五条八款"完整确立了"非法证据排除规则"。采用刑讯逼供等非法方法收集的犯罪嫌疑人、被告人供述和采用暴力、威胁等非法方法收集的证人证言、被害人陈述,应当予以排除。收集物证、书证不符合法定程序,可能严重影响司法公正的,应当予以补正或者作出合理解释;不能补正或者作出合理解释的,该证据应当排除。也就是说,非法实物证据适用相对排除,而言词证据一经确认非法,就要绝对排除,不存在补救措施。同时确认"非法"并不要求有确凿无疑的证据,只要控方不能提供证据对该证据合法性加以证明,或者已提供的证据不够确实、充分,就推定为非法证据。这对查办案件提出了更高、更严要求。

所谓"刑讯逼供",是指使用肉刑或者变相使用肉刑,使当事人在肉体或精神上遭受剧烈疼痛或者痛苦的行为,包括殴打、饿、冻、晒、熬等非法手段。这个大家都不难理解。非法言词证据中的"其他非法方法"是指违法程度和对犯罪嫌疑人的强迫程度与刑讯逼供或者暴力、威胁相当而迫使其违背意愿供述的方法。实践中比较难以把握的是侦查谋略与违法取证的界限。此次刑诉法修改删去了原刑诉法第43条规定的严禁"威胁、引诱、欺骗"的规定,但这并不意味着这些方式都不违法,特别是某些侦查谋略,从一般社会观念看往往带有"威胁、引诱、欺骗"成分,这就需要准确把握两者界限,具体可以从以下三个方面把握。一是准确区分诱供与合理承诺。诱供是用不能实现或者不准备实现的好处套取口供的违法取证行为。比如办案人员利用被审讯人担心受到处罚和制裁的畏惧心理,明知不可能的情况下,开出释放、从轻、免罚等空头支票,来换取口供。诱供是一种欺骗的方式,其后果不是造成冤假错案,就是强化被调查人的敌对情绪。诱供与合理承诺的区别在于是否违反法律规定以及是否具备实现的可能性。在审讯中,很多被调查人到了认罪的关口,往往会提出一些交换请求,这些请求如果合理、合法,经过组织程序认可,可以作出承诺。如果突破了法律底线，或者根本不具备实现的条件，就不能答应。否则，就成了违反法律规定的诱供和骗供。二是准确区分指供与启发讯问。指供与启发讯问关键区别在于问话中是否包含确定答案。通过明确的语言或行为，直接控制被调查人的认识，使其作出符合办案人员假设或推测的供述，是指供。也就是说，办案人员把自己没有根据或根据不足的推测告知被调查人，指引其按办案人员的主观臆断来供述。如果被调查人愿意如实交代，但对一些事实细节记忆不清，需要办案人员使用启发性的语言帮助唤醒记忆，不属于指供。但启发性讯问运用不当，也容易产生指供或诱供的嫌疑。所以，用于唤醒被调查人记忆的启发语言，一定不能包含确定性答案。三是准确区分威胁与政策施压。为突破谈话对象心理防线，对其进行法律政策教育是办案中是经常运用的手段，这种政策性施压显然不能被视为非法取证中的威胁。非法取证中的"威胁"是办案人员利用被调查人的利益关切，用没有法律依据的不利后果，对被调查人形成精神强制，从而获取口供的一种违法取证方式。比如以追究或者不追究被调查人亲属关联犯罪为筹码的讯问方式，如果关联犯罪成立，司法人员没有权力不追究，承诺就成了空头支票，如果根本就不存在犯罪，又难免有威胁之嫌，所以一定要慎重使用。

（五）如何把握证据收集的全面性

新刑诉法实施对检察机关公诉工作影响很大，公诉的内容由传统的定罪之诉扩展为定罪之诉、量刑之诉和程序合法性之诉"三诉"并存。"三诉"任务的完成，都依赖于扎实的证据体系作为支撑，这对查办案件工作提出了更高要求，概括起来就是"两个既要又要"：既要收集定罪证据、又要收集量刑证据；既要收集有罪罪重证据、又要收集无罪罪轻证据。

关于这一点，笔者讲以下三句话。一是证明犯罪构成要件要素的证据要完整齐备。在办案中发现大家一般对犯罪的过程比较关注，而犯罪主观方面、利益正当性、职务便利等方面常常被忽视。以行受贿犯罪为例,对送钱、收钱过程都能问到,相应证据一般也能取到,但对利用职务便利为请托人谋取利益的意愿、承诺或实施的调查,往往浮于表面。很多案件到了公诉环节还要反复退查,甚至在法庭上争论不休,也是这个原因。因此,证明犯罪构成要件各要素的证据都要调取齐备。这一点大家要切记,这也是办案中经常出现的问题。

二是证明量刑事实的证据要规范清楚。根据对 2010 年至 2012 年三年来某省检察机关办理的职务犯罪情况,发现贪污贿赂类犯罪案件,适用缓刑的占 38%、判处免予刑事处罚的占 18.9%,合计共占 56.9%(渎职侵权类犯罪更高,达到 86.1%)。量刑轻缓化的趋势非常明显。这一方面有职务犯罪法定刑偏低的立法原因,另一方面,司法机关对量刑证据要求越来越严,而侦查部门对量刑证据的收集和固定不够重视,也是重要原因。导致一些案件在量刑时按照"存疑有利于被告人"的原则,让被告人占了便宜,削弱了打击腐败的力度和效果。所以,查办案件要放眼诉讼全局,不仅要有定罪意识还要有量刑意识,全面收集定罪量刑各项证据。在受贿案件中,要注意以下六个方面:(1)索贿情节(刑法第 386 条的明确规定"索贿的从重处罚");(2)前科情节(根据最高人民法院司法解释,曾因经济犯罪受过行政处分或刑事处罚的,不能适用缓刑);(3)数额情节;(4)损失和影响情节;(5)自首、坦白、立功情节;(6)悔改、退赃情节。在这里,笔者重点强调一下自首、坦白、立功情节证据材料的收集固定问题。实践中,办案单位出具的自首、坦白、立功的说明意见往往过于简单、含糊,如仅以一句话说明"某某到案后如实交代了自己的受贿事实",而对如何到案等情节没有更多说明;还有一些案件,仅对"立功"或"自首"事实进行简单叙述,无明确处理意见。有的案件涉及自首的"归案经过"、涉及立功的"情况说明",只有单位签章,没有办案人员签名,在证据形式上有欠缺,让检察人员无法判断。

三是证明被调查人无罪、罪轻的证据要充分重视。相对普通刑事案件而言,职务犯罪案件的被调查人自我"保护"的意识和能力都比较强,经常会提出一些无罪或罪轻的辩解,有的可能还会翻供。对此,要客观理性地看待,不能搞有罪推定,简单认为翻供就是不老实。无罪理由确实成立,就要及时终结调查。即便是无理辩解,站在公诉和审判角度看,也是提出得越早越好,在早期调查阶段辩解得越充分,越有利于司法人员有针对性的完善证据链条,从而防止在公诉、审判阶段案件出现反复。

二、反腐查案的法律原则把握

根据管辖分工,检察机关可以对贪污、受贿等13种贪污贿赂犯罪,滥用职权、玩忽职守等37种渎职犯罪,非法拘禁、刑讯逼供等7种侵犯公民人身、民主权利的犯罪共三类57个罪名的职务犯罪案件直接立案侦查。最近五年,全省检察机关立案侦查职务犯罪案件14340件20050人(年均4千人),包括贪污贿赂犯罪13366人,渎职侵权犯罪案件6684人。这些案件县处级干部957人,内含厅级干部93人。这其中有很大一部分是纪委移交案件。从案件构成看,纪委移交的案件基本都是贿赂案件。前面笔者讲了办案中有关事实证据方面的几个问题,主要也是围绕贿赂犯罪展开的,为突出针对性,结合贿赂犯罪特别是受贿罪,下面从五个方面谈谈法律原则把握问题。

(一)牢牢把握贿赂犯罪本质是权钱交易

我国刑法第385条规定:"国家工作人员利用职务上的便利,索取他人财物的,或者非法收受他人财物,为他人谋取利益的,是受贿罪。"这一规定从法律上揭示了受贿罪"权钱交易"的本质特征。根据我国现行刑法规定,贿赂的范围限于各种财物。但是,随着经济社会的不断发展变化,贿赂的手法呈现出不断翻新的趋势。一些人为了规避法律,采用货币、物品之外的其他更具隐蔽性的财产性利益行贿受贿,如提供房屋装修、含有金额的会员卡、代币卡(券)、旅游服务等。还有以升学就业、晋职升迁、迁移户口、提供色情服务等非财产性利益进行贿赂的情况。面对这些新的变化,当前掌握的标准有所松动,在原则上坚持贿赂为财物的同时,部分可以直接物化的财产性利益有时视具体情况也可认定为贿赂。2008年11月"两高"《关于办理商业贿赂刑事案件具体应用法律若干问题的意见》就以司法解释的形式,将贿赂的范围由"财物"扩大至"财产性利益"。这就表明,目前我国司法实践中,在"贿赂"范围的掌握上有所扩大,但尚未达到理论界和公众期待的程度,目前只有"财物和部分可以直接物化的财产性利益"可以作为"贿赂"认定,限制仍然非常严格。这实际上从法律上排除了权色交易、权权交易构成贿赂犯罪的可能性。由此可以说,传统的权力与金钱的交易仍然是当前和今后相当长时期内所有贿赂犯罪的本质特征——不管其手段如何翻新、方式如何隐蔽、情形如何复杂,也不论是个体之间的行受贿行为,还是单位与个体之间的行受贿行为,只要利用了职务之便,滥用权力从请托人那里收受了钱财、谋取了私利,就是受贿,轻则违纪、重则犯罪。如果缺乏"权钱交易"这个要件,就不要认定为贿赂,最多是礼金。换句话说,礼金和贿赂的最大区别是看是否有"权钱交易"。具体讲:(1)是否有请托事项;(2)是否承诺了事项或实际谋取了利益,至于是否实际谋利,不影响受贿的成立;(3)谋取利益可以是正当利益、也可以是不正当利益,既可以是正当行使权力谋取的利益,也可以是不正确行使权力谋取的利益;(4)认定行贿犯罪必须是谋取了不正当利益。

(二)宏观了解受贿罪的基本类型和主要手段

我国刑法规定的贿赂犯罪7个罪名中,对国家工作人员的权钱交易行为只规定了一个罪名——受贿罪,表现在刑法条文上,主要是第385条和第388条(当然还涉及第163条第3款、第184条第2款"以受贿论"的情况)。从刑法理论看,这两个条文规定了三种类型受贿犯罪,即索取型、收受型和斡旋型。立法上又增加了一个利用影响力受贿。这三种类型受贿方式不同,构成犯罪的要件也有一定区别,索取型不追究行贿犯罪,收受型是对合犯罪,斡旋型伴有介绍贿赂罪。近年来,随着受贿手段不断花样翻新,行受贿过程伪装得更为隐蔽,查办和认定贿赂犯罪障碍更多、难度加大。为严密法网、切实打击这类新型犯罪,2007年7月两高联合发布《关于办理受贿刑事案件适用法律若干问题的意见》,在这个《意见》中,"两高"明确了十种对公职人员腐蚀性极强的新型受贿犯罪,笔者把它概括为十种形态:(1) 交易型,即意见第一条以"低价买进、高价卖出"等交易形式收受贿赂问题;(2) 干股型,即第二条收受干股问题;(3) 合作型,即第三条关于以开办公司等合作投资名义收受贿赂问题;(4) 委托理财型,即第四条以委托请托人投资证券、期货或者其他委托理财名义收受贿赂问题;(5) 赌博型,即第五条以赌博形式收受贿赂问题;(6) 挂名领取薪酬型,即第六条由特定关系人挂名领取薪酬问题;(7) 他人收受型,即第七条由特定关系人收受贿赂问题;(8) 实际占有型,即第八条收受贿赂物品未办理权属变更问题;(9) 上交退还型,即第九条收受财物后退还或者上交问题;(10) 期货、期权型,即在职时为请托人谋利,离职后收受财物问题。除了刑法条文直接规定的几种传统受贿类型,当前两高司法文件明确要求以犯罪处理的还有这十种新的受贿行为。然而法有尽而情无穷,随着经济社会的不断发展、改革事业的持续推进和法网编织更加严密,受贿方式必然会随之衍生变异出新的花样,犯罪的隐蔽性会更强,查处的难道也会更大。对此,要有清醒认识,要能够从本质上把握这些现象。

(三) 准确解读"四个关键概念"的法定内涵

多年来,受贿犯罪不少具体问题在刑法理论和司法认定中存在较大争议,有些直接影响到罪与非罪的界定。比如"利用职务上的便利"与"利用职权和地位形成的便利条件"怎样把握,"为他人谋取利益"怎样认定,"不正当利益"包括哪些内容。随着研究的深入和司法实践的磨合,对这些问题逐渐有了比较一致的看法,司法中的把握也慢慢规范起来。根据有关规定,司法操作中对这四个关键概念的掌握。(1)"利用职务上的便利",既包括利用本人职务上主管、负责、承办某项公共事务的职权,也包括利用职务上有隶属、制约关系的其他国家工作人员的职权。担任单位领导职务的国家工作人员通过不属自己主管的下级部门的国家工作人员的职务为他人谋取利益的,都应当认定为"利用职务上的便利"为他人谋取利益。(2)"为他人谋取利益",包括承诺、实施和实现三个阶段的行为。只要具有其中一个阶段的行为,如国家工作人员收受他人财物时,根据他人提出的具体请托事项,承诺为他人谋取利益的,就具备了为他人谋取利益的要件。明知他人有具体请托事项、虽没有明确承诺但实际收受其财物的,视为承诺为他人谋取利益。(3)"利用职权或地位形成的便利条件",指行为人与被其利用的国家工作人员之间在职务上虽然没有隶属、制约关系,但是行为人利用了本人职权或者地位产生的影响和一定的工作联系,如单位内不同部门的国家工作人员之间、上下级单位没有职务上隶属、制约关系的国家工作人员之间、有工作联系的不同单位的国家工作人员之间等。(4)"谋取不正当利益",既包括谋取非法利益,也包括通过不正当手段取得的不确定利益,具体是指谋取违反法律、法规、国家政策和国务院各部门规章规定的利益,以及要求国家工作人员或者有关单位提供违反法律、法规、国家政策和国务院各部门规章规定的帮助或者方便条件。这些明确的司法解释规定,为更加准确地区分认定和查处打击各种不同类型的行受贿犯罪提供了有力法律支持,执法办案中一定要了然于胸、严格把握。

(四)依法理性区分贿赂与正当馈赠

我们发现,不少落马官员对认定的部分受贿事实性质有异议:要么认为是友人之间的正常馈赠,要么认为是逢年过节的人情往来,因不是大额收受贿赂,不应该算在受贿数额里面,法庭辩论中这部分事实往往也是控辩双方争论的焦点。究竟怎么区分定性,既能在法律上不突破底线,又能在实践中取得好的效果,确实是一个应当理性对待的问题。贿赂和正当馈赠在现实生活中都可能以逢年过节、红白喜事的礼金形式出现，两者本质差异就在于背后是否有权钱交易。一般而言，如果馈赠者对国家工作人员提出了明确请托事项，国家工作人员在接受馈赠前后对请托人做出了承诺或有利用职务便利为请托人谋取利益的行为，应认定为受贿。这一点一定要实事求是，不能仅仅因双方存在亲友关系、发生在特定时间节点、数额又不是很大就轻易否定贿赂的性质，也不能仅仅因数额超过了受贿罪的立案标准就草率立案查办。从实践看，不少受贿人逢年过节收受相关人员万元以下数额不等"购物卡"、"红包"现象较多，而且往往时间跨度很大，有的长达十年以上。尤其是近年来办理的厅处级以上大要案，这种情况更为常见，案值本身很大，不少单笔受贿额就是几百万，但同时也会认定一批以"购物卡"、"红包"形式出现的受贿事实，并且从材料看，受贿人供述得又非常精准，时间、地点、所送财物的具体特征等，多少年过去了，供述得与受贿人完全一致，不太符合记忆规律。况且，就现实情况看，大量存在单纯为了融洽关系或增进感情，年节期间下级以礼金形式看望上级、确实没有请托事项的情况。这类案件进入司法程序后，特别是在法庭审理中，被告人和辩护人往往会围绕证据客观性问题大做文章，有的甚至以此质疑和动摇整个证据体系，给出庭指控犯罪带来极大被动。严格讲，这类"礼金"认定为贿赂也不错，但如果能够慎重把握，对那些没有明显交易性质的"礼金"区别对待，既不会影响到定罪量刑，受贿人也会更信服，从顺利诉讼角度考虑效果可能会更好。当然，怎样认识这个问题还需要结合案件具体情况，结合执纪执法的实际效果，依法理性处理，这里提出来大家可以讨论。

（五）准确定性斡旋受贿与利用影响力受贿

随着近年来与国家工作人员有亲属关系、亲密关系的人利用国家工作人员职务行为这样或那样的影响实施的受贿行为增多，2009年《刑法修正案（七）》增设了利用影响力受贿的情形。这种立法变化反映立法者严密法网，不断加大受贿犯罪惩治力度的立法初衷。一般来讲,利用影响力受贿罪名的适用争议不大。但是,对于既有国家工作人员身份,又具有特定关系身份的行为人利用第三人的职务行为受贿的定性问题,往往会面临法律适用上的疑难选择:是适用刑法第388条认定"斡旋型受贿罪",还是适用刑法"第388条之一"认定"利用影响力受贿罪"?对这个问题,我们掌握的原则是,只要国家工作人员同时具备本人的职权或者地位形成的便利条件和其与其他国家工作人员的密切关系,原则上应当依照刑法第388条的规定,以斡旋型受贿罪论处。比如,实践中遇到的下级通过其上级职务上的行为,为请托人谋取不正当利益,索取或收受财物的,一般就是按照斡旋型受贿定罪处理的。但确有证据证实国家工作人员仅仅是利用了他与被其利用的其他国家工作人员的密切关系的,就应当区别对待,按照刑法第388条之一的规定以利用影响力受贿罪论处。由于利用影响力受贿中,行为人对国家工作人员(或者离职的国家工作人员)是用亲属、友情、同乡等关系施加影响,并无权力制约关系或者职权地位形成的便利条件,社会危害性相对较低,因此相对于传统受贿罪而言,刑法规定了相对轻缓的刑罚,适用时可以根据情况有所区别。

以上五个方面,只能说从宏观上、整体上对贿赂犯罪特别是受贿罪作了一个概述,这个领域具体的疑难问题、争议问题还有不少,尤其是在一些具体案件、具体情节的把握认定上,还需要具体问题具体分析、不同情况不同对待。

尽管纪委执纪与检察办案所处的环节不同,办案程序有一定差异,但执法办案的基本要求是一致的。在反腐查案过程中,一定要共同努力,把责任担当好、职责履行好。一要严格公正执纪执法。无论是纪检监察机关,还是检察机关,都要坚持严格公正执纪执法,客观理性地查处案件,坚守住法律和纪律的底线,使案件处理在程序、实体上都能经得起诉讼和历史的检验。二要加强衔接和配合。随着执法执纪法律环境和社会条件变化,我们更要注重执纪执法工作衔接,特别要解决好"案件出口不统一、案件移送沟通不足、证据材料不够齐全"等问题。三要注重法律效果、社会效果的统一。法律效果是个基本底线,执纪执法活动、作出处理决定必须在纪律法律上有扎实充分的依据。与此同时,还要注重反腐查案的社会效果和政治效果,既要坚持"老虎"、"苍蝇"一起打,又要注意手段和效果的协调一致。打老虎要出重拳、抓要害,打苍蝇要出手快、打得准,手段措施本身也体现力度和决心,因此,手段、对象、效果三者也要相匹配。总之,无论纪检监察机关,还是检察审判机关,各环节都要各司其职,既要讲配合协作,也要有相互制约的意识,目的是对违法犯罪的人、对所办理的案件做到依法依纪定性处理,当宽则宽、该严则严、宽严有度,最终收到好的法律效果和社会效果。

关于反渎职侵权办案的四点想法

近年来,反渎工作迎来了历史性发展机遇。从宏观看,全国人大常委会2009年、2010年连续两年专门审议反渎职侵权工作,中央领导同志多次批示要求对渎职犯罪进行专题研究,特别是2010年12月中办、国办联合转发中纪委、中政委、高检院等九部门《关于加大惩治和预防渎职侵权违法犯罪工作力度的若干意见》(也就是中办发〔2010〕37号文件),首次提出渎职是严重腐败的命题,要求把反渎职作为党风廉政建设和反腐败斗争的重要组成部分,把反渎职侵权工作纳入惩治和预防腐败体系的整体格局,放在更加突出的位置来抓。党的十八大对依法治国和反腐败工作做出新的部署。习近平总书记在新一届政治局就全面推进依法治国第四次集体学习特别强调,加强执法活动监督,坚决惩治腐败现象,做到有权必有责、用权受监督、违法必追责,同时,他还在中纪委二次全会上提出要"把权力装进制度的笼子"、"老虎""苍蝇"一起打。不久前,中央政治局审议通过《建立健全惩治和预防腐败体系2013—2017年工作规划》,强调要加大惩治腐败力度,以"惩"的手段达到"治"的目的,在坚决惩治腐败的同时更加科学有效地预防腐败。所有这些,既赋予反渎工作更高要求、更大责任,也给这项工作实现跨越发展开辟出更为广阔的天地和平台。

从操作层面看,"两高"就严惩渎职犯罪达成广泛共识,决定对刑法第九章渎职罪整章做出司法解释,务实解决长期困扰反渎司法实践突出问题。目前《关于办理渎职刑事案件适用法律若干问题的解释(一)》已于 2012 年年底公布、2013 年 1 月 9 日正式实施,解释(二)和解释(三)也将陆续出台。此前还陆续出台了职务犯罪量刑要求方面的司法解释。这些针对性可操作性很强的司法文件,必将对反渎查案工作产生积极促进作用。

一、正确认识面临的难题

根据现行刑法和全国人大常委会先后通过的八个刑法修正案,我国目前共有刑事犯罪罪名 452 个。其中,渎职侵权犯罪共有 44 个,渎职 37 个、侵权 7 个。应当说,相对于 13 个贪污贿赂罪名,反渎涉及的案件面更宽更大,可以作为的空间也更广阔。但实践表明,这些罪名中有相当一部分很少用或者根本没有用过,即使经常涉及的玩忽职守、滥用职权等案件,查处认定也是非常困难。究其原因,有公众认知上的问题,也有自身能力水平问题;有事实证据上的问题,也有法律政策问题。归纳起来,主要有七个方面难题。

(一)线索发现难

一是在我国,行业与部门之间在很大程度上信息不共享、信息不对称,有问题不易被发现;二是各行各业都有各自的行业规定和管理法规,涉及的法律法规多,领域广,技术性、专业性和政策性都比较强,局外人难以渗透也难以掌握,即使有渎职行为存在,也难以暴露;三是行政执法部门与检察机关相互衔接不够,在很大程度上存在脱节现象,检察机关对行政执法部门出现的渎职问题没有正常的发现渠道;四是渎职案件的犯罪嫌疑人身为国家机关工作人员,或者虽无国家机关工作人员身份,但实际从事国家公务,有的甚至是掌握重权的领导干部,他们大多接受过高等教育或专业培训,有的甚至是某一方面的专家或资深人士,通晓本单位、本部门涉及的法律法规和政策,社会阅历深、见识广,处事老练,善于钻法律政策空子,呈现出很强的智能性特征。在当前侦查手段有限的情况下,如果问题或后果没有暴露出来,难于发现线索、更难以掌握犯罪证据。

(二)行为认定难

一是渎职案件的犯罪嫌疑人行为与职责相关联,权力和利益相关联,在很多情况下,犯罪的主要目的不是为了获得金钱物质方面的利益,而是为了社会生活中的各种复杂关系,主观罪过形式难以认定。二是正常的职责行为与渎职犯罪行为交织。渎职犯罪通常掩盖在职务行为背后,职务行为又为渎职犯罪行为所保护,是正当的职权行为还是渎职犯罪行为难以区分。三是这类案件影响大,后果严重。往往在实施犯罪的过程中就订立了攻守同盟,相互包庇,真假难辨、真相难以发现。四是渎职犯罪特别是玩忽职守犯罪,因为发生在履行职责的过程中,与一般工作失误有时难以界定,很容易被失误或缺乏工作经验所掩盖,所以犯罪行为认定有难度。

(三)责任划分难

渎职案件犯罪主体的特殊性,致使他们具有较强的反侦查能力、较强的对抗应变能力、较强的心理承受能力,往往呈现出涉及人员多、责任分散、背景复杂,职责相互交叉的特点,所以责任划分很困难。在窝案串案中,相互之间推诿推过责任不好固定;多因一果的情况下,每个人、相关部门责任人行为共同导致了一个危害后果的发生,责任大小不好划分。

(四)侦查取证难

一是渎职犯罪主体的社会关系错综复杂,查案过程中遇到的来自方方面面的说情干扰太多;二是犯罪主体普遍具有一定的政策法律知识,有的甚至还具有相当强的反侦查能力,突破案件非常困难;三是渎职犯罪大多是在暗箱操作下进行,不仅知情人较少,完善证据、固定证据的难度更大;四是渎职犯罪都是发生在工作过程中,有些是因为"工作失误"造成的,有些是为了把工作搞好而由于方法不当造成的,有些渎职行为人并没有贪污、受贿,确属"没装腰包的腐败",给一些地方领导出面说情、干预查案形成了种种借口,增加了侦查取证的难度。渎职犯罪案件的侦查工作与普通刑事案件侦查具有明显差异,主要体现在不仅需要认真研究和解决侦查方法、谋略和技巧,同时还要认真研究和解决犯罪构成上的具体认定问题。

(五)因果关系认定难

一是渎职罪法定要件必须造成一定的严重后果,渎职行为只有造成一定的实际危害结果才构成犯罪。也就是说,渎职罪相较于其他犯罪最大的特点就是因果关系的严格性,即行为人必须有裹渎职责的行为,而且还必须是因为这一特定的渎职行为导致公共财产、国家和人民利益遭受重大损失时才构成犯罪。《刑法》第九章的不少条款都直接做出了"致使公共财产、国家和人民利益遭受重大损失的"、"致使国家利益遭受重大损失的"等一些结果性规定,作为本罪的构成条件。只有行为没有结果无法认定("瘦肉精"案件)。二是这个因果关系必须是直接的必然的因果关系。偶然的间接的因果关系认定又更加困难,特别是多因一果、一因多果等。

(六)排除办案阻力难

当前,社会公众特别是一些国家机关工作人员和领导干部,对渎职侵权犯罪的严重危害性,以及惩治渎职侵权犯罪的重要性和必要性的认知程度还不够高,渎职与工作失误,往往被某些人有意无意地"混为一谈"。在"人非圣贤,孰能无过"等诡辩下,某些重大行政过失、渎职行为,有人仅以"自我检讨,缴点学费,下不为例"就试图蒙混过关。还有人打着"保护创新精神"、"维护改革积极性"旗号,以领导"批条"、兄弟单位"理解配合"等形式,想方设法干预、妨碍正常的检察与司法介入。相当多的渎职侵权犯罪案件被忽视、被容忍、被"谅解"。有的领导干部对发展经济、鼓励创新与惩治渎职犯罪的关系认识模糊,片面强调保护地方利益和部门利益,对办案工作理解、支持不够,甚至法外讲情,为犯罪嫌疑人开脱责任,造成查办渎职犯罪案件不仅办案阻力非常大,而且查办难、公诉难、判决难。一个案件最终能得到有罪判决,要付出几倍的努力。

(七) 实刑判决难

一是少数部门发生了案件,由于怕影响业绩和形象,怕被"一票否决"等各种各样的部门利益,一般都是尽量先捂盖子,能不移送检察机关查办绝不移送,绝大部分被内部处理"消化"掉了。即使进入诉讼程序,还往往明确要求判处缓刑免刑为其留个饭碗。有些还以函件、党委红头文件等出具公文形式说情、要求留饭碗。二是有些渎职犯罪发生后往往难以确定损失和界定责任,这样就导致无法追究有关人员的刑事责任。三是由于渎职犯罪刑罚设置偏低,造成对渎职犯罪处罚偏轻,惩戒效果不明显。据统计,2008年至2010年三年全国法院审结渎职案件生效判决人数免刑率高达60.17%,而同期全国全部刑事案件的免刑率仅为1.7%。

二、努力转变侦查方式

修改后的《刑诉法》秉持社会主义法治理念,贯彻"尊重和保障人权"的宪法原则,对证据制度、辩护制度、强制措施、侦查手段等作出重要修改和完善,对侦查工作提出了更新更高的要求,也标志着我国刑事司法理念更加成熟进步。为贯彻执行修改后刑诉法,高检院较大幅度修改了诉讼规则。司法人员必须适应修改后刑诉法和高检院规则新要求,加快侦查方式转变步伐,促进侦查能力尽快提升。要着力在以下四个方面做出努力。

(一) 在信息化运用上下工夫

信息化是检察机关自侦工作转型发展的必然选择,也是现代侦查工作的发展方向。在这方面,反贪部门做了不少工作,有些地方信息化侦查效果已经显现,尝到了甜头。相对而言,反渎部门对信息化建设重视的程度还不够,参与不多,不少地方仍然习惯于老的办案方法,对侦查技术装备了解掌握不多,运用不熟练。司法人员要充分认识侦查信息化、现代化对反渎查案工作的革命性意义,增强运用现代科技进行侦查的自觉性和主动性，推动侦查工作由人力密集型向信息密集型、技术密集型转变。要树立"信息引导侦查"理念。将反渎职侵权侦查系统建设作为基础性工作来抓，使行政管理部门规章制度、人员情况和社会管理重要信息、重大活动等搜集汇总工作常态化、案前化，加强侦查信息基础数据库建设和公共信息查询机制建设，建立健全信息情报收集、管理、运用体系和侦查指挥现代化体系，提高收集整理、研判分析和综合运用情报信息的能力，切实把信息化转为侦查力，争取做到快速发现、精准决策、高效行动。要强化实战应用。尤其要加强对调取电子数据、话单分析、数据恢复、心理测试等侦查技术的推广运用，为侦查工作提供科技支撑。要加强内部的协调配合。与反贪和信息技术部门共享侦查信息化建设的成果，有效提高信息资源的利用率。

（二）在初查实效上下工夫

新修订的刑诉法实施后，律师在侦查阶段介入，依靠犯罪嫌疑人口供突破案件的难度势必大大增加，这就要求司法人员必须强化初查意识，在法律规定范围内放开初查，精心确定初查的重点、步骤、时机，全面、细致、秘密地开展精细化初查，综合运用询问、调取证据、查询资产、勘验、检查、鉴定等多种手段调查取证，尽可能获取较为充分的证明材料和涉案信息，对于关键证据以及随着时空变化容易毁损、灭失的证据，要第一时间进行收集、固定和保全，变事后收集证据为事先收集情报信息、事后转化证据，为立案侦查打下坚实基础。

（三）在讯问谋略上下工夫

要严格依法开展讯问工作，切实保障犯罪嫌疑人的合法权利，严禁使用刑讯逼供和其他非法方法获取口供。着力在提高讯问能力和水平上下工夫，把政策攻心、审讯技巧与威胁、引诱、欺骗等非法手段区分开来，依靠法律政策、凭借已有证据、使用侦查谋略，突破犯罪嫌疑人的心理防线，力求初次讯问成功。案件突破后，要及时固定讯问成果，有效证明讯问过程的合法性，防止犯罪嫌疑人、被告人翻供，实践中争取做到"三同步",即同步双录、同步取证、同步搜查。

（四）在侦查思路转变上下工夫

针对当前大量渎职侵权案件犯罪环节多、共同犯罪多、窝案串案多,以及贪渎交织、相互渗透的犯罪特点和发展趋势,要牢固树立全面侦查、渎贪并查的意识,立体化、多角度查证犯罪,由个案查窝案、由孤案查串案、类案,善于分析研判和深挖渎职背后的贪污贿赂犯罪,争取一案多人起诉、一人数罪起诉,全面、全程打击犯罪链,增强反渎查案的法律效果和社会效果。

三、扎实做好证据材料收集审查

证据是诉讼的基础,是案件的灵魂,办案就是办证据。渎职犯罪证据和所有刑事犯罪证据一样,都在刑事诉讼中起着核心的作用。渎职犯罪案件除具备刑事证据的一般特点外,还具有以下五个个性化特征:一是主体身份的法定性,二是侵犯客体的规定性,三是行为与职务的关联性,四是罪过形式的复杂性,五是危害结果的确定性。这些特点告诉我们在侦查取证和运用证据的过程中,必须解决好以下几个问题:（1）什么人犯了罪,犯罪主体是否符合;（2）它违反了什么规定,即失职渎职在什么地方;（3）它是不是职务行为,是一般犯罪还是职务犯罪;（4）它是否存在故意和过失,罪过形式是否符合;（5）它是否造成了一定后果。这五个问题解决不好,侦查和取证工作就是失败的。

根据多年实践,笔者发现当前反渎查案证据的收集运用,仍然存在一些问题,集中表现为"九重九轻"。一是重言词证据的收集,轻客观物证的取得。客观物证一旦查明属实,即可锁定整个案情。然而,在侦查中存在注重言词证据的收集,忽略对实物证据的收集,甚至仍把工作重点放在嫌疑人口供的突破上,认为嫌疑人一供,案件即破,这种证据观念是十分危险的,教训也是极其深刻的。

二是重证据的收集,轻证据的固定。有些办案人员片面认为犯罪嫌疑人一旦归案或被批捕,即认为证据的收集已经基本完成,不再进一步补证和固定。当进入下一个诉讼环节后,一旦翻供,案件证据又极为不稳定,很难定案。如任某涉嫌徇私枉法案,最重要证据胡某的年龄更改调查材料及更改审批表没有调取到位,任某对此情节亦不供认,再无其他证据证明任某参与了对胡某年龄更改的犯罪事实,此案无法正常诉讼。

三是重物证提取,轻物证送检。提取的物证送检不及时且有遗漏现象。由于办案人员疏忽、经费紧张等原因,有些已提取的物证未及时送检,人为造成物证证明力的丧失。如某市森林公安分局局长王某、干警刘某,擅自对涉嫌非法收购、运输珍贵野生动物的施某采取取保候审,以致施某脱逃。由于没有对原案的野生动物及时鉴定,等到起诉环节鉴定结果竟然不属于珍贵野生动物,以致造成错案。

四是重有罪证据,轻无罪证据。有些侦查人员受有罪推定思想的禁锢,在办理案件时只收集证明犯罪嫌疑人有罪的证据,对无罪的辩解不重视,无罪的证据不收集或收集不到位,造成了"疑案、错案"或无法正常诉讼。

五是重立案后侦查,轻立案前初查。拿到案件线索后,往往只是粗略估算案件线索,没有认真审查举报材料,没有制订严密有效的初查方案,还没有选准突破点、切入点就贸然询问相关的证人或被害人,过早暴露侦查意图或者不注意讲究谋略,时机把握不好,对初查对象、初查目的、初查方案,初查方法和手段等保密工作做得不够充分,把初查工作看作是看看材料、问问话或流于形式的一般调查。想把一切都放到立案后可以采取强制性侦查措施以后再调取,殊不知渎职犯罪案件的证据最难查、也最易消失。

六是重捕前侦查,轻捕后补查。案件发生以后,往往迅速成立专案组,组织大规模人员排查摸底、调查取证,一旦抓获了犯罪嫌疑人便松了一口气,放松侦查,出现先紧后松、前紧后松等问题,结果由于取证不细,案件后期诉讼不下去,造成疑案。

七是重行为性质查证、轻危害后果的落实。渎职犯罪案件一般都是有危害后果发生之后,才发案的。不少侦查人员依然遵循旧的办案模式,把主要精力用于锁定职务犯罪行为人的行为性质认定上,不注意收集危害后果方面的证据,造成案件诉不出,判不了。

八是重主要证据,轻细节证据。"细节决定成败"。办案也是如此,对细节的忽视,就是对具体事实和证据的忽视,忽视细节会导致整个案件"搁浅"。

九是重现案的证据,轻原案的查证。渎职罪的原案事实往往是渎职案件事实的有机组成部分,是认定渎职罪的基础,渎职案件事实往往又是原案事实的延伸和发展,是认定原案的前提和保证。只有将两者事实全部查清,才能保证准确地认定渎职罪及其原案。而目前立法规定两者分别由不同的侦查机关或部门管辖的,造成侦查工作中的交叉和重复,既不便于操作,又不利于有效查清和认定原案,直接影响渎职案件查处。上述问题,司法人员要采取针对性措施加以克服。

四、准确把握渎职犯罪法律政策

现行刑法实施以来,在查办渎职犯罪案件中,累积了大量法律政策适用方面的突出问题,很大程度影响制约了对渎职犯罪的打击力度、惩治效果。概括讲主要表现在以下两个方面。一是"情节"、"结果"标准不明、权威不够。作为渎职罪定罪量刑重要衡量标尺的"情节严重"、"情节特别严重"、"重大损失"、"特别重要损失"等情形,法律没有给出明确界定,高检院虽然于1999年、2001年和2005年先后出台了三个司法解释文件,明确了立案和重特大案件标准,但毕竟是一家之言,在诉讼不同环节认识分歧较大,实施效果不佳。二是一些重大法律原则问题亟待解决。如犯罪主体、因果关系和责任人员难以确定问题,数罪并罚问题,共同犯罪问题,普通条款与特殊条款的关系问题,损失后果的计算问题等。这些问题不解决,不但影响困扰反渎查案顺利开展,而且直接导致渎职犯罪"轻刑化"凸显。在渎职罪案查办中,要切实把握好以下法律原则。

(一)要严格执行"两高"新规定

2013年1月9日,"两高"《关于办理渎职刑事案件适用法律若干问题的解释(一)》正式实施。这个司法文件解决的是刑法第397条滥用职权罪、玩忽职守罪定罪量刑标准和办理渎职罪的一些共性问题,它的出台集中解决了司法实践中遇到的许多重大法律政策问题。笔者把它们归结为"七大有解"。第一,渎职犯罪入罪标准有解。构成滥用职权罪、玩忽职守罪的两大要件,一个是造成伤亡标准,对伤亡人数的比例关系作了调整,死亡、重伤、轻伤人数按3倍计算,即死亡1人以上,或者重伤3人以上,或者轻伤9人以上就属于法律规定的"重大损失",就已经构成犯罪;另一个是造成经济损失的标准,三个不再区分,即不再区分故意和过失犯罪、不再区分个人和集体组织损失、不再区分直接和间接损失,统一为30万元。另外,设置了一个兜底条款,体现原则与灵活,应对千变万化的具体案件。第二,一般与特殊条款适用有解。刑法规定有十几种渎职犯罪须以"徇私舞弊"为主观要件,由于法律规定的不周延,使得许多危害后果严重但因查不实是否具有徇私舞弊情节的责任人逃避了法律追究。比如徇私枉法罪,民事、行政枉法裁判罪,徇私舞弊减刑假释、暂予监外执行罪,徇私舞弊不移交刑事案件罪,商检徇私舞弊罪,招收公务员、学生徇私舞弊罪等。这些罪名,如果不具备徇私舞弊情节,今后要按照滥用职权罪或者玩忽职守罪定罪处罚,更加严密了法网。第三,特定主体是否入罪有解。在以往司法实践中,企业、事业单位即使发生严重危害人民群众生命财产安全或者给国家造成重大损失的事故或案件,因为主体身份问题分歧太大,在查处渎职犯罪时,对涉及公司、企业、事业单位人员的,往往都要移送公安机关管辖或在起诉时改变罪名,导致公司、企业、事业单位人员渎职犯罪案件在司法实践中成为真空地带,大量这类案件没有得到及时查处。为解决这个问题,"两高"这次统一了认识,明确规定依法或者受委托行使国家行政管理职权的公司、企业、事业单位的工作人员,在行使行政管理职权时滥用职权或者玩忽职守,构成犯罪的,应当依照2002年立法解释的规定,适用渎职罪的规定追究刑事责任。第四,"集体研究"问责边界有解。对于多人特别是上下级共同实施的渎职犯罪,违法决定的负责人员往往以仅负有间接的领导责任为自己开脱罪责,或者以经集体研究为托辞推诿责任,实践当中有的只追究了具体执行人员的刑事责任。这种"抓小放大"的现象违背了问责机制的基本要求,既不公平,也不利于预防和惩处犯罪。为明确刑事责任主体,确保刑事打击重点,两高规定,国家机关负责人员违法决定,或者指使、授意、强令其他国家机关工作人员违法履行职务或者不履行职务,或者以"集体研究"形式实施渎职犯罪,应依法追究负有责任人员的刑事责任;而对于具体执行人员,可视具体情节决定是否追究刑事责任或者从轻处罚。这也意味着今后"集体研究"不再是逃脱责任追究的"挡箭牌"。第五,渎职行为并收受贿赂是否数罪并罚有解。对于实施渎职行为并收受贿赂,同时构成渎职犯罪和受贿罪的,是择一重罪处罚还是实行数罪并罚的问题,一直以来争议不断。这个问题目前得到根本解决,除刑法第399条司法人员既有渎职犯罪行为又有受贿犯罪行为择一重罪处理的特殊情形外,其他情况下一律按照数罪并罚处理。第六,共同犯罪如何处理有解。渎职犯罪是否存在共同犯罪、怎么处理,是长期以来影响和困扰反渎工作的一个突出问题。"两高"的这个解释从三个方面进行了明确,特别是行为人实施渎职行为与非职务行为构成渎职罪和其他犯罪的法律适用情形规定得比较清楚,便于对照适用。具体来说,一是国家机关工作人员单纯放纵他人犯罪或者帮助他人逃避刑事处罚的,因刑法已将放纵或者帮助他人实施犯罪的渎职行为单独规定为犯罪,应以单一的渎职罪处理。二是国家机关工作人员与他人共谋,利用其职务行为帮助他人实施其他犯罪的,因同时构成了其他犯罪的共犯,应在渎职犯罪和其他犯罪的共犯之间择一重处。三是国家机关工作人员与他人共谋,既利用其职务行为帮助他人实施其他犯罪,又以非职务行为与他人共同实施该其他犯罪的,因同时实施了数个行为并触犯了数个罪名,应以渎职犯罪和其他犯罪的共犯实行数罪并罚。第七,追诉起点如何计算有解。渎职犯罪的危害结果通常具有滞后性,一些渎职犯罪的危害结果甚至在渎职行为实施多年之后才发生或呈现出来。由于多数渎职犯罪都是结果犯,且渎职犯罪的法定刑期普遍不高,实践中往往因为渎职行为的危害结果尚未发生,因而难以追究刑事责任;而等到危害结果发生或呈现出来后,又可能因渎职行为已过追诉期限不能追究刑事责任。出现这个问题的原因在于对法律规定理解的偏差,刑法规定追诉期限自"犯罪之日"起计算,以危害结果为条件的渎职犯罪的"犯罪之日"应为危害结果发生之日。为防止因追诉期限计算不当而轻纵犯罪,这次解释明确规定,以危害结果为条件的渎职犯罪追诉期限,从危害结果发生之日起计算。

(二)要协调好新老规定的衔接适用

要明白,"两高"解释(一)的出台,并不意味着立案标准的废除。前面笔者已讲过,这个解释解决的是滥用职权罪、玩忽职守罪定罪量刑标准和渎职罪的共性问题,按照"两高"司法解释发布计划,解释(二)和解释(三)短期内要陆续发布,后续的两个解释将要分别解决司法工作人员和其他国家机关工作人员特别条款渎职犯罪的定罪量刑标准问题,由此可见,解释(一)与(二)、(三)是总与分的关系。在后续司法解释没有出台前,高检院依职权制定的另外35个渎职罪和7个侵权犯罪立案标准依然是法定依据,特别是与解释一规定没有冲突和矛盾的地方继续有效,但是对二者规定不一致的,应当以解释一为准。比如滥用职权罪高检院立案标准规定造成经济损失数额为20万元以上,而解释一统一调整为30万元以上,办案中就应当执行这个新的入罪标准。需要提醒大家的是,在严格执行上述规定的同时,还要配套贯彻"两高"《关于办理职务犯罪案件严格适用缓刑、免于刑事处罚若干问题的意见》,即"不如实供述罪行的;犯有数个职务犯罪依法实行并罚或者以一罪处理的;渎职犯罪中徇私舞弊情节或滥用职权情节严重的等情形,一般不适用缓刑或者免于刑事处罚"。

践行为官做人的五个"三"要求

一、要学会三种思维

首先,要学会政治思维。政治思维实际上也是一种政治信仰的反映。党员理想信念坚定,党就有凝聚力;人民有了信仰,国家才有力量。没有信仰的民族没有前途。政治思维强调的是围绕中心服务大局,解决的是"利"与"弊"的问题。无论作为普通人还是领导干部,无论经商办企业还是从政为官,不了解政治,不会从国家、政府和大局角度认识问题、作出决策,往往犯下方向性错误,小则屡屡碰壁、无所作为,大则身败名裂、锒铛入狱。就我国当前的政治架构,笔者感到要学会政治思维,重要的是树立三种意识:一是政权意识,二是服务意识,三是责任意识。要始终明白我们应当坚持什么样的立场站位、秉持怎样的理想信念、担当什么样的社会责任。工作中,决不能把部门的工作、手中的权力庸俗化、个人化,要真正围绕党和国家的政治需要和中心大局履职尽责。这样我们才是一个清醒的人、是一个政治上成熟的人、是一个洞察世事的人。习近平同志讲,心里没有敬畏,行为没有任何底线,可怕的不只是对历史真实的无知,还在于对善恶标准的混淆,以及对正义文化传统的背弃。政治思维和政治信任是领导干部起码的素质。新加坡学者郑永年在其《中国墙》一书中说,信任是任何社会能够正常运作的最基本的前提条件。一旦社会群体和角色之间出现一堵无形的墙,信任自然解体,社会跟着解体。每个人都不要因为走得太远而忘记为什么出发,作为领导更不能忘记。

其次,要学会法治思维。法治思维解决"是"与"非"的问题。法治思维是一种价值观,是一种方法论,是一种科学的理性思维。这种思维要求把法治作为判断是非和处理事务的标准,是运用法律规范、法律原则、法律精神和法律逻辑对所遇到的和所要处理的问题,进行分析、判断、推理并形成结论和决定的理性认识过程,其核心是合法与非法的预判,把合法性作为分析问题、处理问题的前提。法治思维的确立和信仰,是一个艰难的过程,对于有五千年人治传统的中国更是如此。党的十八大对领导干部着重提出,要运用法治思维和法治方式依法执政、管理社会,这就要求领导干部从习惯的人治思维转变为法治思维。人治思维强调权力至上而非权利至上。西方法学家卢梭说,"如果有一个人可以不接受法律的统治,那么其他人随时都可能受到这个人的统治"。法治思维是制度思维,人治思维是制度破坏思维。古代帝王的"言出法随"和现代少数领导干部身上表现出来的"以言代法、以权压法"就是对制度的破坏,本质上都是人治思维。人治思维与法治思维是性质完全不同的两种治国理政方式,二者不可能相互结合、共存共荣。因此,强调人们学会法治思维异常重要,对领导干部而言更有特殊意义,从国家层面讲,是建设强盛国家的重要支撑;从一个地方、一个部门层面讲,是构建良性秩序、实现有序发展的根本保证。

最后,要学会道德思维。道德思维强调伦理至上、义务为先,解决的是"善"与"恶"的问题。在工作、生活和学习中,要注意培养良好的道德意识、道德品质和道德行为,树立正确的义务、荣誉、正义和幸福观念,努力做一个道德纯洁、理想崇高的人。司马迁把人分为有德有才谓之圣、有德无才谓之贤、无德有才谓之小、无德无才谓之愚四类,奉劝封建君王选拔任用官吏要首选圣人,其次是贤人,避免选任小人，始终把"有德"放在选人用人的第一位。实践经验反复说明，道德和品德是智慧和能力所无法替代的。正像马克思所说："不可收买是最高的政治品德。"道理就在这里。

二、要完成好人生的"三级跳"

一个人的能力水平高低，在很大程度上是看你人生能不能完成三级跳，笔者把人生的"三级跳"概括为三个方面。

第一跳是把心里的想法变成说法。我们每个人在婴幼儿、幼年的时候，没有什么想法，随着年龄的逐渐增长，通过学习、思考和研究，慢慢形成了自己认识世界、认识事物的思想和观点，这就奠定了人生的基础。有想法本身就是一种价值，从这个角度讲，有思想有观点的人往往是有智慧的人。如何能把自己的想法、看法运用语言文字，准确有效地表达出来，这就是能力和水平。我们有些人，很有想法，很有思想，很有观点，但是写不出来，讲不出来；而有些人有想法有观点，写文章能够写出来，讲话能够讲出来，能够把想法变成说法，这就是能力和水平，这就是智慧，这就是完成了人生的第一级跳。当然如果你没有想法，没有思想，没有观点，那你就干具体工作。

第二跳是把口中的说法变成管用的办法。能够把想法、说法变成一个具体有用的办法和措施，付之于行，见之于效，这就是领头人，这就是大智慧。会说的人，夸夸其谈的人很多，但谁能够把自己的想法变成说法，再把说法变成办法，那就完成了人生的第二级跳。当领导的往往是既有想法又有办法的人，这个人为什么能从事领导工作，为什么能够组织、指挥、协调工作，就是因为他很好地完成了人生的二级跳。

第三跳是把办法变成做法。无论是别人教的办法，还是自己思考的办法，一旦变成做法，变成现实的成效，那将是一个人做人做事的最高境界，这就是实干家，是成功者。一个人能力的高低差别，说到底就在于自己到底处于哪一级跳上，或者说能够完成人生的几级跳。一个人为什么能力有差别，事业有大小，就是因为他完成的人生跳数不一样，只要你有思想、有观点，又能把自己的思想和观点变成说法，把说法变成做法，最后把做法变成办法，办法变成实效，那么你就达到了最高境界。所以，笔者希望在座的每一位同志都能够多学习，多思考，多努力，有思想有观点，会讲话，会写文章，把说法变成办法，变成工作成效，不要光停留在说空话大话上，要变为实实在在的工作，实实在在的措施，实实在在的成效。

三、要牢记履职用权的"三句话"

一要敬畏原则。古人云：君子之心，常存敬畏；人有所畏，其家必和；官有所畏，其政必兴。最近，笔者看了一本书叫《敬畏：领导干部必须坚守的信仰底线》，核心意思是说，领导干部的敬畏不同于老百姓的敬畏，他们的行为具有很强的社会示范效应。老百姓要敬畏道德，敬畏伦理，而领导干部除了这些基本的敬畏之外，还要敬畏组织，敬畏法律，敬畏原则。敬畏原则既是一个工作态度问题，更是一个政治立场问题，尤其是在新一届党中央突出强调依法治国的大背景下，领导干部既要敬畏党内的制度规定，又要严格遵守国家的法律制度。在敬畏原则上，在遵守法律上，不能越雷池半步，真正把党的纪律当成不能触碰的高压线。

二要遵守规矩。不以规矩不能成方圆，常言道：人到无限风光处，便是险象环生时。责任越大越危险，越容易犯错误，我们必须是如履薄冰、如临深渊。总书记在十八届中央纪委三次全会中指出，我们这么大的党，这么多的党员干部，如果各行其是，自作主张，想干什么就干什么，想不干什么就不干什么，那是要散掉的。他还说，有的党组织和领导干部，在处理一些应该由中央或上级组织统一决定的重要问题时，事先不请示，事后不报告，搞先斩后奏，边斩边奏，甚至是斩而不奏。实事求是地讲，这些现象近年来的确有些表现，有时还很突出。一些人什么话都敢说，什么事都敢干，什么地方都敢去，全然无所顾忌,顶风违纪。检察机关也有这方面的典型,辽宁省辽阳市一个区的检察院反贪局长,办人情案,接受当事人邀请,到夜总会娱乐消遣,相关人员将视频网传举报,造成极坏的社会影响。还有长春市检察院反贪局长到海南出差,多次入住五星级高档酒店,费用由当事企业买单,等等,这都在我们系统内造成了不良影响。所以遵规守矩,既是一种领导方法,也是一种为官之德。

三要接受约束。接受约束是一个思想境界问题,也是检验一个党员干部党性强不强的重要标识。在现实生活中,我们一些党员干部受不了一点约束,在处理问题时,习惯一个人说了算,在决定重大问题时不顾及组织程序,把纪律的正常约束当成了束手束脚的紧箍咒。在接受纪律约束上,越往上走,职务越高,纪律意识应该越强,处理事情就要越遵规守矩,行使权力就越要规范。

四、要把握人生的"三条线"

一是要坚守道德底线,二是要把控好欲望的上线,三是要树牢人生的标线。笔者把这三条线概况为"工"字形的人生标准,上线是欲望的上线,下线是道德的底线,中间是人生的标线。面对纷繁复杂的当今社会,我们一定要练就抵抗力,提升免疫力。

这些年笔者发现一个现象,凡是出问题的人,差不多都是在饭局上狂欢狂饮的人,官场上张狂张扬的人。在工作事业上自命不凡,居功自傲,刚愎自用;在生活上讲排场讲档次,奢侈享受;在自身道德修养上不注意学习,不注重提高。他们自以为有能力有水平,自认为他们的贡献大,他们怀才不遇,处世不恭,对别人评头论足,对自己孤芳自赏,别人哪里都不如自己,自己哪里都比别人强,这也看不惯,那也不如意,讲起话来照本宣科,人云亦云,言之无物,满足于迎来送往,满足于文山会海,满足于灯红酒绿,满足于吃喝玩乐。他们在迎来送往中乐此不疲,在文山会海中碌碌无为,在灯红酒绿中流连忘返,在吃吃喝喝中虚度光阴。他们腹中无物,胸中无才,工作起来不在状态，没有干劲，没有创新，落后于时代，落后于实践，愧对于责任，懈怠于事业，这种人早晚会被历史所淘汰。

因此，我们一定要把握好自己的人生坐标，坚持做到道德的底线不能突破，欲望的上线不能无休无止，人生的标线不能左右摇摆。观念上牢固树立这样"工"字形的标杆，把人生最为关键的"三条线"把控好，掌握好。只有确立这样一个严于律己的标准和目标，才能堂堂正正的为官做人，才能安安稳稳的成就事业，才能实现自己的人生追求。反之，突破了这个底线，丢掉了这个标准，放弃了这个目标，放任放纵自己，到头来只能是身败名裂。

五、要始终做好"三件事"

一要做对国家和人民有益的事。作为一名公职人员、一名检察官、一名党员领导干部，一定要始终坚持为老百姓多办实事，办好实事，永远和人民群众站在一起，不能违背群众意愿。要从我们扎实的工作出发，让人民群众感到司法的公正和可信。大事看担当，小事看胸怀、看境界。

二要做为自己加分的事。当前形势下，干部队伍中最为缺乏的就是问题意识和担当精神，做到为自己加分就必须在这方面着力提高和强化。如果对问题视而不见，或者怕字当头，见矛盾绕道而行，遇焦点隐身藏匿，做表面文章，玩花拳绣腿，必然影响形象，丧失威望。工作中一定要甘于无私奉献，敢于直面艰难险阻，善于克服困难，勇于破解难题。所谓急事难事看担当，就是看一个领导干部在急难险重的情况下，能不能扛得住。在顺境中，在平常的时候，每个人都能够表现得很好，看不出有多大的差距，关键时候才能看出差距有多大。可以说，敢于担当是一种责任，是一种境界，是一种精神，更是一种重要的领导素质。工作中一定要敢于碰硬，直面矛盾，特别是敢于正视社会高度关注、矛盾交织重叠、反复多次根除不了的热点焦点问题和疑难复杂案件，要学会当"老中医"，千方百计，攻坚克难，解决问题,这才能体现出一个党员、一个干部的勇气和担当,这样的事情做多了,我们就会加分。

三要做廉洁守法的事。河南省纪委书记尹晋华同志讲过,我们都是共产党的一员,都要为社会的发展做出我们的贡献。腐败分子也不是生来就腐败,都有逐步蜕变堕落的过程,我们要从他们身上吸取教训。现在环境复杂,诱惑很多,困难很多,在这种情况下,我们要有定力,要廉洁守法。清正廉洁是一种品质和道德,也是一种标准和目标,是一种素养和水平,是一种口碑和形象。我们要不断学习,用好权力,遵规守矩,真正做到清正廉洁。我们党长期执政的过程,必然也是自我约束和受社会约束不断增强的过程。不从严治党,我们没有出路,心存侥幸是战略上的愚蠢,目无法纪是自我毁灭的捷径。遵守党纪国法,领导干部必须身体力行,谁跟不上这个大的形势,谁就会被淘汰出局。

领导干部要勤政廉洁敢于担当

党员领导干部是所在领域的组织者、引领者、监督者,更是发现问题、解决难题、推动工作的带头人,实践中一定要强化"角色"意识,做到信念坚定、敢于担当,同时还要务实为民、勤政廉洁。习近平总书记在全国组织工作会议上,鲜明地提出了新时期好干部的五个标准:信念坚定、为民服务、勤政务实、敢于担当、清正廉洁。今年中央颁布了新修订的《干部任用条例》,对选人用人机制从指导思想到操作制度进行了较大幅度改进,明确"合理定位民主推荐、扩大班子意见权重、防止唯票取人",把推荐结果由选拔任用干部的"重要依据"改为"重要参考";"改进竞争性选拔方式,不搞'凡提必考',防止唯分取人"。这些新的制度措施,目的也是要确保能够把符合"五个标准"要求的好干部选拔出来、担当重任。我们身处不同层级的领导岗位,一定要正确理解中央新的选人用人原则的深刻用意,要有对党和国家事业高度负责的态度和觉悟,用实际行动践行这些标准,不断完善自我,更好地实现人生价值。

一、要用理想信念固本正形

总书记说"信念是本,作风是形,本正而形聚,本不正则形必散"。没有信念就没有立身之本,就不能扶正祛邪。有了信念我们才有政治定力,才有责任担当,才有敬畏虔诚。人民有了信念,国家才有力量,民族才有希望。同样,一个人如果没有理想信念,就等于没有元气,就无法生存,即使存在也是行尸走肉。江泽民同志曾经说过他有过三次深思:一次是1989年政治风波,为什么有那么多党员干部卷了进去;一次是苏联解体、东欧剧变,为什么那么多大党老党一夜之间就垮了台;一次是"法轮功"邪教闹事,为什么有那么多老党员相信和参与?从根本原因看,这都与理想信念丧失有关。一个人有了理想信念的根基,人生大厦才能巍然屹立,党员干部有了理想信念,我们这个党才能无坚不摧。有信念才会有信仰,有信仰才会有信心,有信心才会有信任,有信任才会有忠诚。如果党员干部没有理想信念就必然导致思想混乱、理论崩盘,结果就是像前苏联那样红旗落地、亡党亡国。所以对一个人来讲,信念的支撑是非常重要的。

检察日报《廉政周刊》曾对2013年1至3月全国检察机关立案侦查的8222件10840人(内含厅局级干部57人)职务犯罪进行了梳理调查,发现被查官员除涉嫌犯罪的行为外,近八成存在信仰缺失和生活作风方面问题。调查也发现,目前中纪委正式移交司法机关处理的11名省部级官员,7人存在"迷信风水"、"道德败坏"问题。四川省委原副书记李春城2012年为家人迁坟,请风水先生就花费千万元,另外他还把成都天府广场设计成"太极八卦图",以期为他带来好的运势。广西永福县原县委书记黄永跃更是荒唐,2014年春节他违规给全县26位正副县级干部分发百万元津贴,竟是他亲自根据《易经》"掐算"出来的,目的也是为了自己能官运亨通。公开资料显示,一个时期以来,部分单位和领导在一些工程开工、单位搬迁、城市建设等正常工作中都要烧香拜佛,公开请"风水师"参与所谓的决策。由此可见,信仰庸俗化正以温水煮青蛙的方式,不知不觉地侵蚀着党员干部乃至整个社会的精神信仰。

当今世界,思想意识形态领域交融交锋日益激烈。一些西方国家把日益强大的中国看作其霸权地位和资本主义主导地位的主要威胁,加大思想文化领域的渗透,试图分化、西化中国。他们把自己的意识形态和政治制度美化、拔高为人类共同的追求和向往,即所谓的"普世价值",企图让中国人民的思想和行动以其标准为标准,以期削弱、瓦解或演变这个给世界社会主义带来最大活力和希望的国家。有专家把美国策动"颜色革命"的伎俩归纳为"十大手法":一是拉拢培植上层精英,进而培养不同层次代理人;二是以司法制度为突破口,推动司法独立、三权分立;三是以经济援助为诱饵,迫使接受西方条件;四是培训所谓"民主革命"分子;五是通过交流培训培养亲美分子;六是利用宗教和文化渗透,建立美式价值观和社会心理基础;七是通过提供援助和技术指导,开展政治活动;八是收集研判有关国家情报;九是从国内外发动全方位媒体攻势,抹黑现政权;十是扶持"颜色革命"成功的样板国家。这些招数的核心是"洗脑",是思想文化渗透,是价值观念重建。要认识到,意识形态特别是思想文化之争,实质是话语权和民心民意之争。西方国家之所以搞文化渗透,目的就是要让共产党人失去理想信念。美国人之所以向世界推销和输出自己的价值观,目的就是搞乱别人的理想和信念,塑造自己的价值高地,维护和巩固其世界霸权地位。近年来,美国政府在全球扯起了"美式民主"大旗,从埃及、伊拉克、阿富汗到乌克兰,价值观输出、颜色革命、武装支持一起上,强行植入"美式民主",搞的整个世界乌烟瘴气。美联社作为世界上最大的通讯社,最重要的一个职责就是对其他国家进行文化渗透,推进意识形态的演变。他们号称"天上有太阳,地上有美联社",像《纽约时报》《华尔街日报》,一发声就影响天下。他们要用喉舌、用互联网来搞乱不与之为伍的国家。美国的一个黑水公司,派遣 400 名雇佣兵到乌克兰的卢甘斯克,没有任何标志,就是一身戎装,加入到乌克兰的局势中去。这就是美国的两手,一方面用文化渗透、文化侵略,搞意识形态的政变,另一方面采取雇佣兵武力干涉的办法。在对付中国方面美国可谓煞费苦心。美前国务卿希拉里曾说过:美国的责任就是想办法让中国人用美国的价值观思考问题,用美国的规则去办事。有人对美国及西方国家的文化渗透，概括为"三片"战略：硅片，即用高科技、互联网进行世界范围内的渗透；大片，即用电影输出所谓的普世价值观；薯片，让中国人特别是年轻的一代喜欢上薯片，喜欢上麦当劳、肯德基，然后崇洋媚外，继而失去自信、失去信仰，觉得美国和西方国家什么都好。"三片"战略实际上也是一种文化渗透，就是要从意识形态、思维方式、价值观、生活方式等各个方面，从骨子里去改变你、挫败你，这是非常可怕的。

作为一名党员领导干部，如果没有坚定的理想信念，不能用理想信念固本强基，我们就会从根本上被打垮。没有强大的军队，一打就败；没有理想信念，不打即败。美国干预伊拉克的时候，不用打，一下子都散了，人心乱了、军队散了，国不成国，不用再打，已经彻底把你搞乱了。当前我国官民信仰危机也很突出，特别是一些落马官员的做派，共产主义在这些人心里已经完全沦为一块招牌，是一种当官必须念的经，纯粹是"升官符"。既然共产主义不灵，其他意识形态必然趁虚而入，信仰缺失甚至大搞封建迷信也就不足为奇了。我们要从这些人身上吸取教训，要坚定自己的政治信仰，要深刻认识到，中国的民主政治坐标是在中国独有的历史资源、政治传统、曲折实践基础上确立起来的，坚持中国共产党领导、坚定不移走中国特色社会主义道路是中国人民的不二选择。

苏联解体二十多年来，许多国家政权更替、社会动荡，特别是眼前的乌克兰政变，教训很多，其中最大的教训就是整个国家没有一个强有力的政党，没有主心骨、压舱石，没有提出自己的理论，没有形成自己的制度，没有走出自己的道路。而我们国家改革开放30多年来，始终保持社会政治稳定，没有发生失控性、结构性的社会冲突，不仅经济持续快速发展令人羡慕，而且国际上对中国道路、中国模式的肯定日渐增多。曾任克林顿政府国家情报委员会主席和助理国防部长的约瑟夫·奈说："中国的特殊发展模式包括特殊的民主方式，也被一些发达国家称为可效仿的模式，更重要的是，中国倡导的民主价值观、社会发展模式和对外政策做法，会进一步在世界公众中产生共鸣和影响力。"新加坡前总理李光耀也认为:"中国是按照自己的方式被世界接受的,而非作为西方社会的荣誉成员。"作为党组织的一员,要从内心真正增强道路自信、理论自信和制度自信,做到在党言党、在党信党、在党忠诚于党。只有具备这样政治定力的人,才能面对重大政治考验旗帜鲜明、挺身而出,才能面对歪风邪气敢于亮剑、坚决斗争,才能面对急难险重豁得出去、顶得上去,才能真正平平稳稳地成就自己的事业,走好自己的为官做人之路。

二、要用道德力量强身健体

总书记在多次讲话中都告诫党员干部要加强道德修养、坚守党性操守。他强调,越是身处重要岗位,担任重要职务,道德的要求就越高,德高才能望众,德寡就会失众。没有道德的力量就没有人格魅力,没有人格魅力就没有凝聚力、没有号召力、没有感召力,就无法在领导岗位从事领导工作。德既是理想信念的政治要求,也是思想品行的道德标尺。加强道德修养,就要多学习、多磨炼、多经历、多自律。总书记曾讲过一句话:党员干部可怕的不只是对历史知识的无知,还在于对善恶标准的混淆,以及对优秀文化传统的遗弃。在这里,他特别强调了道德的标准和对优秀传统文化的继承。党员干部特别是领导干部要善于修炼道德思维,善恶的标准要清楚,哪些事情符合道德标准,哪些事情不符合道德标准,心里要有数。总书记说"从善如登、从恶如崩"。做好事很艰难,就像爬山一样,要不断攀登;做坏事一念之差,就能身败名裂,所以我们一定要有善恶的标准,学会道德思维,明辨善恶。古人说,"才者,德之资也;德者,才之帅也"。

我们在工作、生活和学习中,要注意培养良好的道德意识、道德品质和道德行为,树立正确的义务、荣誉、正义和幸福观念,努力做一个道德纯洁、理想崇高的人。从个人层面讲,每一个党员干部,都要始终做到做事先做人,做人先修德,努力做一名德才兼修、德高望重的领导者;从组织层面讲,除了加强对党员领导干部严格的党性锻炼外,还要加固他们立身、立业、立言、立德基石,从制度上确立明确导向,把信仰坚定、道德高尚作为考察提拔干部的重要标准。新修订的《干部选拔任用条例》已经透射出了非常强烈的信号,相信必然会对党风政风和社会风气有一个积极的影响引导。

三、要用"三严三实"谋事创业

总书记提出,党员干部要严于修身,严于用权,严于律己;谋事要实,创业要实,做事要实。我们要按照"三严三实"的要求,改进作风、修正思想,养成求真务实的工作习惯和工作态度。中央党校《学习时报》上有篇文章说,落实"三严三实"的要求,就要力戒"三言三语",即对上级甜言蜜语,对媒体豪言壮语,对群众谎言假语;要做到对上敢讲真话,对内敢讲实话,对下敢讲硬话。现在我们一些同志对下是哄着,对上是捧着,哄来哄去捧来捧去,什么事都做不了,看起来一团和气,实际上一塌糊涂,矛盾问题一大堆。所以,我们在党内、在工作上,要力戒这种"三言三语",要做到对上敢讲真话,对内敢讲实话,对下敢讲硬话,要讲责任有担当。落实总书记"三严三实"要求,归根结底工夫要下在解决问题上,下在谋事创业上。

马克思说:"问题就是时代的声音。"我们一定要有清醒的问题意识,对面临形势任务有一个正确判断。当前,国家面临的形势仍然错综复杂,支撑发展的要素条件也在发生深刻变化,经济发展正处于结构调整阵痛期、增长速度换挡期,到了爬坡过坎的紧要关口。但是,当前有一种不合时宜的现象凸显出来、需要高度重视,就是在纠"四风"、正作风背景下产生的"脸好看,事不办",把"为官不易"搞成了"为官不为"。譬如,有的单位门开着、人也在,态度也热情、说话也客气,办事却依旧很难,要么这次说你缺这个,要么下次说你少那个,来回折腾好几趟;有的把不送礼不办事变成了既不收礼也不办事,搞成了"廉而不勤"。古人云:"廉者,为政之本;勤者,政之所要。"就是说勤政廉政是领导干部从政必备的起码条件,二者缺一不可。

党员领导干部身份是公职、公仆,职责是公务、公干,维护的是公益、公利,倡导的应该是担当、责任、使命,恪守的应该是公私分明、先公后私、公而忘私。领导就是责任,领导就要担当。有多大的担当才能干多大的事业,尽多大的责任才会有多大的成就。如果把市场上那一套用到为官做人上,搞不送礼、不办事,或者守规矩、不作为,就不配人民公仆的称号,就与我们所处的领导岗位不相称。领导干部应当十分珍视自己的工作岗位,要把自己的职位看成是为民服务、施展才干、体现价值的难得平台,为官一任,不能满足于看摊守业,要勤于开拓,创造性地谋划和推动工作,这样,事业才有希望,群众才能拥护,好的形象才能树立。

四、要用清正严明以正压邪

党的十八大以来,总书记多次强调要"建设廉洁政治",建设不谋私利的政治,做到"干部清正、政府清廉、政治清明"。2014年五月份视察河南参加兰考常委班子专题民主生活会时,针对党内风气列举了思想政治、组织生活、执行政策、干部任用、人际交往等五个方面不良现象。

这些问题的存在是立场不稳、党风不正、行为不廉、办事不公的表现,作为党员领导干部,我们必须把自己置于更高的标准之上、严格的规则之内、法律制度的规范之中,从小处做起,大事要经得起组织考验,小事要经得起人格评价。要用自己清正廉洁的人格魅力,以正压邪,挡风遮雨。要做遵守法纪的人,做勤政廉洁的官,切不可沾染官场不良风气,切不可有随波逐流思想,更不可心存侥幸、盲目自信。要善于从他人身上汲取教训、警示自己,修正自己的思想,改进我们的作风,避免因短暂的享乐、一时的糊涂误入歧途、身败名裂。针对省内近些年查处的厅处级领导干部,尹晋华书记说,"这些人都曾经是我们中的一员,也为河南经济社会发展做出过贡献,他们也不是生来就腐败,都有一个逐步蜕变、堕落的过程,我们都要从他们身上汲取教训"。每一位领导干部要从当前惊心动魄的反腐败严酷斗争中警醒,始终管住心中的"老虎",守住党纪国法底线。

我国自古就有"赤条条来去无牵挂"的说法,也有"事能知足心常泰,人到无求品自高"的人生哲学。国际上一些优秀企业家,他们一生挣钱无数,但却不惜把挣来的钱大部或全部捐赠给公益慈善事业。这些人是为了什么,恐怕更重要的是一种人生价值的追求。作为党员干部,尤其要树牢正确的"三观",特别要做到清正廉洁,要真正明白清正廉洁是一种品质和道德,是一种素养和水平,更是一个人的口碑和形象。要通过不断学习、提升境界、开阔胸襟,始终坚守共产党人的精神高地,切实做到清正廉洁、清心寡欲、涵养正气。

后　　记

　　交印这本书稿的时候,我思考再三,还是要再说几句话,也是完成这项工作后的一些即席想法。

　　把这本书定名为《刑事司法问题若干思考》,是经过反复斟酌的。回顾自己的工作经历,特别是从省辖市检察院检察长岗位调整到河南省检察院担任副检察长的十余年,虽然不同时期先后分管过多项检察业务,但与刑事司法的缘分更深,付出的精力和心血也更多。近年来,刑事法律修改修订幅度较大,公民维权意识显著增强,整个司法环境正在发生深刻变化,实践中不可避免地遇到很多棘手、敏感、亟待解决的现实问题和理论课题。这些文稿,既有推动工作的经验做法,也有法律精神的思考解读,更有解决问题的尝试和建议。

　　人生流年,白驹过隙。转瞬之间,从西南政法大学毕业已经30个春秋。受同窗之邀,仓促编写此书,权作献给西南政法大学1980级10班同学毕业30周年的一份心意和礼物。限于水平和能力,一定存在失谬不周,仅一得之见,盼抛砖引玉。在此,非常感谢本书开篇中国政法大学诉讼法学研究院名誉院长、博士生导师樊崇义教授的鼓励和肯定,感谢邹伟班长、王建南同学和10班所有同窗多年来的关心支持,同时向协助出版本书付出努力的同事致以深深谢意。

贺恒扬
2014年10月于郑州

图书在版编目(CIP)数据

刑事司法问题若干思考/贺恒扬著.—郑州:河南大学出版社,2013.7
(2014.10 重印)

ISBN 978-7-5649-1295-6

Ⅰ.①刑… Ⅱ.①贺… Ⅲ.①刑法—研究—中国 ②刑事诉讼法—研究—中国 Ⅳ.①D924.04 ②D925.204

中国版本图书馆 CIP 数据核字(2013)第 165259 号

责任编辑 何 果
责任校对 肖凤英
封面设计 马 龙

出 版	河南大学出版社			
	地址:郑州市郑东新区商务外环中华大厦 2401 号 邮编:450046			
	电话:0371-86059701(营销部) 网址:www.hupress.com			
印 刷	开封日报社印务中心			
版 次	2013 年 7 月第 1 版		印 次	2014 年 10 月第 2 次印刷
开 本	787mm×1092mm 1/16		印 张	22
字 数	296 千字		定 价	62.00 元

版权所有·侵权必究
本书如有印装质量问题,请与河南大学出版社营销部联系调换